沒有告別的歷史

◎邢小群 著

目　次

【1】《劉志丹》事件的前前後後——何家棟訪談

何家棟，（1923～2006），河南人。1938年參加抗日戰爭。五十年代初主持創建工人出版社。1957年被打成右派，1979年改正後重新擔任工人出版社副社長副總編輯，主持《自學》、《開拓》、《醜小鴨》等雜誌。八十年代末，曾擔任《經濟學週報》總編輯。晚年著述輯為《何家棟文集》，曾在中國大陸思想界產生巨大影響。

時間：2002年11月27日

地點：何家棟家

邢　何先生，這幾年，看了不少您立足於思想文化前沿寫的頗有分量的文章。當我聽說您還是當年風靡一時的《把一切獻給黨》、《我的一家》、《方志敏戰鬥的一生》、《趙一曼》、《胸中自有雄兵百萬》等革命故事的執筆人時，非常驚訝。按照現在的說法，您應該是家喻戶曉的暢銷小說家，我是看這些作品長大的。那時，怎麼就沒有聽說過您的名字？當我聽說您還參與了小說《劉志丹》的寫作時，就一直想聽您講講關於小說《劉志丹》的寫作經過。這部小說從發表、批判、整肅、平反，是當代文學史中的一件重要事件，更是當代政治史上的重要事件。

何　當年寫那些東西時，認為是在做著編輯的本職工作，從來沒有想到要署名。不出名也少丟人。我幹嘛寫這些東西？說來話長了。我在學校只念過五年書，抗日戰爭開始，就跑出來當兵了。我的文化知識，都是從文學作品和其他書本學來的，所以我說我是共產黨掃盲掃出來的知識份子，自知學力不足，只能算個文學愛好者。從來沒有想以文字為職業。顧准說能添一粒沙就不錯了，我連這點信心都沒有。1949年剛解放時，我在工人日報社工作，是負責經營管理的。比如你父親寫的話劇《不上地主當》，就是在我手裏印的，由「天下圖書公司」出版。報社的工廠本來只印報，我把它改造成也可以印書，就大量承

印外活，以增加收入，解決報社的經濟困難。《工人日報》接收的是杜聿明的《新生報》。《新生報》有一批原來的留用人員，本來是實行薪金制，因為，從解放區來的幹部實行的是供給制，對原留用人員也實行了供給制。但是這種供給制，不管留用人員的家屬。不像解放區來的幹部，家屬也是由國家供給的，孩子還給保姆費，多一個孩子就多一份供給。這樣一來，留用人員的家屬就沒了飯吃。當時我這個工務科的科長遇到的最緊迫的問題就是有人因沒了飯吃，要上吊。於是我就千方百計地想怎麼賺錢，擴大就業，養活這些人。

解放初，財政經濟非常困難，沒有經費。那時窮到什麼程度？明天就要出報了，今天夜裏12點還沒有紙呢！我騎著車到處借紙，或去買人民日報的下腳料。人民日報社用的是輪轉機，他們的紙損耗量很大，印著印著就斷了，我們是平版機，就把他們的斷紙拿來裁好，印我們第二天的報紙。有了這些紙的來源，我又找些客戶到我們這裏來印書，印報、印文件，順手做點紙張生意，好賺點錢。最大的客戶是華北軍區，我們把他們全年的任務都包了，一次弄來幾百萬。這就是為什麼說你父親的書，是經我手印的。接著就自己編書，幹起了出版業務。對內，我那個科叫出版營業科；對外，是工人出版社。開始是印些識字課本，不是搞工人掃盲運動嘛。最初從編輯、校對、設計封面、發行，就是我一個人在搞，一天工作15、6個小時、甚至工作20小時。那兩年，我好像沒有在床上睡過覺，累了就在地板上、板凳上躺下歇一歇。

邢　參加革命時，您做什麼工作？

何　抗戰勝利前後，我在北平做地下工作，辦報紙，出刊物，搞出版社，歸晉察冀軍區城工部文委領導。我也就是這個時期學了一點知識。國共和談時，周揚到了北平軍調部，那時我在中外出版社負責出版業務（地點在西長安街，三層樓房已經拆

掉，原址就是現在的電報大樓），周揚就把延安出版的《白毛女》、《李有才板話》、《中國通史簡編》等，拿來交我翻印。我自己也從解放區報刊上選了一些材料，編了幾本書。那時中外出版社有個中共支部，創辦人如孟用潛、孫承佩等，都是在北平美國新聞處任職的共產黨員。這個出版社承擔著兩大任務，一是推銷翻印解放區出版物，如《新民主主義論》、《論聯合政府》、《論解放區戰場》都各印了一萬多冊；另一個任務，是為解放區的機關、學校提供國統區的報紙、刊物和圖書。國共和談破裂，軍調部解散，葉劍英、周揚撤回延安。中外出版社先是我和其他四位同志被捕，出獄後，出版社又被查封。我回到解放區，到華北聯大行政學院學習。後經周揚點名，分配到華北新華書店。以後又分到《新大眾報》做助理編輯。從大公報、文匯報來的名記者，在《新大眾報》也只能當個助理編輯。這個報紙是給農民看的，要「大眾化」，就是把中央文件改寫成農村黑板報那樣的豆腐乾文章，覺得這些城裏來的知識份子只會「化大眾」，不懂「大眾化」，先得練練基本功。天津解放時，我被抽調到天津參加接管，就留在天津軍管會新聞處工作。《新大眾報》原班人馬則進入北平，改為《大眾日報》；以後又改為《工人日報》，由華北局轉歸總工會領導。當時的情況是：從農村來的同志對城市感到非常陌生，從華北聯大來的十幾個知識份子對經營管理又不熟悉，因為我曾經在北京做過出版工作，熟悉編輯、印刷、發行、全部業務，所以，又把我調到北京的工人日報社。到了工人日報社，我就成了報社工廠的第一任廠長，叫工務科科長兼廠長。

如前面所說，逐步地出版業務有了發展，經濟情況也好轉了。這時我又成了工人日報的出版營業科科長，招了兩三個人，當校對、跑發行、接外活，還不算是一個名正言順的出版機構。趙樹理是和我們報社一起進的城，在報社住著，供給也在報社領。我

就說，讓趙樹理當工人出版社的社長吧。出版社的廣告就這樣寫了，也沒有人來問，我們也沒有到上邊什麼部門登記。當時組織方面的游擊作風可見一斑，趙樹理這個第一任社長，竟然是我這個科長任命的。正式打出出版社招牌後，我們出的第一本書是《論人民民主專政》；第二本書是趙樹理寫的《天下工人是一家》。我那時就是拼命想辦法賺錢，好改善報社的經濟狀況。

邢　趙樹理的小說，最早也是在工人出版社出的？

何　是啊。像《登記》、《邪不壓正》呀，《石不爛趕車》等，都是工人出版社出的。這裏有個小插曲。新大眾報社長是王春，也是大眾化的主將，他的旗下有趙樹理、章容、苗培時等人，入城後住在西總布胡同，工人出版社的創辦當然得力於他們的協助。工人日報編輯科長苗培時外號叫「苗大鼓」，常把英雄故事寫成鼓詞，對推動大眾文藝不遺餘力。他還把老舍、趙樹理推到前臺，辦了個大眾文藝創作研究會，編了個刊物《說說唱唱》，還辦了個出版說唱通俗文藝的「寶文堂」（出版社），通過貨郎擔子給農村提供演唱材料。一時名聲大噪。作家協會在東總布胡同，雖與西總布胡同這些人比鄰而居，雙方卻是格格不入，西總布胡同認為東總布胡同是「小眾化」；東總布胡同認為西總布胡同只會寫「一腳落在流平地，一腳落在地流平」，登不了大雅之堂。趙樹理將田間的長詩〈趕車傳〉改寫成說唱《石不爛趕車》，苗培時將孔厥、袁靜的長篇小說《新兒女英雄傳》改成「評書」，就有出他們洋相的意思。但趙樹理的移植確實別開生面，苗培時的改編，若放到現在，恐怕要打版權官司了。當時沒有什麼版權觀念，一切作品都是「公產」，都是圖解政治的宣傳品，就像馬克思說的，每篇文章都只有廣告水平。只要能起到宣傳鼓動作用就行了。東總布胡同和西總布胡同的矛盾，在推薦「史達林文藝獎」作品提名時達到頂點。東總布提丁玲，西總布提趙樹理，相持不下，周

揚建議雙方在作協開會解決分歧，最後將趙樹理調到作協，才把問題解決了。趙樹理走了，工人日報社長王春正式調任出版社社長，我任辦公室主任。工人出版社從工人日報獨立出來，遷往北新橋駱駝胡同。不久王春病故，苗培時離開工人日報，成為專業作家，落戶煤炭系統，陸續又創建了煤炭文藝基金會，通俗讀物出版社，農村讀物出版社，農民日報，打一槍換一個地方，朋友們笑他是文化流寇主義。這樣的熱心人現在很難找到了。

此時的工人出版社已初具規模，但還是由我支撐門面。我們對東西總布的作家始終一視同仁，既出版說唱、相聲、小品、連環畫，也出版周立波、草明及其他青年作家的小說和詩歌。

工人出版社就這樣發展了起來，出了很多書，賺了一些錢，買了工廠，蓋了大樓。有了點錢，有人就眼熱了。到了1952年「三反」、「五反」，就想借運動把我拿下來了。

他們知道，我曾用大卡車往王府井銀行拉票子，幾百萬，還能不是個大老虎？於是立案審查。他們查了個底朝天，發現我批了個條子，借給一個作家500元錢。這錢當時不是個小數目，恐怕比現在的5000元還多。可是會計發稿費時，本應該把借出的這筆錢扣下來吧？沒有扣！社裏派人詢問，那個作家說不記得了。可財務上有我的批條。我說，我要貪污，寫那個條子幹嘛，給人留下把柄？後來上面說，不算你貪污，你把這錢退賠就是了。我就到處借錢，退賠了。

沒有查出一文錢的問題，卻查出我私人送給客戶一支派克筆。那個同志簽字時沒有筆，我把我的筆給他使，不好往回要。他們就說我是「行賄」，是「資產階級經營方式」，批得不亦樂乎。

我因此得到一個教訓，從那以後，再沒有批過一次條子。「一朝被蛇咬，十年怕井繩，」我是終生怕井繩，還是很有記性的。

經濟上不能整倒我，又有人說我來路（歷史）不清楚。你看過

《毛澤東選集》第四卷就知道，毛主席最擔心「魚龍混雜，泥沙俱下」，怕壞人混進來。山溝裏的人也不理解：你沒有分到房子沒分到地，不缺吃，不缺喝，跑到解放區幹什麼？動機不純！你1938年參加抗日，是不是個脫黨分子？你在北平被捕，是不是個叛徒？送你參加八路軍的人在哪裡（一時找不到）？是不是你出賣了那個同志？我就成了一個來路不明，歷史不清的政治可疑分子，這種人，自整風以來，每次運動都要拿出來鬥一鬥。於是，不但把我罷了官，還把我的黨籍給開除了。我被一抹到底了。經濟問題搞不清，就搞你的政治問題。

爾後，全國總工會把文教部端過來，讓文教部的部長、副部長，分別做了出版社的社長、總編等。這些人接管了我一個人的工作。算是名正言順地成立了工人出版社。各處各室也都派了人，就是不給我工作。山溝來的人說，叫這小子起來就沒有我們的活路了。他們怕報復。可見我當時多麼霸道，因為任務太重，搞強迫命令，得罪不少人。

我被罷了官，讓我到校對科。也不是做校對，也不算是當編務。作的是標字型大小，設計版式一類的工作，沒有什麼名義。我心裏當然有氣。吳運鐸的《把一切獻給黨》就是在這個時候寫出的。出版社並沒有給我任務，我是自己找上門去的。吳運鐸在俄專學俄文，準備出國，我就利用中午間隙，到俄專操場球架下等他，他口述，我記錄，回來再整理。這本書一出來，一炮打響，發行了幾百萬冊。出版社賺了一筆錢。這本書，在社會上影響本來很大；但除了韋君宜寫了個評介，文藝界不承認它是文藝作品。我給周揚寫了一封信，周揚叫《文藝報》關心一下，馮雪峰就請杜鵬程寫了鼓吹的文章。緊接著，送我參加八路軍的那個同志，從上海找我來了。我帶他找到我們社長，讓他講講我的情況到底是怎麼一回事。他把我如何參加革命的情況以及如何與我失去聯繫同我們領導談了。政治問題算是清楚了，才給我分配了工

作。因為寫了那本書，因人設事，社裏成立了一個文藝組，叫我當副組長（沒有組長），就把我擠到文學這條羊腸小路上，以後就編了一系列的革命回憶錄。

《劉志丹》，是我到文藝組後，提出一系列革命回憶錄選題中的一部。這個系列選題中還有《趙一曼》、《楊靖宇》、《方志敏》等等，我列了幾十個人。但是劉志丹一直沒有找到作者。

給我分配了工作，但沒有給我恢復黨籍。那還是一九五三年，支部組織委員胡令升（胡舒立的媽媽）對我說，五二年整你是錯了。處理你的黨籍問題時，沒有讓你到會，不明不白地取消了你的黨籍，不合黨章規定，你可為此申訴。我說，既然你們查出了是錯的，讓我申訴什麼？你們改正不就行了？支部有人說了：這是處理你的問題，你還擺什麼架子，連句軟話都不說？結果，我的黨籍問題就拖了下來。文藝組升格為文藝編輯室，我還是副主任。不是黨員，不能任正職。只要說了軟話，對黨表示感謝，不但回到黨內，還能升級，漲工資。可我就沒有算清這個帳。

黨籍沒有恢復，行政還降了一級。他們又找到一個說法，說我被捕過，有變節行為。我們一塊被捕、一塊釋放的有五六個人，人家都沒有事，偏說我有事。他們也不去調查。直到1955年審幹時，我們的支部書記王勉思自己去做調查。從我參加革命到解放，每一個環節都找到了證明人。支部書記後來對我說：「調查結果，調查出了個英雄好漢了！」過去的老戰友，都說我「幹革命不要命」。連監獄裏審我案子的人支部書記都見到了。他們說不知道我是共產黨員，是查戶口把我查去的。支部通知我說，處理錯了。我就要求他們改正。但他們仍然讓我寫申訴，我還堅持著沒有寫，希望組織認個錯，你說狂妄不狂妄？結果到了五七年就變成了向黨進攻，加上我又出版了劉賓雁的《本報內部消息》，受到牽連，就把我打成了右派。王勉思曾為我說話：這個人怎麼能是右派呢？就說她右傾，不叫

她當支部書記了。到了七十年代末右派平反時，才把黨籍恢復了。黨委書記王鴻清理檔案，從我的檔案中清出了一大把告密的小條子，就憑那些東西給我定罪的。這個告密制度可真要人命，不同本人見面，想辯都無法辯。

《劉志丹》列入選題，一直沒有找到作者。一九五七年，看到地質部副部長劉景範（劉志丹之弟）給《星火燎原》寫的文章，李建彤也和別人合作寫了一本小書《劉志丹在橋山》。他們是劉志丹的親屬，有許多便利條件，就想請他們寫書。但這時我已被定為右派，正在寫檢討，就由王勉思去向李建彤約稿。王勉思是文藝組編輯，大家稱她「政委」。李建彤說她寫不了，王勉思說可以合作。最初就由王勉思陪李建彤採訪，直到李建彤寫出初稿，社裏才決定派我去定稿。王勉思把我的情況向李建彤做了介紹，她答應了。按說讓一個右派去幫助寫作，允許和一個政治上的敵人合作，不容易，但她同意了。這與王勉思去說也有關係，因為勉思對我政治情況非常清楚。

邢　這也說明，李建彤有政治經驗，並不在意您的所謂右派問題。劉志丹受誤解和打擊，她是有體會的。我看她在1979年出版的《劉志丹》前言中說：「《劉志丹》小說究竟是怎樣寫出來的呢？一九五六年以前，工人出版社的選題計畫中就列有《劉志丹》這個選題。他們有個任務，就是出版烈士傳記和革命回憶錄，對工人進行革命傳統教育。他們偶然碰到了我，就約我寫，我沒敢答應。雖然在延安時就聽人講過劉志丹同志的英雄事蹟，也積累過一些材料，但是在一九五六年，我還沒有決心去寫，題目太大，思想、藝術上都沒有準備，怕拿不下來。特別是同劉志丹相連著的，是一段極其複雜的鬥爭歷史，即令是寫小說，也離不開那些事件。回避了那些事件，就不是劉志丹了。後來，在工人出版社的同志們的鼓勵下，我才答應了。剛開始，出版社的女同志和我一塊跑，找線索，查資料。直到

一九五八年才動筆，同年冬天寫出初稿。」

何　是啊。前半截是王勉思（就是她說的那個女同志）與她合作，寫了十幾萬字的材料。

那　我聽王勉思說，她沒有寫什麼，只是代表出版社陪同李建彤搞調查採訪，為的是出版社能掌握第一手材料，參與寫作，提出意見。

何　勉思謙虛，從不肯張揚 。就說是調查吧，我記得下終南山那一部分是她訪問王世泰後整理的材料，也比較完整，都採用了。其他人也寫過劉志丹一些小故事，看不出劉志丹的形象來。我就提了一個方案：把主要的事情串起來，把次要的人物合併起來。怎麼樣？他們同意了。我就和李建彤一起列出人物表，定出每章寫哪些事；還商量好文字風格：要用口語，句子要短，少用或不用「但是、所以、並且」一類虛詞。根據這些要求，我們把《劉志丹》小說初稿整理出來，有二十多萬字左右。當時，我就住在李建彤家，一邊商量一邊改。她不同意我對人物評價和情節安排的想法，就聽她的。她是作者，瞭解情況，出了問題，人家要找她，當然要尊重她的意見。那些人物雖是假名，又經過合併，但都有原型，當事人一看便知，不敢瞎編。我覺得我還是個稱職的編輯。我參加調查的人不多，我那種身份，人家不接待我。比如，我當時住在東總布胡同，對門就住著李運昌，他在黃埔軍校時，與劉志丹是同學。李建彤建議我就近去採訪他，我就拿著介紹信去了。一進門，不但不接見把我撂到一邊，還給出版社打電話抗議：怎麼派了個右派來採訪首長？他們警惕性可真高。出版社趕快去登門道歉。（這個人「文革」時被打倒，和我一樣成了牛鬼蛇神，他出門順著牆根走，頭也不敢抬，往年的威嚴一點也沒有了。）

1959、60、61三年困難時期，一直都是在搞這部小說。初稿排印出校樣，李建彤還是很滿意的。我也覺得可以出版了。後來就送

到習仲勳處審查。習仲勳擔任過陝甘蘇維埃主席，是劉志丹的老戰友，還擔任過西北局書記。這一審查不要緊，他就把總編輯呂寧、編輯室主任周培林叫去談話。習仲勳前後提了兩次意見，說要寫成三個縮影——「時代的縮影」、「中國革命的縮影」、「毛澤東思想的縮影」；「把陝北寫成長征的落腳點和抗戰的出發點」。呂寧把談話記錄交給我整理。我整理出來兩千字。李建彤不讓擴散，不想利用習的名氣去造勢。如果習仲勳想利用小說搞什麼名堂，他會找兩個素不相識的人「面授機宜」嗎？

李建彤受到鼓舞，當然希望把它拔得更高一些。聽他們的傳達回來，我理解是要寫出陝甘寧邊區的創建過程，寫成個中國革命的史詩類的東西。我覺得要求太高，力不從心，我只能寫個故事什麼的，但李建彤很有信心。初稿已經寫了高崗，用的假名是崇岩，一稿用崇炎，二稿改為羅炎，沒有人說不妥。

李建彤又花了幾個月的時間到陝甘實地採訪去了。她和她的丈夫劉景範到南梁根據地訪問了幾百個人。我則讀毛選，查資料。1960年冬天，我和周培林等人也到陝北走了一趟，實地看了作戰環境，看了劉志丹等人被關押的地方，為改寫做準備。

邢　李建彤當時在哪兒工作？

何　她是地質部一個研究院的黨委書記。我們社由王勉思出面給她請了創作假。王勉思調走後，編輯室由杜映負責，她也是延安的老幹部，由她和李建彤聯繫。此時全總精簡機構，把工人出版社撤銷，人員另行分配工作。留一塊牌子，併入工人日報，作為一個編輯室。別的右派都發配勞改，因為改寫《劉志丹》，就把我這個右派留下來。

李建彤回來後，把小說改寫了一遍，她改我也改，最後由她定稿。這樣又搞出了第二稿。然後，又送審。北戴河的八屆十中全會，送的就是這一稿。而且，工人日報、中國青年報、光明日報都開始連載這部小說的部分章節。

這本書李建彤還送給了周揚看了。因為李建彤當年是魯藝的學生。周揚看的是第二稿，評價很高。還說這本書有「史詩」的意思。早就希望有人寫出這樣的作品。

1962年九月，中共八屆十中全會前夕，李建彤也給了時任雲南省委書記的閻紅彥一份送審稿。閻紅彥可就火了！立刻給李建彤回了一封信，大意是：「此書我不同意出版，應該經過中央討論。」李建彤也火了，稿子你不看，就不叫出版，豈有此理。閻紅彥一狀告到康生那裏，康生就給毛澤東寫了條子，說《劉志丹》是為高崗翻案；說《劉志丹》反映的是錯誤路線。李建彤以為這是她和閻紅彥一對一的「二人轉」，有恃無恐，沒防人家能通天，不費吹灰之力，就將她置於死地。

閻紅彥當年在山西搞了一支游擊隊，在當地站不住腳。西渡黃河到陝北，還是站不住，又逃到陝甘（延安以北叫陝北，以西稱陝甘），來投奔劉志丹。當時，劉志丹的隊伍住在三家原，閻紅彥見劉志丹有一夥人馬，還有塊根據地，就搞突然襲擊，繳了劉志丹隊伍的槍，把劉志丹的人殺了一批，奪了劉志丹的權，把劉景範也開除了。書裏涉及到這些歷史事件，我當年不明白，問李建彤是怎麼回事，她也不肯明說，就寫得像是發生了一場誤會，對閻紅彥，也是化名來寫的，並沒有把他往路線上聯繫。我曾為這事訪問過閻紅彥，他到北京開會，住在前門飯店。他自然反對寫這本書。對黨內鬥爭也說得吞吞吐吐，我沒有什麼路線意識，以為這是黨內秘密，不想多問。閻紅彥只是說「你不要寫劉志丹，不如寫謝子長。」他說，劉志丹的隊伍全是土匪，搶人家的東西，搶人家的女人，吸大煙，打仗時拿毛驢馱著女人一塊跑。其實他的隊伍也是這樣的。我對他們之間的鬥爭本來沒有特別的傾向，這時閻紅彥說，他們的隊伍成份好，紀律好，我聽著也沒什麼；雖然他說不清楚老百姓為什麼擁護「為害一方」的劉志丹，反對他這個「為民除害」的

閻紅彥，我也不想細問。但他又說，「把劉志丹抓起來，沒有殺他就是好的」，我就特別反感了：都什麼時代了，他還是這麼種態度！我心想，過了這麼多年你還這麼想，這哪兒還像是革命同志的感情？其實他的隊伍也搶人，也搞女人。不搶人，吃什麼？他把劉志丹搞垮了，自己在陝甘還是待不住，又帶著隊伍跑回陝北，就這麼亂竄。小說寫他打仗勇敢，並沒有說他犯了路線錯誤。他怎麼就是路線正確？謝子長負傷，也用鴉片治療。沒有別的藥嘛。沒有飯吃去「籌糧」，說得好聽點兒是「借」，難聽點兒就是「搶」。紅軍打土豪，還要洋錢（銀元），現在叫「綁票」，把人抓起來，叫家中拿錢贖人，一手交錢一手放人，不交錢就撕票。那時叫「籌款」，還不是搶？「鬧紅軍」時，我不到十歲，我家院子就是關押「土豪」的地方，幾十個，哪有那麼多土豪？有三兩戶地主早逃到城裏去了，還能等他們來打？誰富裕一點，誰就成了土豪。小工商業全毀了。灌辣椒水，上老虎凳，嚇得我夜裏盡做惡夢。現在的年輕人聽著，恐怕不那麼好理解：原來你們都是雞鳴狗盜之徒呀！現在宣傳的都是紅軍紀律如何嚴明，不拿群眾一針一線，那只是一方面；如果沒有另一面，一切取之於民，紅軍早就餓死光了，哪還有今天。人民公社化一平二調，「共產風」刮得那麼凶，也不是「群眾自願」的。大概是「打土豪」發展上來的「革命傳統」吧。

高崗從西安來到陝甘，他是陝西省委軍委書記，支持劉志丹，劉志丹的隊伍又發展了起來，建立了紅二十六軍，打到陝北，陝北和陝甘連成一片，全紅了。這時徐海東、程子華的紅二十五軍，也從陝南轉移到陝北，他們在陝南作戰時，把楊虎城派去聯絡的張漢民團消滅了，團長張漢民是共產黨員，並聲稱自己認識劉志丹，也給殺了。他們不相信白軍的團長是共產黨。並說，白軍認識紅軍裏的人，那紅軍裏那些人也一定是反革命。就是這麼個邏

輯，還帶了一個活口，到陝北來指認反革命。陝北執行左傾路線的人，利用了這一點，重操故伎，把劉志丹、高崗、習仲勳、劉景範都抓了起來。逮捕令誤送到劉志丹手裏，他滿可以先把那些人抓起來，也可以調兵自衛，但他沒有反抗，主動投案，和那些人講道理。這次肅反，殺了六七百人，把知識份子幾乎殺光了。要不是中央紅軍趕到，劉志丹他們的命也保不住了。這些事已經令人觸目驚心了。但是《劉志丹》小說中還是把他們當正面人物來寫的。中央點過名的，就按決議精神寫，用的假名，也沒有醜化。張漢民已確定為革命烈士，有的回憶錄還把消滅張漢民當作「戰功」，引起一片抗議。有的把中央紅軍和陝北紅軍會師，寫成和紅二十五軍會師，陝北幹部感到不平。他們反賓為主，把陝北紅軍幾乎搞光了，怎麼一字不提呢？但中央〈關於若干歷史問題的決議〉中沒有涉及這些問題，我們也繞開了。中央確認劉志丹、高崗是正確路線，閻紅彥們挨了整，憋了一肚子氣。高崗出事了，他們想翻案沒有翻過來，就借小說《劉志丹》出氣。向康生告發，無非是想說他們是「正確路線」。我看過《毛澤東選集》中附錄的中央決議，知道陝北也有路線鬥爭，但不瞭解都是哪些人挨了整，只感到戰爭年代，鬥爭有它特殊的複雜性，中央又做了結論，問題已經解決了。誰知不是那麼回事，兩邊都還憋著勁兒。被批評的口服心不服，有的口也不服，時刻想翻案；當時被肯定的老怕人家殺回馬槍，當年被整得太慘，沒有報仇，有委曲，有的人還在暗中較勁。中央西北高幹會議看似解決了問題，又留下了許多後遺症。中央可沒心思再開第二次西北高幹會。再挑起糾紛，就覺得你不識抬舉。現在回頭看，問題一發生，李建彤就處於劣勢。閻紅彥當過二十幾軍軍長，根本不把李建彤當對手。他想翻案，撇開歷史是非，緊抓政治要害，揪住小辮子不放，硬坐實你為高崗翻案，反正都沒有看過書，也好糊弄。先將你置於為自己辯誣的地位，叫你沒有還手之力，就把她

徹底孤立了。等到哪天查清楚，人家的目的早就達到了。歷史是非問題一變而成為政治問題，而且又切合階級鬥爭主題，就只能挺著挨打了。

李建彤不服，一直抗辯：我寫的是歷史，又不是寫高饒聯盟，怎麼是翻案呢？筆記本也不交，中央追得緊，她就用墨筆把一些談話內容抹掉了。辦案人員問她為什麼這樣幹？她說：「我要保護一些人。」堅不吐實，頑抗到底。她說有理走遍天下。當年肅反，他們告發、殺害了那麼多的人，如果不是中央紅軍來了，劉志丹也讓他們殺了。他們算什麼正確路線？

毛澤東的批語是：「利用小說進行反黨是一大發明。凡是要推翻一個政權，總要先造成輿論，總要先作意識形態方面的工作，革命的階級是這樣，反革命的階級也是這樣。」有人說，康生在條子上就是這樣寫的，毛澤東念了一下，就成了毛的批示。具體是怎樣就不太清楚了。他們馬上給北京了打電話，讓停止刊登、連載。然後就讓印四百本，中央委員每人一本。同時，又命令把習仲勳的談話交出來，他們打擊的目標早就定好了。

邢　這段著名的話，即使不是毛澤東寫的，也是揣摩毛澤東心思寫的。這件事，正好為毛澤東的政治目的所利用。以後報紙、電臺總以毛澤東的語錄播放，從未得到制止，說明毛澤東是認同的。康生看過小說嗎？

何　我認為連閻紅彥都沒有看過。因為他就是這麼個思想：謝子長和他才是正確路線代表。謝子長在他初到陝北時就犧牲了，當然就是他代表。你不能寫劉志丹，只能寫謝子長。他沒有看，並沒妨礙他給小說定性。他說，小說的主題是：「南有井岡山，北有永寧山；南有毛澤東，北有劉志丹」，是多中心論，和毛主席爭革命正統。康生更沒有看，毛主席也沒有看。現在有文章說，毛看了小說勃然大怒，只是一種猜測。他們給小說扣大帽子時，送審稿還沒有送到他們手裏呢！其實送審的稿子也沒有寫完，還

19

有一個尾巴。就這樣昏天黑地地整起我們來了。北戴河會議完了，中央宣傳部就派工作組到我們報社檢查，讓大家交待。聽習仲勳談話的主編呂寧、編輯主任周培林和領導我的杜映都要檢查交待。當時感覺壓力最大的還是我，剛摘了右派帽子，又要戴上反黨帽子，真冤！還不如下去勞改呢！所以，我就極力為自己辯護。工作組說：「你們把毛澤東思想變成了劉志丹的思想了。」我說劉志丹執行的不就是毛澤東路線嗎？他們說，中間隔著十萬八千里，他們知道什麼路線不路線的。我說劉志丹走的是井岡山的道路。結果這話說得更不對了，好像是毛澤東的實踐讓劉志丹來做總結了。總之，怎麼講都是不對的。我說，這個稿子好改，把引證的毛澤東思想刪掉不就完了嗎？他們說那樣不行。然後就提出高崗的問題。我說，高崗在小說中用的是假名字，而且，這個形象集中了不只一個人的事情。他們說，你們是在美化高崗，把別人做的好事也放在他身上。我說，這是歷史。高崗當時是紅二十六軍政委，紅軍能沒有政委？他們說，不能寫，寫的不是高崗，人家也認為是高崗。稿子中用的名字是「崇炎」，崇岩不是高崗嗎？我才恍然大悟：「炎」是「岩」的諧音。社長高麗生說：「什麼路線鬥爭？人都活著，有爭論，二十年後再出還是一本好書。」本來沒有他什麼事，結果把他也給掛上了，說他想變天。

根據習仲勳的意思，我們要寫出陝甘寧邊區是長征的落腳點；抗戰的出發點。但後來批判說，你們是要表現陝北救了中央，野心勃勃。其實，這話原是毛主席說的，習仲勳復述了一下，就成了反黨綱領了（大笑）！我當時還在幫助毛主席的衛士長閻長林寫《胸中自有雄兵百萬》——記毛主席在陝北戰爭中，一邊寫一邊發表。江青看了說好，給老閻一斤茶葉兩條煙，算是獎勵。我怎麼會反對毛主席又反黨呢？

邢　如果沒有習仲勳的指示，可能還上不到這麼高的綱。我看李建彤

在1979年版的《劉志丹》序言中說：「一九六二年夏天，在黨的八屆十中全會上，事情的前因後果還沒有弄清楚，由 『理論權威』 提出，就定了個『習（仲勳）、賈（拓夫）、劉（景範）反黨集團』，《劉志丹》小說居然成了習仲勳篡黨篡國的『綱領』，馬上成立了專案組，『理論權威』就是這個龐大的專案組的組長。習仲勳、賈拓夫、劉景範同志和我，工人出版社的同志們，我採訪過的老幹部們，都進了黑名單，成了審查對象。」說的也是這段時間發生的事情。

何　就這麼搞得一塌糊塗。我們一直辯解：我們是根據中央〈關於若干歷史問題的決議〉精神來寫的，決議認為劉志丹、高崗執行了正確路線，創造了陝北紅軍和革命根據地。後來他們就把高崗的名字從《毛澤東選集》第三卷注釋中刪掉了。李建彤一直認為這是她個人的事情。外界可能都認為小說的寫作是習仲勳、劉景範策劃的。其實李建彤並不大聽他們的意見，因為他們只瞭解劉志丹的某個片斷。她認為經過廣泛的調查，研究，她對劉志丹和歷史事件的認識比他們更全面，更權威，因此，也頗為自負，告訴我：咱們要獨立判斷。1978年我應習仲勳之約去廣州寫紀念劉志丹的文章，習做過長談，習也感到在許多問題上，是李建彤在說服他們，而不是他們在影響李建彤。但是沒人相信這個事實，當時檢查組就說過，小說的實際作者是劉景範、習仲勳。這書無論由誰來寫，都要栽到他們身上，他們就是跳到黃河也洗不清了。後來就成了「彭、高、習反黨集團」；「習仲勳反黨集團」；「習仲勳、劉景範、賈拓夫反黨集團」。涉及到100多個將軍。我訪問過的馬明方、馬文瑞、韓練成都受了牽連。我到現在也不明白，怎麼把彭德懷也扯進來了。這就是「株連政策」。

邢　在李建彤那篇序言中，談到文革時這些人境況很悲慘。她說：「一九六八年一月八日，我和劉景範、馬文瑞同志同時被抓了起來，為什麼抓了馬文瑞同志？因為我向他採訪過，一九六二年

他就被列入了黑名單。一九六七年賈拓夫同志被整死在郊外，『習、賈、劉』只剩下兩個人，成不了反黨集團，再加上一『馬』，他們就可以搞成『習、馬、劉反黨集團』了。這三個人馬文瑞同志在衛戍區關了五年，習仲勳同志關了八年。劉景範同志因反抗逼供，揭了顧問的老底兒，便定為現行反革命分子，戴了手銬，逮捕入獄，坐了七年牢。我呢，被鎖在地下室，顧問派武裝人員對我提審，搞現代文字獄。1970年，還悄悄開除了我的黨籍，勞動改造，這等於政治上秘密處決。提審中我才明白，他們給《劉志丹》小說捏造了那麼多罪狀。第一，《劉志丹》是反黨小說。第二，他們說小說中『剽竊毛澤東思想』。第三，他們說，小說把陝甘蘇區寫好了，就是和中央蘇區分庭抗禮。第四，他們說：書中的某個人是習仲勳同志，寫得年輕能幹，是為習仲勳篡黨篡國製造政治資本。第五，不許寫路線鬥爭：小說中寫了右傾機會主義的危害，也寫了左傾機會主義的危害。」

通過您的介紹和李建彤的說明，才知道所謂小說「反黨」的背後，是多麼複雜的歷史現象和鬥爭。

小說《劉志丹》出了事，您的境況怎樣了呢？

何　反右以後，本來工人日報和出版社的右派，全都下放了，為了改這部稿子，就把我留下了。後來劉景範對全總書記張修竹說，你們既然要用人家，還讓人家戴著帽子？1960年就給我摘了右派帽子。剛摘不久，1962年又因參與寫《劉志丹》成了反黨分子，成了雙料分子，和顧准相像了。由此就提出「以階級鬥爭為綱」，我們就成了那個「綱」。

審查了幾年，也沒有結案，就那麼拖著。1965年，康生發話了，說工人日報有壞人，組織不純，《劉志丹》的編輯是個右派。報社不敢怠慢，立刻採取行動，讓我下放到山東。這時我也病了，正在老家看病。我想留在老家河南，河南不收。我提出退休，報社不答應，說我不到四十五歲。全總的對口單位是

山東，孩子的媽媽前幾年就下放到山東西南部的成武縣，工人日報就把我弄到那裏。高麗生因為《劉志丹》一案的牽連，也罷了官，送到黨校學習。康生說：像高麗生，不是學習的問題，是應該下去勞動改造！

那　您到山東成武是勞動，還是幹什麼？

何　就下放到那個縣城，不分配工作，「掛」在一個業餘學校領工資。底下的人也搞不清楚，只知道是北京報社來的人，很神秘。「反右派」後給我降了四級，級別還比縣委書記高，人家都用奇異的目光看我，把我當怪物。「這傢伙敢反黨，離他遠點。」見面都躲著走。後來校長讓我給學員講點寫作知識。一個星期講一堂課，職務也不是教員。一直掛到文化大革命。文革前挨整，沒有批鬥過，只是背對背交待問題。但文革一開始，就打電報讓我回到北京，接受批判。在工人日報參加了幾次批鬥大會，後來就顧不上我了，我不是走資派，不是反動路線，我只是站在台下，經常被提起，讓我對證。然後就是分配我幾個廁所，讓我搞廁所衛生。給各地來外調與《劉志丹》案有關人員寫材料，不下幾十人，他們都起了什麼作用，書中是怎麼寫的。積累起來，恐怕有一挑子。李建彤挨鬥時，她總是保護我：「何家棟不知道這件事！」工人日報停刊了。成天打派仗，那邊保的這邊揪；這邊保的那邊揪。呂寧、周培林可就慘了，天天拉去鬥，呂寧被皮帶抽過好幾次，還讓他舉手罰站，汗水濕得地板都淌水。周培林還被拉去過電。我也挨過打，單獨監禁了幾個月。還有外地的造反派來「提審」，逼口供，也打人。有兩種人最難對付，一是借外調之名出來遊玩，總要出點花樣；二是閒極無聊，跑來解悶，拍桌子瞪眼罵人，發洩一通，揚長而去。有幾個造反組織也鬥過我，如南開的「衛東」、人民大學的「新人大」、七機部、團中央的造反派，還為別的事批我，說《把一切獻給黨》反史達林，宣揚白專道路；說《我的一家》宣揚錯誤路線。因為胡耀邦推薦過

《我的一家》，還追問我同他是什麼關係。追急了，我忽然想起姚文元文革前在《上海文學》吹捧過這兩本書，就說：「你們別追了，姚文元同志說過：《我的一家》、《把一切獻給黨》是無產階級文學。你們可別炮打無產階級司令部呀！」才把他們嚇跑了。

邢　鬥李建彤先是在她們單位還是在工人日報社？

何　都鬥過。在工人日報社這邊還挨過打。全總的主席馬純古、書記處書記張修竹都來陪鬥、坐噴氣式。在地質禮堂，場面那個壯觀啊，紅旗招展、鑼鼓喧天的！

邢　李建彤講到，文革時康生跑到她們機關給群眾講話：「你們為什麼不揪劉景範？他老婆寫了一本反黨小說《劉志丹》，不批他們，你們就不算革命。」隨後天津來了一批學生進駐她們機關，隨後全國各地，都貼了批判小說《劉志丹》的大字報。當年的專案組還把沒收了李建彤的採訪記錄，交給學生，叫他們按照記錄上的名字，到全國揪人。李建彤說：「陝甘寧老區的基層幹部和群眾，有上萬人被打成『彭、高、習反黨集團』的黑爪牙。甚至我到陝北採訪時給我帶路的群眾，也被打死了幾個。」這真是建國以後，第一大文字獄。

何　是啊！李建彤寫過一本《現代文字獄》，記《劉志丹》案件始末，沒有地方出版。當時在北京開批鬥會，除了習仲勳，他以下的有關聯的人都被揪去了。連地質部部黨組書記何長工都在場挨批。何長工很有意思。那些人讓他彎腰，他不停地抬眼來看。人家呵斥他：看什麼？他說：我要記住你們！很多同志的表現令我感動，沒有一個人推卸責任，沒有一個人說自己是無辜的。全總書記張修竹領導出版社，沒有看過書稿，人家問他：「你知道小說寫了高崗嗎？」他說：「知道，寫陝北還能不寫高崗？」其實是我在全總向他彙報時提了一句，他就把問題攬到自己身上了。批鬥風過去後，工人日報的人都到了五七幹校，報社又把我送回

山東。沒有結論。

邢　您家裏人也去了嗎？

何　我那個家已經七零八落了。我去山東時，老母親一人留在北京，無人照料，自己跑回老家去了。山東這邊宿舍被洗劫了，一無所有。就把我編入黑幫隊，去種菜。連換洗的衣服也沒有，一件破棉襖，扣子掉光了，就用根繩子攔腰一繫，像個叫花子。兩個最小的孩子在山東，跟著媽媽，老挨打，還不讓上學。不是老鄉藏著他們，也打死了。孩子他媽，原是工人日報記者，北京組長，也是右派，下放到成武縣，當了中學校長，又成了走資派，也在挨鬥。上山下鄉時，我就讓兩個兒子一個女兒回了河南老家找奶奶。我家是貧農，從紅軍時代就屬於「革命群眾」。連我母親都會說「打擊貧農就是打擊革命」。沒有人欺侮我們。孩子們一到老家就揚眉吐氣了，都當了勞模。可歎我覺悟太低，直到此時才想起利用根正苗紅的政治優勢來避難。後來，我也因病，回了老家。快開「九大」了，地質部有兩個人為寫結案的材料到河南鄉下找我，讓我為反革命分子李建彤寫材料。我說，李建彤是不是反革命我怎麼知道？你讓我寫關於李建彤的材料可以，但我不能隨便給人家戴反革命帽子。他們說：「這是中央定的，你就得這麼寫！」我就說，我眼睛壞了，青光眼，看不見字了。他們說那我們就念一念，你按手印吧。他們也很同情李建彤，回來就對李建彤說，你們那個編輯已經雙目失明。後來就傳說我瞎了。「九大」後，我回到山東，幹校解散，辦了個師範學校，又把我掛在那裏。我種菜種上了癮，就繼續種，改善學生們的伙食。教師請假，也去代過課。一直到1978年，工人日報復刊，才把我調回北京。整整三十年都在挨整。人生最好的時光就這麼過去了。在成武縣一共待了十四年，一個字也沒有寫，真正改造好了。

邢　1979年出版的《劉志丹》您參加了嗎？

何　參加了。李建彤要求平反時，習仲勳已經復出，但還沒有分配工

作，他的夫人還極力反對李建彤申訴：「人剛出來，你又鬧翻案，再折騰進去怎麼辦？」中央發出58號文件為《劉志丹》案平反後，稿子在原來的基礎上略作修改，只出了上卷，就是你說的工人出版社1979年出版的那個版本。後來，李建彤聽一些老幹部的建議，又重新寫了一遍，沒有再找我，寫成三卷，改由作家出版社出版。

邢　您對李建彤的三卷本怎麼看？

何　這一次寫的，路線鬥爭不僅沒有削弱，反而更突出了。以前還有所顧忌的事情，現在是撕破了臉，放手去寫了。閻紅彥那一派又告了一狀，中央成立了調查組，重新調查。最後胡耀邦決定停止發行。也許是不想在歷史問題上糾纏不休，息事寧人吧。

那些企圖通過告發別人來重新安排歷史座位的人似乎沒達到目的。案沒翻過來，還是有收穫的。聽說為他們立碑的革命小說《秦川兒女》已經上市，他們從中能看到自己的光輝形象和光榮業績，精神上能得到一點自我滿足，比光禁人家的書舒服多了。

邢　我覺得，隨著歷史的前進，人們對歷史的反思，也在深入。現在是二十一世紀了，今天您怎麼看待《劉志丹》這個歷史事件？

何　《劉志丹》案給我最大的影響，是使我對文學完全失去了興趣。寫個故事，也說有什麼「綱領」，對一群瘋子說你沒瘋，怎麼扯得清？有什麼想法，不如直接說出來。這就是你開頭說的「立足前沿」，無非是變換一下說話的方式。今天反思，黨內出現思想政治分歧有客觀必然性，發生各種意見交鋒也是正常現象，解決的辦法是批評與自我批評，也就是毛澤東說的，從團結的願望出發，經過批評，達到團結的目的。黨內鬥爭應遵循實事求是的原則，有什麼問題解決什麼問題。但是毛澤東自己首先就違背了他自己提出的原則，動不動就把問題提到舉什麼旗，走什麼路的高度，敵我分明，勢不兩立。從這角度看，從陳獨秀開始的歷次路線鬥爭幾乎對黨都造成巨大傷害，而且給陰謀分子如康生之流以

可乘之機。受過傷害的人也還用這種辦法去傷害別人，形成一種惡性循環。陝北歷史本來是清楚的，因為要按路線排座次，上天安門，都想搶佔制高點，不正確也拼命爭正確，反而分不出是非了。可以說，權力欲激起路線熱，路線熱又激起權力欲。歷史可以重新審視，做過結論的也不妨重新認識，但這已進入學術領域，和政治鬥爭是兩回事。遺憾的是，《劉志丹》案件從一開始就像當年肅反一樣，不分青紅皂白，先定性，後羅織，打了再說。毛澤東晚年，越來越迷戀路線鬥爭，「路線是個綱，綱舉目張」。綱就是他那個無產階級革命路線，目就是一張大網，捉走資派，反動權威，牛鬼蛇神。一旦落網，永世不得翻身。一切取決於毛的個人意志，隨心所欲。全民因此喪失了判斷是非的能力。什麼文化大革命？就是一夥瘋子，領著瞎子走路，無論「指向哪裡打到哪裡」都是錯。孤立地看，每次整肅，似乎都有充足的理由；整體地看，一個黨老在折騰，老在清洗，老在分裂，它那個領袖就太成問題了。就沒人問一聲：你是怎麼領導的？形勢不好，退居二線，逃避責任；形勢好轉，立刻出馬，「秋後算帳」，做的事越多罪過越大。這個一線二線模式，比史達林模式還要兇惡，好像就是為了「引蛇出洞」而設計的，為了誘導矛盾暴露而欲擒故縱。人們不能不懷疑，從高崗到林彪，都是拋出來投石問路的石子。運用兵家之學治理國家，路線鬥爭就日益劣質化。你想想，毛文革中那些最高指示，哪一條哪一句是經得起實踐檢驗的。早年的路線鬥爭還講規則，王明路線時期，三中全會、四中全會的會議記錄都刊登在黨刊《布林塞維克》上，誰犯了什麼錯誤，誰負什麼責任，誰做什麼檢討，誰有什麼保留，都讓普通黨員知道。但一進入毛澤東時代，路線鬥爭就越來越沒有規矩了，而且還運用雙重標準。鬥爭方法也遠遠超過王明時代的「殘酷鬥爭，無情打擊」。毛一句話，把黨的全國代表大會制定的路線推翻了，也沒有人問他這樣做對不對，合不合法，符合不

符合黨章，只要是毛的金口玉言，就是絕對真理，齊聲高呼「萬歲」。大躍進年代，非正常死亡人數幾乎等於抗日戰爭中犧牲人數的總和，還說不是路線錯誤，站出來批判錯誤政策和錯誤實踐的人卻犯了「路線錯誤」，被打成右傾機會主義，反黨集團。自己有病，叫別人吃藥。無人起來批判，反而群起擁護。文革中一個個拉下馬，整得死去活來，難道不是自作自受？現在不提路線鬥爭了，但還是按老例行事。都是共產黨，還分左中右，革命的，不革命的，反革命的，還說「權力要掌握在馬克思主義者手裏」。像我們這些老黨員，連總書記是怎麼下臺的都不知道，也不知道誰是馬克思主義，好像馬克思主義也沒有自由。共產黨到現在還像個地下黨，幕後交易，神秘兮兮的，真是莫名其妙。

路線鬥爭抬得這麼高，搞得這麼濫，完全是出於造神運動的需要，神是不會錯的，凡人才有罪。這種新神學發展到頂峰，就是胡來，無法無天。正確路線成了權力獨佔的理由，又是排斥異己的理由。本來路線是否正確，要看實踐的結果，現在叫做正確路線的，卻是未卜先知。純粹是盜名欺世。如顧准所說，人在實踐過程中，都是「經驗主義地解決問題。」沒有誰是先驗主義地想好一套神機妙算，再去行動的。左傾路線打長沙，毛澤東也去了，打了一下，不行，趕快跑，說：「叫花子不和龍王爺比寶。」事後諸葛亮，也很了不起，有人沒有這點後見之明，就把老本兒拼光了。武裝割據，農村包圍城市，槍桿子裏面出政權，都是事後做出的解釋。也不見得就是普遍真理。蔣介石也有槍桿子，比咱還多，怎麼就垮了呢？上井岡山，長征到陝北，還不都是逼出來的。把領袖神化，就使非理性主義塞滿政治生活：背信棄義，陰謀陷害，挾嫌報復，毀滅社會也毀滅人；人性被扭曲，人不成為人，都成了政治的人，原則的人，雙面的人，看不到人真實的一面。劉志丹是英雄，犧牲在戰場上。閻紅彥在文革中自殺身亡，死得不明不白，成了路線鬥爭的犧牲品，令人唏噓。

《劉志丹》小說一案已經過去四十多年，我們的國家，我們的黨已經為它徹底平反。但未見得從中得出有益的教訓。我們的領袖似乎不大相信自己的力量，自己的正義性；身為幾百萬軍隊的統帥，居然被一首詩，一篇雜文，一本小說，一部電影攪得寢食不安，擔心人家圖謀不軌，篡黨奪權。果真如此，李白、杜甫早就該做唐朝皇帝了。蔣介石也不是讀了毛的〈沁園春〉就讓位的。如果我們是一個民主法治的國家，人民有權更換自己不滿意的政府，權力的轉移都通過合法的程式，即使《劉志丹》小說中公開提出來：「請毛主席讓賢，叫習仲勳當總統。」也說不上是篡黨篡國的綱領啊。這種言論還會受到法律的保護。只有把黨和國家當作自己的私產，而這種權力的佔有又不具有合法性，才會做「有權就有一切，失權就失去一切」那樣的惡夢。在民主法治的國家，只有明火執杖的武裝叛亂，才受到法律的制裁，凡是以和平方式發表政見，都應得到鼓勵。即使敵對勢力在失敗以後還有捲土重來的想頭，平民百姓有「彼可取而代也」的念頭，如果不是從事法律所限制的陰謀活動，也是不應追究的。因為這都是公民應有的權利。不能視為大逆不道。法律不懲罰一個人的思想方式，沒有這個前提，也就沒有法治社會。毛澤東在談到上井岡山打游擊的原因時說過，那是由於沒有合法鬥爭的可能。禁絕合法鬥爭，就是製造非法鬥爭；抵禦和平演變，就是鼓勵鋌而走險。合法鬥爭手段主要是言論、出版、集會、結社自由，這是一種自我調節、自我完善的社會機制，是一種防止革命、自我保全的手段。如果政治權力不是由少數人壟斷，就不會發生以言治罪的事情，也不會老揪走資派，抓反黨集團，批自由化。要建設一個現代國家，必須根據自由、民主、人權的原則形成一種機制，使各種人物公開亮相，使各種政治主張都有公開表達的機會，由人民來鑒別，由人民來選擇。誰還利用小說去反黨？一個國家裏沒有挑戰者是十分危險的。「盲人騎瞎馬，夜半臨深池」，明明是一

條死路，怎麼無人大喝一聲？前人留下的遺憾，就是要後人否定它，誰搞「凡是」，墨守陳規陋習，就要連自己也被否定。可惜我們現在看到的事情，似乎還沒有向良性方面發展而是向惡性方面發展，不是在進步而是在倒退，對輿論工具的管制比戰時還嚴密，禁忌還多。改革開放二十多年，越改言路越窄，越改神經越脆弱，越怕聽見不同聲音。竟改出一個文化恐怖主義，你說這個改革還有什麼盼頭？我是暢所欲言，當事人各有各的理，這只是我個人的看法。說錯了，請不要見怪。

邢　我覺得您看待歷史問題的眼光，是超越性的。國家的體制，政黨的本質都成為反思歷史問題的角度。對於20世紀中國發生的很多事件，很多人還是跳不出具體是非的圈子。希望您的思考，對有些人是一種啟示。

　　謝謝您談了這麼多。

2002年11月27日訪談
2003年2月19日改定

胡耀邦

【2】日常生活中的胡耀邦——王元元、延濱訪談

那　元元，過去人們只能從文件報告中瞭解胡耀邦，由於種種原因，媒體至今對他的介紹很少。請你們夫婦談談胡耀邦，讓人們瞭解一些胡耀邦不為人知的一面，那個日常生活中的胡耀邦，那個普通人胡耀邦。

王　這要從我父母說起。我媽媽楚俠，1939年去延安女大學習，和李昭阿姨是同班同學。關係挺好的，我有這個印象，好像是媽媽和另外一個什麼人，把李昭阿姨介紹給耀邦叔叔的。

　　記得我小時候，媽媽經常帶我到耀邦叔叔家，因為我媽媽與李昭阿姨很要好。我和胡家的三兒子德華年齡差不多，常在一起捉迷藏；我妹妹六一和德華妹妹李恒年齡相仿，她們一塊玩「過家家」，當時耀邦叔叔家在燈市口富強胡同。我經常往他們家跑，和德華、李恒在一起玩，有時就住在他們家，由外婆（李昭阿姨的母親）照顧我們。耀邦叔叔特別忙，他見到我們，只是關心地讓給我們加個菜。

　　我自己與耀邦叔叔接觸主要是1965年開始的。

那　胡耀邦曾到陝西工作了一段時間，和你們家有聯繫吧？

王　那是1965年春天。是他到陝西工作有名的「維新變法一百天」。記得那時我們的政治老師天天帶著我們學習胡耀邦講話。給我印象特別深的是平時刻板的政治課老師，在講話精神的影響下，學著耀邦叔叔作報告的語調給我們講他們聽耀邦叔叔講話的情景。當時課堂氣氛挺互動的，給人的感覺，就像一股清新的春風吹進了校園。耀邦叔叔在陝西的一百天，天天都在下面跑，搞調查研究。我愛人延濱1970年在鐵道兵部隊當兵，部隊在陝西旬陽。他說，在當地曾看到老百姓燒香供奉著牌位，開始以為是搞迷信，就問供的是什麼神？老鄉說，不是神，是胡耀邦。看他不解，老鄉說：「胡耀邦來了，把我們的公糧免了，才沒有餓死人，是胡青天啊！」

延　那個地方太窮了。最好的地方，一個人一年能分到8斤麥子。當

時全國有六個不通公路的縣，陝西就占了兩個：一個是紫陽縣，一個是旬陽縣。後來我們和耀邦叔叔提到這件事，他對老百姓給他上香「供」他的事很驚訝。耀邦叔叔對我們說：「旬陽那個地方我去了之後看到，哪兒有多少可以種糧食的地，一個縣城還是三面環水，老百姓一年大多是以紅薯當糧，吃不了幾次細糧。那麼貧困的地方，你讓他拿什麼交公糧啊！」

我們都知道，當時陝西的社教活動搞得非常「左」，一個長安縣最後整得全縣幹部就只剩了一個半好人。咸陽的一個村子，按上面定的指標排隊，最後全是地主、富農、中農，一個貧農都沒有了。耀邦叔叔到陝西，就一直在基層搞調查研究，實事求是地解決了一些當地的問題，結果自己卻挨了整。

王　那是1965年9月，烈士子弟王小峰到我家來，他當時在陝西當兵，比我們大，知道的比我們多，很神秘地向我們炫耀說：「幾個月前，胡耀邦剛到我們這裏講了話，第二天就有人來消除影響。」當時我什麼也不懂，但對這種做法很反感，我對他說：「這不正常，都是西北局的領導，為什麼有意見不當面提出來。」

延　耀邦叔叔後來在陝西是一邊挨批判，一邊做當地幹部的工作。葉劍英來陝視察三線工作，看到這種情況，讓耀邦叔叔和他一起回北京。用了一個曹操整人的典故，對耀邦叔叔說，人家是往死裏整你呢，趕快和我一起走吧，就硬把他帶回了北京。回京後他一邊治病，一邊參與主持編輯毛澤東著作。

王　耀邦叔叔幽默地說：我交了最後一次檢討，而後揚長而去。後來有報導說，1965年是陝西建國後經濟發展最快的一年。與葉劍英同去陝西的張愛萍將軍感慨地說：「陝西肥了，耀邦瘦了。」德華說：「到機場接爸爸的時候，他又黑又瘦。」1966年10月，「文革」中我再來他們家時，他們家已經不完整了。李昭阿姨被關起來了，外婆也走了（李昭母親），回老家取出身證明去了。

當時只有婆婆（胡耀邦母親）和李恒在家。晚上，要做飯了，吃什麼？李恒說：「爸爸三天前讓人帶走了，炊事員也走了，但留下了一塊發麵。」我說：「好啊，咱們烙餅吃。」其實我們都不會做飯。等吃的時候才知道面裏沒有鹽，烙得很好看的小芝麻餅比醋還酸。

1970年12月，我去耀邦叔叔家。那時他們和胡克實住在一個院裏。我剛到沒幾分鐘，耀邦叔叔跑著就過來了，說：「元元，你長大了。」說話的時候，特別慈愛地看著我。還說起我在1967年頂撞哨兵的事。並不斷地說：「長大了，不那麼衝了。」

要不是耀邦叔叔提起，我都想不起來了：那是1967年初，我到北京時，已經搞軍管了。耀邦叔叔在團中央，不能回家。他從主樓裏面搬到外面平房的時候，我和德華也去了。當兵的非讓耀邦叔叔自己去搬他的大辦公桌，耀邦叔叔當時腰被打壞了，臉色很不好。我就和當兵的吵起來，說怎麼那麼不人道，他的腰部傷了，還讓他搬？當兵的說：「那你搬！」我說：「搬就搬！」桌子很沉，我也沒有經過鍛煉，很費勁兒，硬是和德華半步半步，一點一點，從樓裏把他的書桌搬到平房。

等坐下時，耀邦叔叔就問我，西安形勢怎麼樣？我如實地講了整他的人被揭發的種種事情，耀邦叔叔打著手勢說，他回來後向中央寫了報告。我問他交給誰了？他說交給了某某，我說：「哎呀，他們是一夥的呀！」「他們是一夥的？」耀邦叔叔反問著，並一臉真誠地說：「我不知道啊！」想著我這個不諳政治的小女孩的表現，看著眼前的耀邦叔叔，有了一種特別的親切感。

外婆說：「哎喲！誰來耀邦也不親自跑過來呦！」

在這兩三個月的時間，我和耀邦叔叔朝夕相處，早上我和他一起在街上散步，一邊看街道的名字，一邊聊天。他告訴我，原來都不知道這些街道的名字，現在都很清楚了，說的時候很是得意。我清楚這裏的意義。聽外婆說，耀邦叔叔一天到晚忙工作，根本

沒有上過街，結果進了東安市場出不來，不認識路。現在認識了這麼多路，當然要得意了。晚上我們大家一起聊天，唱歌。上下午他多是看書，或是接待客人。

在耀邦叔叔家住下，我為當兵的事去找過一個海軍的人，他態度比較冷淡。從未感受過世態炎涼的我受了很大的刺激，晚上回來就發燒了，躺在李昭阿姨的房間。第二天都沒能起床。德平去買了蛋糕，放在外屋的桌上。大約十點鐘的時候，耀邦叔叔來到外屋。他隔著窗子問：「元元，你發燒了？」我說：「嗯。」他說：「現在怎麼樣？」我說：「不要緊。」他說：「你不要動啊，聽我來唱個歌給你聽。」說著，他就唱起了〈走上高高的興安嶺〉。他發音很準，唱得很用心，特別抒情。那歌聲就像清泉一樣沁入了我的心田，我立刻就覺得病好了。在歌聲中我穿好了衣服，悄悄推開門，看見耀邦叔叔坐在火爐旁，他面對火爐，手裏拿著火筷子，打著拍子凝神唱著，我望著眼前的畫面，靜靜地聽著，感到特別的溫馨。心中一片陽光燦爛，那點陰影被驅散的乾乾淨淨。

邢 看來胡耀邦也是性情中人，完全是用你可以接受的方式安慰你。為什麼胡耀邦那麼看重你？」

王 也沒有什麼看重，患難見真情吧。1967年我到他家時，外婆主持一家的事情。我常對外婆說，我能幫您做點什麼？您有什麼困難您就說。因為那時，我覺得我們家的情況比他們家的情況好一些，他們家正在受衝擊。可他們家從來不麻煩人，我說了好多次，外婆才吞吞吐吐地說：「元元，你是個小孩兒，我真不知道應該不應該說這話，耀邦讓他們把腰、腿打壞了，雲南白藥最好用，現在聽說這是戰備藥，到處都不給開這種藥，能買點雲南白藥，就是最大的幫忙了。」回到家我和媽媽講了，我媽媽也很著急，買到了十瓶百寶丹，也可以治跌打損傷的，給耀邦叔叔寄到北京。那時候我是個孩子，只有一個想法，既然醫院不給開，就

到藥店買。所以不論走到哪兒，見了藥店我就進去問，得到的回答都是沒有。問到後來，就成了條件反射。問完就向後轉，因為都說沒有。1967年底，德華和李恒到西安來我家，我們一起到延安玩。到了延安，我仍然習慣地見了藥店就問白藥。這次，我剛剛問完，轉身要走的時候，聽到一句：「有。」我一驚，高興壞了！趕緊把德華和李恒從街上叫過來，我們把延安兩個藥店的雲南白藥全包了，全部寄到北京去。或許是這件事給他們家人留下了印象，外婆反正對我是特別好。

耀邦叔叔確實是性情中人，知書達理的外婆去世時，他為外婆撰寫了祭文，文章樸實無華，讚揚了外婆的善良、明理，感謝她在逆境中維繫了他們一大家人。在小孫女出世時，他為她寫了命名文。我還記得，文章中說，鷥鳥勇敢，眼睛明亮，取「鷥」字就代表了小女孩明亮的眼睛，同時希望她是一個勇敢的孩子。取「知」字說明了耀邦叔叔的心願，希望將來這個孩子是個有知識的人。在耀邦叔叔的平常生活裏，處處充滿了感情和希望。對生命的逝去和新生命的到來，耀邦叔叔寄予了深切的感情和熱切的希望。

邢　他擔任中央領導工作以後，你們接觸多嗎？

王　記得他就任中組部部長的前夕，我們都從不同的渠道得到消息。那天晚上，連李昭阿姨也對耀邦叔叔說：「有人來電話了，說你是組織部長？」耀邦叔叔笑而不答，看了看表，大約11點的時候，說：「可以說了，你把孩子們都叫來吧！」孩子們都來齊了，李昭阿姨說：「今天晚上把你們都叫來，是告訴你們這個消息……」接著說了要孩子們以身作則之類的話。耀邦叔叔笑著說：「八股呦。」接著，耀邦叔叔講到百廢待興、積案如山的情況，當務之急是解放幹部。他說，有些人有冤案，沒有門路，凡事冤假錯案，認識的不認識的，你們都可以幫忙，轉信也好，傳話也行。你們也是小小的渠道。但是要想當官，想走門路，這種事是堅決杜絕的。當時大家就他的話議論了一陣。

延　耀邦叔叔不論是作為領袖，還是作為歷史人物，他做的幾件事是可以載入史冊的：組織真理標準問題的討論、否定「兩個凡是」、平反冤假錯案、推動農村體制改革。耀邦叔叔對我們也說過，他每到一處，總有些事沒幹完，就不得不離開了。比如，到科學院正做著事情就被整下來了；到了黨校，反思了一些問題，組織了對真理標準問題的討論，〈實踐是檢驗真理的唯一標準〉中的「唯一」這兩個字，就是耀邦叔叔主張加上去的。還想對一些理論問題進一步深入研究，沒來得及做就離開了；平反冤假錯案，雖然大部分做到了，但還有一些問題沒有完全解決。當時想系統地做一下，今後在制度上如何保證不出或少出冤假錯案，後來也沒有做成。說起當時的情況，耀邦叔叔說：壓力大啊！積了那麼多的問題，就說六十一人的問題，一提出來就不得了，華國鋒找他談話說，六十一人問題是毛主席定的，這怎麼能推翻呢？！耀邦叔叔當時說：「毛主席他老人家做錯了，我們幫他改過來嘛。」這不是一句簡單的話，在當時環境下所面對的壓力是難以想像的。耀邦叔叔以非凡的膽略和智慧承擔起了這一歷史的責任。

王　「四人幫」倒臺沒幾天，陳雲請他去，在陳雲家談了三天（如果我沒有記錯的話），回來後，耀邦叔叔對我們說，他們談到粉碎「四人幫」後中國面臨的許多問題。給我的感覺，在國內問題上，他們對毛澤東思想的看法和提法是一致的，即「刀子」不能丟；在國際問題上，他講陳雲同志著重思考的是中國在世界革命中的地位。給我的印象，他對陳雲很尊重，我還記得1973年前後的一件事，有一天，德平接了一個電話，是陳雲家打來的，後來是李昭阿姨接的，說的是陳雲同志的棉毛褲的事。李昭阿姨在紡織局工作，當即聯繫好，讓廠裏給陳雲同志特製兩條。耀邦叔叔和德平知道後，都非常真誠地說：「這樣好，這樣好。」耀邦叔叔確實是個很真誠待人的人。「四人幫」倒臺後，他的第一個職務是在中央黨校，應該說他在思想上是有開拓意識的。

延　在黨校，他組織一撥一撥的人搞「真理問題」的討論。第一篇文章在《光明日報》發表之後，引起很大爭論，當時許多人都不表態。下面的人很擔心，跑來問他說：「怎麼辦？」他說：「堅持住。」後來他給羅瑞卿打電話，商量是否在《解放軍報》上登一些文章，有一天半夜，羅回電話說，可以在《解放軍報》全文發。這樣就發表了第二篇。《解放軍報》是以特約評論員名義發了「關於真理標準問題」的文章。

邢　那篇文章的題目是《馬克思主義的一個最基本的原則》。

延　當時許多人都認為是中央的精神，省報陸續轉載，各省也紛紛表態，在全國上下形成了一股力量，最終衝破了「兩個凡是」的禁區。

延　對於右派平反，我們曾問耀邦叔叔為什麼要一風吹？他說：「這個問題必須這麼做。右派五十多萬，加上被株連的人二百多萬，這其中大多數都是擁護共產黨，擁護社會主義的。如果要像別的案子，一個一個地甄別，要有一大批人去幹。這些人有的還可能是當事人，再加上思想水平參差不齊，如果不一風吹，估計十年、二十年都平不完。權衡利弊，只好一風吹了。」

耀邦叔叔主持中央工作以來，中央的一號文件都是農業問題。他說過，中國是農業國，農民占了大部分，農村問題解決不好，國家的問題就不好辦，改革必須從農村先做起。

土地由個人承包，多年形成的東西擋在那裏，在當時繞不過去。用一個什麼名稱才能讓上上下下的人們都接受？耀邦叔叔說：當時在勤政殿不停地來回踱步，有十幾天，有一天腦子裏突然出現這個詞，我馬上用紙寫下來，寫完我就笑出來了。「家庭聯產承包制」再加上農村兩個字，這下分田單幹、包產到戶都繞過去了。肯定通過了。

以後的中央一號文件都講的是農業問題和農村問題，但是1987年的一號文件卻是讓他下台的決定。

王　在經濟體制改革的道路上，耀邦叔叔是用自己的心血和智慧在推進著改革的一步步實施，像就業問題如何解決，回鄉青年怎樣安置，農村的剩餘勞力怎麼辦。要靠自強自立就必須搞鄉鎮企業、個體經濟。可在當時，「文化大革命」搞了那麼多年思想禁錮，處處是禁區，搞不好不僅發展不了經濟，還要說是復辟資本主義啊！如何突破這個禁區，耀邦叔叔在馬列著作中找到了依據，依照馬克思的觀點，雇七個人以下是介於工人和資本家之間（《馬恩全集》3卷，第341～347頁）。就是這條根據，為鄉鎮企業、為私營經濟，在當時的條件下開了一個縫隙，這樣既維護了旗幟，又解決了問題。

王　我和他像成年人一樣地交往，還是得從耀邦叔叔下臺開始說起。

邢　1987年1月。

王　其實對他的事情我早就有耳聞。當時社會上已經有了一些謠傳，但都沒有傳到耀邦叔叔耳朵裏去。我也給過他們消息。他下來後，我就和德華說，想去看他。德華說：「不行，爸爸誰也不見。」那時他只是閉門讀書，不見任何人。大概到了天熱的時候，他的兒媳安黎找到我，說耀邦叔叔現在身體不太好，建議我去看看他。我說，我想看看他，他不見啊！安黎說：「不見你也得去。得有人和他談談，想來想去還是你合適。」

我就鼓起勇氣去了。我一進門，就碰見他和李漢平（耀邦叔叔的警衛秘書）在廊子裏散步。他說：「元元，你來了？我們好久不見了！你找誰啊？」我當時心很慌，不知道他願意不願意見到我，就說：「我找安黎。」他說：「好，你去。」安黎對我說：「你不要在意。我回家來他也問我：你找誰？」這樣我就去了耀邦叔叔屋裏。他已坐在沙發上了。我說：「其實，我是看你的。」他說：「歡迎你來，歡迎你來。」接著就是他一直在說。他說他下來的這幾個月，前三個月，他把所有和他有關的文件都調來看了。反覆思考過。但是選他上來的時候，他自己頭腦很清

醒，覺得不是自己有什麼特殊的能力，而是遇到了這樣一個百廢待興、需要有人承擔責任、勇於破舊布新的時機，他覺得是時代把他推到這一步，無論是水平還是能力，自己都不夠的，但在這個位置上他是盡職盡責的。說到他的辭職，他說是為了家庭，也是為了保護幹部。現在急需穩定，不要再層層抓什麼代理人、什麼路線、什麼錯誤路線分子。同時他也認為自己的年齡大了。耀邦叔叔一口氣講了大約兩個小時。

給我的感覺是，他的身心很疲憊。我就對他說：「聽我說說吧！耀邦叔叔，您當總書記，我感到很親切；您不當總書記，我依然感到很親切。因為，對於我來說您就是耀邦叔叔。看一個人，就是要看他的人格，我覺得您的人格是最高尚的。您14歲參加革命，經歷了那麼多的黨內鬥爭和政治風波，您從來沒有放棄過自己當初的信念和追求。依然保持了當年的赤誠和童心……」

接著我說起對他的瞭解。

那是從「文化革命」中開始的，在「文革」中他是有機會改變他當時處境的，但他沒有隨波逐流。就是身處逆境之時，也都是在細心觀察，認真思考，孜孜不倦地看書學習。我提到當兵時在北京進修，住在耀邦叔叔書房裏的一件事，剛開始我只是想找本書看，可看了幾本，上面都有耀邦叔叔的批註，引起了我的好奇心，於是就成了我在查看他的批註，當時書房四周從地到頂的大書架裏的書，我一本不落全部看了，本本都有他的批註。

我提到「四人幫」倒臺時，當時他無職無權，他絲毫沒有考慮個人的前途如何，而是站在黨和國家命運的角度，明確提出要汲取蘇聯的教訓，「刀子」不能丟的問題。講到童心，我提到「文革」中，他讓我們這些年輕人給他的檢討提意見的一件事（他對年青人總是很信任、親切）。他在檢討中提到對毛主席不忠時舉了一個例子：有一次，毛主席在天安門上請客招待西哈努克，也讓他作陪，他當時不知有什麼事，沒去。我當時說，這件事沒必

要拿出來檢討，因為你沒有對毛主席不忠。你執行的都是毛主席的方針路線。你這樣一說，反而容易引起誤會，他聽了點點頭說：「我檢討的，真是心裏覺得對毛主席有愧的事。」耀邦叔叔他們這一代人，並沒有認為毛主席是神。他這樣想，從另一個方面反映了他的認真和真誠。

我還提到，在他擔任領導職務期間的各個關鍵時候，他的思想和態度我都比較清楚。他當總書記的時候，我和他接觸的較少，但我只要看到特約評論員的文章，總能準確地感到哪些話是耀邦叔叔親口講的。說到這裏，耀邦叔叔說：說說看！我就扳著指頭，講他在黨校期間，為解放思想，發動真理標準討論的評論員文章、解放幹部時的評論員文章、在他擔任總書記時的評論員文章……他是怎麼怎麼說的……他認真地聽著，不停地點頭說：是，對的……還有什麼什麼……臉上漸漸有了笑容。

我還提到大家對他的惦記。最後我說：「參加革命這麼久，您做了那麼多的事情，您依然保持了童心，仍然那麼赤誠。人格最重要，有這一點就夠了，你誰都對得起，既對得起民族、對得起國家，也對得起自己。你現在好好活著，比什麼都重要！」

他說：「是的，馬克思也講赤子之心嘛！」從那時起，我跟他的來往就多了起來，一來是他閒下來，二來是覺得心是相通的。

邢　後來，你們經常去胡耀邦家，談些什麼呢？

延　自從元元和他這次見面以後，我們就經常去了。有時一兩個禮拜沒有去，一見面他就說：「我們好長時間沒有見了」。我們知道，他很希望我們常去。我們後來幾乎一個禮拜去一兩次，或更多。除了平常去，逢年過節，他都提前安排我們哪天來吃飯，和他家孩子回家聚餐隔開。有一次，他讓工作人員打電話讓我們去吃飯，我們去了之後，他說：「今天吃涮羊肉。」並開玩笑說：「聽說啊，政治局委員一年供應三次涮羊肉，是人民大會堂手切的羊肉。」

邢　他和自己的孩子也聊嗎？

王　應該聊。耀邦叔叔家裏氣氛很民主，大家都是坦誠相待的。「四人幫」倒臺後，耀邦叔叔說，一個老同志對德平的水平稱讚不已。當時那個老同志對「四人幫」的倒行逆施非常擔心，德平對那個老同志說：「伯伯，您不要擔心，您要相信我們的黨，在歷史的關鍵時刻是會有人站出來的。」那個時候，大家也在一起談各自的消息。記得德平說，鄧小平是從來不喊萬萬歲的，但聽到「四人幫」倒臺的消息，禁不住喊出了共產黨萬歲！萬歲！萬萬歲。這時安黎插話說，不對，應該說人民萬歲，萬歲，萬萬歲。黨怎麼能萬萬歲呢？這時我看到耀邦叔叔一個贊許的眼神。

邢　他是下來以後才這樣希望與你們多談嗎？

王　他當總書記的時候太忙了，經常不在家，我們去得也少。當然見了我們也很高興。

延　胡耀邦16號下臺，17號萬毅伯伯的兒子來到我們家，說他爸爸有幾句話讓我們帶給耀邦叔叔。萬毅伯伯說：「耀邦同志原來是我們的總書記，現在是我們的總書記，將來還是我們的總書記！」我們將這話轉告給耀邦叔叔，他很感動。1987年，萬毅伯伯八十大壽，他讓五一（萬毅伯伯之子）跟我們說，想請耀邦同志寫幾個字。我們就和耀邦叔叔說了，他笑笑說：「我想想。」後來，他住305醫院之前，我又提起這件事。他說：「讓我想一想，主要是對萬毅同志的歷史不是太熟悉，我正看一些萬毅同志的資料。」到了1988年的秋天，一天下午我去找德華，耀邦叔叔見到我，讓我跟他過去，他說：「我想了幾句話，給萬毅同志，你看看！」我看到他給萬毅提了十六個字：「赤膽忠心，無私無畏；鋼筋鐵骨，長命百歲。」耀邦叔叔挑了一張他比較滿意的，說：「就這張吧！」我覺得那十六個字，是萬毅伯伯的一生的寫照。

王　和他談完那次話，我們去看過李銳叔叔。李銳叔叔得知我見到了

耀邦叔叔，問話問得很仔細，我逐字逐句講給李叔叔聽。李叔叔
還作了記錄。

那 他們之間，原來關係是怎樣的？

延 他們是工作關係，沒有私人來往。我們和李銳叔叔談後，他讓我
們帶一本書送給耀邦叔叔。那本書是李銳叔叔的詩集，李叔叔在
扉頁前面專門寫了一首詩給耀邦叔叔，最後一句是：「活在人心
便永生。」在此之前，耀邦叔叔對李銳並不熟悉，但對李銳在三
峽問題上能給主席提不同意見，而且能夠堅持，是很讚賞的。他
尊重有這種品格的人。1988年，耀邦叔叔去外地，人還沒有回
來，就讓人捎回來他剛寫的詩，並在信封上寫著：「請元元小倆
口幫我把這兩首詩交李銳同志改一改。」我們把他的詩給了李銳
叔叔。李叔叔按古詩詞的韻律做了修改，結果原詩的意境和氣
勢改了不少。耀邦叔叔看後，開玩笑說：「這可對我是個打擊
喲。」又說：「這個寫詩，太難了！」

王 我覺得他的詩不錯啊，當然我不懂格律。

那 胡耀邦的詩還是有個性的。後來李銳在他的文章中表示挺後悔，
說早知這樣還不如讓他寫。

王 當然他後來還寫，就是興趣沒那麼高了。送書以後，李叔叔表示
想和耀邦叔叔談談。是延濱給他們聯繫的。1988年9月，他們有
了第一次談話，可能是談三峽。延濱還給他們照了幾張相。

王 李叔叔從美國回來，又想見耀邦叔叔，談談他的見聞。延濱要出
國，我就陪同去了。我本來想把李叔叔送到就走，耀邦叔叔說，
不要走，一起談。我就挺認真地在一邊記錄。李叔叔從美國對地
理環境和資源的利用談起，當談到電力資源時說，中國一百年都
趕不上美國發展，他們都是在支流上利用水發電，還利用風。李
叔叔真是講得不錯。我一直在記錄。談話不知不覺進行了好幾個
小時，話題也越來越深入。這時就比較系統地談到了十個問題，
李叔叔對我說，你記下來。我開始只記李叔叔的話，耀邦叔叔說

時，我就收起來，不記了。這時我看了一眼耀邦叔叔，他沒有說讓我記，也沒有說不讓我記。我就開始記了。這十個問題李叔叔的文章裏已經有了。

邢　現在看來，1989年4月5號的談話，歷史意義就太大了。當時是無意的，不是設計好的。但成了胡耀邦帶遺囑性的談話。

王　對，沒有人設計。

後來李銳對耀邦叔叔有個評價，他說：「我認為，胡耀邦的產生對中國共產黨，對中國人民是一個幸運。」我覺得這個評價是對的！因為他脫離了從古到今的專制意識。他的人格更趨向為現代民主政治意義上的人格，不封閉，用現在的話說，是和世界接軌的。當李銳和他談到美國時，耀邦叔叔很讚賞美國人民對勞動的崇尚，他們不在乎自己是個總統還是個農民，他們崇尚自己做的這份工作。我當時有一個感覺，感覺到一種昇華，他崇尚勞動，崇尚自由。

邢　你們有他的字嗎？

王　我們那時沒有想過向他要幅字。有一次，他說要給我們寫封信，說在湖南時，不知道延濱是哪兩個字，就沒寫。李昭阿姨還說，成天見面，還寫什麼信？後來我們才意識到他是想給我們留點什麼。但有一次賀晉年畫了一幅畫請他題詩詞，他構思好，寫在他的小紙煙盒上，送給了我們。

邢　關於請三千日本青年訪華的事，胡耀邦和你們說過他的想法了沒有？

延　他說過。他說：這一定要從長遠來看，這兩個國家因為歷史的原因，再加上戰爭，成見已經很深，兩國人民都存在不信任的心理。談解除成見，對我們這一代打過仗的人，意義就不大了。為以後著想，兩國人民總是要消除成見，消除不信任的。這不是短時間能做到的，中日文化有共通的地方，日本接觸西方文化比我們要早好多，但他們保留了很深的中國文化，有了規模地交流，

相互瞭解了，溝通的渠道也就建立了嘛。幾代人交往下去，一代一代潛移默化，兩國關係會有很大改變。邀請日本青年訪華是書記處定的。人，我們也不是隨便請，我們也要看他們在未來的中日關係中能起的作用。當時提出邀請的規模要大得多，是我建議把規模壓下來，主要是考慮到當時的國情和我們的接待水平。一個總書記，這個權利還是有的。

對於有人說他說話隨便這一點，他說：我就是想造成這麼一種讓人說話輕鬆的空氣。不要讓人不敢講話，人人自危，誠惶誠恐，怕一句話說錯有麻煩。研究問題討論問題，說話可以輕鬆一點，說話隨便了，氣氛就輕鬆了，每一個人也敢發表自己的意見，可以提不同看法。不要什麼你都是對的，你一講話，別人就不能懷疑，不能反駁，我們的人要都是這樣，弄不好就會帶來災難的。這樣的教訓不少了。

邢　他的心臟病，原來有沒有跡象？

延　在北京是沒有什麼跡象的，1988年去湖南說是病倒了，病得很厲害。當時可能跟他講是冠心病。他說他不同意這個結論。

王　我說會不會是感冒引起了心肌炎？他說，這個意見我同意。實際上是大意了。

延　耀邦叔叔每次見到我們的女兒總是特別親切：啊！孫女來了！
1989年4月2號，那是一個星期天，因為我4月5日去美國，我們準備去看看耀邦叔叔，再去買點出國用品。那天天氣特別好，就說照幾張像吧。耀邦叔叔挺高興，招呼知鷟、京京、曦曦幾個孩子在院子裏照了幾張像。和耀邦叔叔沒講幾句話，我們把曦曦留下去買東西。回來時元元身體不舒服，直接回家了。等我回來剛走到大門口，警衛員帶著孩子正往外走，說：首長讓我們去找你們。我抱著曦曦向耀邦叔叔道別，耀邦叔叔說：「哎呀，這個曦曦呀，鬧得不行，我給她拿什麼都哄不住她。元元怎麼不見了？」得知元元病了，耀邦叔叔說：明天你們再來一趟。

王 我們的女兒是在兩歲多的時候認識耀邦叔叔的，說起來也奇怪，她那麼小，就對耀邦叔叔有一種特殊的感情。記得人家給她剝了一小盤栗子，她恭恭敬敬地端給耀邦叔叔，用小手示意請爺爺吃，耀邦叔叔拿了兩個，慈愛地對曦曦說：曦曦吃，曦曦吃！

耀邦叔叔去世時，曦曦不到四歲，延濱在美國。那幾天我天天在胡家忙著，她也不追我，追悼會那天，我回來問她，看電視了沒有。她說。「看了，我都哭了。」

到了1990年的12月，她五歲了，有一天我下班回家，看見她正在寫一封信，開頭是她自己寫的幾個歪歪扭扭的字「京京爺爺」（京京是德華女兒的名字），看見我回來，她說：「我說，你寫。」我就接著寫下來，她說：「告別了，京京爺爺，原來我是想把你的像放在人民大會堂，可那裏有了毛主席的像。我就把你的像放在家裏，我會在你的像前放滿鮮花，我還會放上好吃的，用白紗布罩好，不讓髒東西落上……」後面的話我記不清了，當時還套了一個信封，上面寫著「京京奶奶收」。這封五歲孩子稚嫩思維的信，帶去了一顆孩子真摯的心。巧的是，李昭阿姨讀到這封信的時候，正是得到通知去共青城的那天。

延 我們4月3日晚上又去了耀邦叔叔家。他又講起曦曦哭鬧的事，說元元把孩子慣壞了，不要那麼嬌氣嘛！正說話的時候，秦皇島市委書記丁文斌來了，耀邦叔叔給我們介紹了一下，元元就到李昭阿姨那去了。耀邦叔叔問我：「元元呢？你們別走啊，一會我有話說。」沒過一會兒，李瑞環又來了。耀邦叔叔讓安排在大客廳，過去之前耀邦叔叔又說：「你們別走啊，我有話說。」等到快十點了，我們怕他太累，我說：「咱們走吧。」就去大客廳和他打招呼。他說：「怎麼走了？」我說：「快十點了，我們走了，後天我就出國了。」他說：「你走了，4月5號的事情怎麼安排？」我說：「元元來安排。」他說：「好。」李瑞環問去什麼地方，耀邦叔叔說去美國，李說去美國好哇，接著講了幾句有關

美國的話。這之後，耀邦叔叔說：「祝你一路順利，一個月以後見，話沒說完，回來再說。」一共說了四句話。李瑞環還問：「你們說什麼？」耀邦叔叔就笑了笑。後來他因心臟病突發住院。我就再沒有見到他。他到底要和我們說什麼呢？

邢　成了一個謎。

【3】我在外交部的文革中──何方訪談

何方，1922年生於陝西臨潼。1938年入延安抗日軍政大學。1949年後出任駐蘇大使館研究室主任，外交部辦公廳副主任。1959年廬山會議後，受張聞天牽連，被定為反黨宗派成員和右傾機會主義分子並下放農村。1980年代先後任中國社科院日本研究所所長，國務院國際問題研究中心副總幹事，現為中國社科院榮譽學部委員。著有《何方集》、《論和平與發展時代》、《黨史筆記──從遵義會議到延安整風》。2004年接受筆者採訪，回顧生平經歷，完成《從延安一路走來的反思──何方自述》一書，本文是其中一節。

外交部1965年春把我下放到河北的北戴河、昌黎搞了兩期「四清」，並且交給了地方上去分配工作。但後來由於《世界知識》主編一時找不到適當人選，又從河北省委把我要了回來。1966年5月我回到外交部報到，政治部副主任兼人事司長符浩告訴我，不必去上班了，先回原單位參加文化大革命吧。過了不幾天，外交部黨委就把我作為「牛鬼蛇神」拋了出來，交由「群眾」批鬥和監督勞動，我也就從此失去了自由。1969年3月又被押送五七幹校，作為群眾專政對象，繼續接受批鬥和勞動改造，直到1978年自行離開幹校回北京。我被動參加文革，前後十二年整，還不算後來一年多在複查中的「討價還價」。所以全國文化大革命以十年計算，我卻是十二年。這十二年可以分為兩大段，除了在外交部參加三年文革外，還上了九年五七幹校。現在先談前三年。

一、對外交部文革的一些看法

文化大革命是自上而下發動的一場對中國人民持久和全面的大浩劫。外交部作為文革的一個重點和各派必爭之地，自然免不了要受到重創。我個人只是這場浩劫中的滄海一粟，而且一直處於挨批鬥和被

看管的地位，不可能對外交部文革有全面和深入的瞭解。但是自己的遭遇，離開大的背景又很難說清楚。好在這次文革和我參加過的延安整風以來歷次政治運動有個很大不同，就是有一定的透明度。不僅社會上包括部內的各種小報和印刷品滿天飛，高音喇叭喊個不停，而且部領導和群眾團體的正式傳達也特別多。只要沒有被完全隔離起來，總會知道不少情況，加上事後的瞭解和研究，就不難對外交部文革有個基本認識。根據個人的親身體會和觀察思考，多年來對外交部文革逐漸形成了自己的一些看法。這裏只談兩個問題。

外交部文革的幾個特點

作為全國文化大革命的一部分，外交部的文革自然和全國一樣。但由於工作性質、領導體制和人員素質等因素，文革在外交部還是表現出了以下幾個獨特的地方。

一是文革不但搞亂了外交部，頭幾年還嚴重地搞亂了對外關係，把原來就夠嚴重的「左」傾外交路線更發展到極致，給國家造成巨大損失，帶來極壞的國際影響，使中國一度處於非常孤立的地位。直到1970年後，才在新的形勢下將對外政策、對美國和以它為首的陣營作了向右的調整，只是在反蘇上越來越「左」。這就在外交上出現了一個新的局面。正統史學說的文革時期仍然「執行正確的對外政策」，顯然是不合乎事實的。

二是外交部文革有中央的直接源頭，始終得到毛澤東的密切關注、中央文革的積極插手和周恩來的直接領導。特別是周恩來的直接領導，決定了外交部文革的走向和變化。而周的態度卻是隨著毛澤東的態度變化在不斷搖擺。他既要維持原有體制和保護老幹部，又要效忠毛澤東以保持晚節，因而時刻揣摩意圖，隨機應變，表現出緊跟的姿態。他長期管外交，在幹部中威信極高。但毛澤東不僅握有「外交工作授權有限」的王牌，而且在外交部還有幾個眾所周知的「通天」人物，為他瞭解情況，傳遞消息。中央文革也一直在窺測風向，總要

找機會鑽進來同周恩來鬥。這些背景就使外交部的文革頭緒紛繁，詭譎多變，與眾不同。

三是整個說來外交部文革還比較文明，沒有發生武鬥和嚴重的打砸搶。這是由於：一則文革期間外交部在業務和運動兩方面都一直接受周恩來的領導，造反派和長期支持領導的「無革派」（自稱無產階級革命派的造反派）對他很尊重；二則外交部幹部的素質較好，文化程度較高，紀律性也較強。社會上有關一些大案的傳說，例如火燒英國代辦處等，其實並不準確。造反派受命主管運動九個月，做了不少愚蠢和激進的事，特別是堅持打倒陳毅和頂撞周恩來總理等。但進行大規模、長時期的殘酷鬥爭和打擊迫害，反倒不是出現在他們掌權的時期，而是發生在部黨委結合無革派主流派直接控制的時期。

四是外交部被整成全國抓「五一六反革命」的頭號重災區，全部參加運動的有4000名幹部，被抓的竟達1700人。（引自馬繼森：《外交部文革紀實》，香港中文大學出版社。以下有關外交部文革的部分材料也引自該書，不再一一加注。）造反派得到的清算和處理也最徹底，還有許多老幹部遭到嚴重迫害。在這些方面製造的一些冤假錯案，長期得不到解決和平反。領導層在文革中形成的山頭和派性，文革後還繼續起著重要作用。這些又使外交部文革的時間要比一般單位長。

外交部文革經過三個階段

根據我個人的經歷和觀察，外交部的文革可以分三個階段，但與中共中央〈關於建國以來黨的若干歷史問題的決議〉上的分期並不相同。〈決議〉上也把文革分為三段，但看不出明顯的分段標誌，表現了相當的隨意性。例如在它的第一段中，文革初期被毛澤東上綱成的所謂「資反路線」（資產階級反動路線，也稱劉鄧路線）就完全沒有了，這就不合乎歷史事實。「資反路線」顯然也是一種極左作法，它一開始就自上而下製造許多冤假錯案，使許多幹部和群眾受到錯誤批

鬥和無端迫害，這是抹煞不了的。所以我覺得，對文化大革命的分期，不能為了照顧領導搞成糊塗賬，而應該著重看運動的實際發展和廣大群眾的切身感受。從運動的實際發展來看，外交部文革可以分為以下三個階段。

1，部黨委按過去政治運動的常規發動和領導文革時期，從1966年5月姬鵬飛代表部黨委作第一次動員到年底召開的「外交部揭發批判資產階級反動路線大會」，前後約有半年時間。

在這個時期，特別是一開始，廣大幹部群眾一般都不知道文化大革命是怎麼回事，只能按部黨委的佈置進行所謂揭發批判和學習。而部黨委對運動的領導，當時人們能感受到的，主要還是以往搞政治運動的老一套：拋出批判對象；實行引蛇出洞；派出工作組。部黨委利用《人民日報》社論〈橫掃一切牛鬼蛇神〉的號召，把一批部、司、處級幹部定為牛鬼蛇神，號召和組織大家揭發批判。拋出的人也被關押或看管起來，隨時接受批鬥。這些人中有部黨委成員、國際關係研究所所長孟用潛、副部長王炳南和陳家康等三十幾個人，我當然也在其內。與此同時，部黨委還不斷動員大家起來揭發，一再保證做到「三不」（不打棍子，不戴帽子，不揪辮子），但實際上是引蛇出洞，佈置各級黨組織和積極分子注意釣魚，發現有「出圈」言論和大字報的，馬上立案審查，有的立即打成「反革命」，有的準備「秋後算賬」。再就是派出工作組進駐幾個部屬單位，如北京外國語學院（簡稱北外）、國際關係研究所等。不管中央內部鬥爭怎樣激烈和文革在社會上如何千變萬化，部黨委決不放鬆對運動的控制，只是隨著形勢的變化改換一下手法就是。這一切都是在黨委書記陳毅的親自領導下，由常務副部長姬鵬飛具體主持其事的。而且我當時就認為，整個部署特別是重要事項，都一定會上報周恩來總理，並得到他的批准或默許。不然像關押王炳南、陳家康這些人，陳毅和部黨委哪敢擅自作主？

這一時期最令人驚心動魄的，我看就是8月份部黨委召開全部大會批鬥孟用潛。大會由副部長喬冠華主持，安排副部長韓念龍、部長

助理宦鄉和已進駐研究所兩三個月的工作組人員相繼發言。會議事先作了周密準備，糊了十幾頂高帽子，下面有人領呼口號。除孟用潛外，還將研究所其他領導人和業務骨幹十多個人拉來陪鬥。都戴著高帽子，手拄兩根哭喪棒（用白紙包的木棍），在台前跪成一排。而孟用潛的高帽子裏安裝有圖釘，用手一按就鮮血直流。他們在辦公樓樓道裏排著隊被遊鬥，經過人群時，人們可以隨便打他們和羞辱他們。孟用潛在游鬥時走了一半路就已暈倒。這次批鬥大會是外交部文革中最殘酷最野蠻的一次。後來一些小單位開會時也許發生過打人等行為，但全部大會出現這種現象只有部黨委操辦的這一次。

在這個時期，外交部也受到全國影響，自發地鬧了一陣紅衛兵運動，進行較為文明的抄家和破四舊。不過由於他們的活動實際上是在部黨委領導之下，所以沒起多大作用，從成立到奉命解散，前後也只有四五個月。

2，造反派起來領導運動和監督業務、批判「資反路線」和揪鬥部領導的時期，前後歷時九個月。

外交部造反派的興起，不但是響應毛澤東的號召，而且還出於周恩來、陳毅的直接推動。因為他們相信外交部的幹部起來造反容易控制，如果遲遲不動，外面的學生衝進來可就難辦了。所以外交部造反派一成立「革命造反聯絡站「（以下簡稱聯絡站）就得到周恩來的支持。而周恩來的支持又使造反派迅速崛起和壯大。當時運動的主要內容也和全國一樣，就是批判所謂「資反路線」。大概毛澤東本來就要整一下陳毅，不久又發生了陳毅等人反對文化大革命的「二月逆流」，更引起毛澤東的惱怒。陳毅被停職檢查，聯絡站的口號也從「炮轟陳毅」改為「打倒陳毅」。外交部文革在這段時間基本上都是圍繞「打倒陳（毅）姬（鵬飛）喬（冠華）」的口號進行的。外交業務固然受到干擾，但造反派基本上還是執行了周恩來所定並得到毛澤東同意的「領導運動、監督業務」的原則，並沒有奪取外交業務大權。而且造反派總的說來也還是尊重和服從周恩來領導的。當時對外

關係中的許多極左行為，都是文革本身要反修防修、打倒帝修反、搞世界革命所帶來的，不是外交部造反派的創造。例如和印尼中斷關係，駐印尼使館的姚登山等人回國時中央領導除毛澤東和林彪外全體到機場歡迎、以及讓姚在五一節登上天安門城樓，這是外交部造反派能辦得到的嗎？只能是中央毛澤東和周恩來的直接安排。

3，外交部領導體制得到全面恢復和造反派及一批幹部遭整肅的時期。這個時期從1967年10月聯絡站徹底瓦解算起，直到文革後還延續了好久。

1967年8月，中央文革的重量級人物王力為插手外交工作，接見聯絡站核心組成員，發表了煽動性的「八七講話」。得到講話的鼓舞，聯絡站也著實狂熱了一陣，出現了砸政治部、揪鬥陳毅、頂撞周恩來等一系列極左行為。他們不懂得中國共產黨發動群眾運動都是完全由上面控制的，最高領袖要它向哪轉就向哪轉。文革當然不會例外。經過一年半的大折騰，不知是由於發動文革的初步目的已經達到，需要休整一下；還是發現再造反下去整個局勢會失控，因而需要恢復秩序，清算造反派；反正是在王力和造反派得意忘形的這個8月，毛澤東決定來一個急煞車，把文革的局勢翻過來。他採取的措施包括：實行全面的軍事管制；辦五七幹校、大批下放幹部；動員知識青年上山下鄉；清理階級隊伍，搞群眾專政和抓五一六反革命等。外交部第三階段的文革，就是按這個線路發展下來的。

又不知是毛澤東的意圖多變，沒有一定之規，還是善於揣摩意圖的周恩來也常有摸不准的時候，所以在對待外交部文革上就顯得變化莫測。例如毛澤東已決心從收拾「王（力）關（鋒）戚（本禹）」下手，對文革進行大調整時，周恩來還不敢對王力「八七講話」表態，而聽任造反派瞎折騰了一個多月。當他摸清意圖和把「王關戚」抓起來後，就正式宣佈他支持造反聯絡站只到8月31號為止。特別是他讓部黨委向全部傳達，說聯絡站核心組有人直接間接同「五一六反革命集團」有聯繫，這就一下把聯絡站搞垮了。還有一個例子，就是

對於外交部一批司處級幹部貼出支持陳毅的一張「91人大字報」，周恩來一時也不知如何是好。因為這時正是全國反對右傾翻案風，批判為「二月逆流」翻案，他在弄清楚毛澤東的態度前，不能不違心地反覆批評這張大字報，說成是「老保翻天，反攻倒算」，代表一股「保守」甚至「反動勢力」，要求部黨委對此表態，並且動員群眾批91人和部黨委。這件事在外交部竟然鬧了好幾個月，逼得陳毅、部黨委和大字報簽名者紛紛檢討，耿飆、黃鎮等還被罰從事打掃廁所等體力勞動。後來毛澤東說，「我還是贊成91人的」，於是事情又完全倒過來，91人不再代表保守和反動勢力，反而代表正確方向了。其實批「91人大字報」只是一個很小的插曲，並沒有影響毛澤東改變文革方向的進程，但它可算是證明文革是多麼荒唐的一個典型。不少人當時就心裏明白，周恩來是為應付毛澤東和中央文革批判右傾翻案風而不得不違心地批「91人大字報」，才上綱很高。陳毅、部黨委和大字報簽名者又是不得不按照周恩來的要求，心照不宣地作假檢討。只有廣大幹部群眾被蒙在鼓裏，跟著認真地折騰了幾個月。

實際上，在造反聯絡站垮臺後，外交部文革就一直是在以姬鵬飛為首的部黨委主流派的領導下進行的，軍代表進駐後也結合在內。取代聯絡站（造反派）的群眾組織倒有好幾個，統統稱為無產階級革命派（無革派）。他們有時也表現出在領導運動，按上面的意圖組織活動，像上面提到的主持開會批右傾翻案風、批「91人大字報」等；但總的方向是同部黨委一致的，完全接受周恩來的領導，成為鎮壓造反派、清理階級隊伍、抓「五一六」的主力和骨幹，在軍代表進駐後已被結合進了領導班子。外交部文革的頭兩年先後出現的這兩派群眾組織，分別稱為造反派和無革派。雖然存在的時間都不長，但是作為站隊正確還是錯誤的標誌卻至今還起著作用。而部司處各級幹部，凡是受過造反派衝擊和表現忠於部黨委的，都被視為站隊正確被保護過關，後來提升的幹部也出自這個圈內。另一方面，凡被懷疑有什麼問題的、或造反派提出過要結合的，以及被看成異己分子的，就按站錯

隊處理，其中許多人遭到殘酷迫害和排擠。連造反派只是表示過要結合的副部長羅貴波、徐以新都被長期隔離審查。副部長陳家康（因揭發陳毅講過毛澤東是「乾綱獨斷」，被周恩來說成跳樑小丑和壞人）、駐蘇聯大使潘自力（因表態支持「打倒陳毅」）被迫害致死。八大的中央委員、副部長劉曉被整得精神癡呆。副部長王炳南被弄得家破妻亡。其他受排擠和打擊的還有部長助理宦鄉、董越千等。至於中下級幹部挨整受迫害的就更多了。需要指出的是，外交部的組織和幹部，除造反派受權領導運動的九個月外，整個文革期間，一直為先是常務副部長、後是部長的姬鵬飛所掌握，並在外交部形成了一個長期占統治地位、被稱作「姬派」的領導班子和幹部隊伍。運動和業務一直由他們操持，文革後還長期起著作用。

外交部領導（先後稱部黨委和黨組，中間一段稱核心小組）操持文革的這第三時期，歷時最久，如果算上文革結束後的復查階段，就超過十年。在這期間，外交部發生過許多事變，大運動中套了不少小運動，但總是在整造反派、清隊、抓「五一六」、排除異己和派性鬥爭這個框架內進行的。我瞭解到的一些情況，可以放在下面敘述個人的遭遇和經歷時來談，這裏就不多講了。

二、被投入文革

一回到外交部就成了牛鬼蛇神

我從河北省被調回外交部，還沒來得及到原定的工作單位《世界知識》出版社去報到，領導上就將我作為由群眾專政的牛鬼蛇神拋了出來，劃歸原單位辦公廳綜合組管。當時宣佈，我不用上班，只從事體力勞動，在外交部大院裏拔草，接受批判，隨叫隨到。對這種遭遇，我雖然極為不滿，但也不完全感到意外。因為我回來時，文化大革命的風聲已經越來越緊，作為反右傾時的張聞天反黨集團主要成員和右傾機會主義分子，我知道在劫難逃，只能接受舊冤案上再加新冤

案。有這點精神準備，心情反而安定了許多，在同文書處的唐國忠一起拔草時還可以閒聊幾句，開點玩笑，顯得有點滿不在乎的樣子。不大在乎，還出於我當時的阿Q精神，覺得自己還多少受到點優待。因為同時被部黨委拋出的三十多個人是分成好幾類的。一類如王炳南、陳家康等十多二十人，可能是屬於當權派或有什麼現行問題，被集中關押在地下室，吃飯時排隊進食堂，只能站著吃飯，不准坐。我被歸入的這一類，只是開始時搞點拔草之類的勞動，下班可以回家，和大家一樣，吃飯不用排隊，也可以坐。後來乾脆沒人管了，幾乎變成一個閒人。

在一個相當長的時間裏我都保持著雙重身份。一方面是個牛鬼蛇神，不准亂說亂動，可以隨便被拉去批鬥。部裏的紅衛兵就有幾次把我和其他牛鬼蛇神集合起來，戴上高帽遊街，就是在外交部老部院子裏轉上幾圈兒，喊一陣被打倒的口號。連宿舍大院的一群中小學生也可把我揪出來批鬥一番，聽他們的訓話，回答他們的問題。總之，從被拋出來的第一天起，我就一直是一個很馴服的牛鬼蛇神，沒有進行過任何反抗。但是另一方面，組織上仍在按老規矩辦事，沒有改變我的政治待遇。因此，除部裏組織的群眾性活動一般都可參加外，還可參加黨內11級幹部可以參加的會議，包括到人民大會堂聽傳達和參加中央文革組織的一些大會，多次聽到周恩來等中央領導和文革小組成員的講話。所以在外交部文革的頭兩個時期，我不但對外交部，而且對全國文革，還都是有些瞭解的。那時我經常到外面看大字報，閱讀和摘抄許多傳單和小報，單是「最高指示」和中央一些領導人的講話摘錄就抄了五六本。我密切注視文化大革命的發展，主要還是出於對中國向何處去的關心。這也確實是我這一輩子一直懷有的一點癡情。

抄家與破四舊

由於我是外交部早有名氣的「反黨分子」，這次又被定為牛鬼蛇神，所以紅衛兵運動一興起，辦公廳的紅衛兵就來抄我的家。大約是

1966年8月份的一天，來了十多個戴紅袖章的人，大部分記不清了，但其中有兩個卻印象特深，不曾忘記。一個是毛澤東的表侄孫女、後來在文革中叱咤風雲的王海容。她當時是辦公廳綜合組的科員，和我在同一個單位。另一個是信使隊的李世濱，係忘年交李一氓的長子，和我同時在駐蘇使館工作過，當時任機要員。他們攜帶一批標語和小旗，先在院子裏喊了一陣「打倒何方！」一類的口號，然後在門上窗上貼了好些紅紅綠綠的標語，內容無非是：「打倒三反分子何方！」「何方不投降就叫他滅亡！」之類。然後就是進門抄家，把我的書搬下書架，從中挑「反動」的東西。由於挑起來太麻煩，他們就把除馬列毛的書以外一律查封，貼上封條，不准動。只是有人指出一堆《紅樓夢》的書訓斥了幾句，說：「《紅樓夢》是毛主席批判過的（其實毛批的是《紅樓夢研究》），你還看！」對筆記之類材料，翻了翻，勒令限期交出。臨走前又呼了幾個口號，才集合起來走了。這種抄家，既沒打人也沒砸搶東西，比社會上傳說的抄家要文明得多了。由於紅衛兵是由「紅五類」組成的，首先是幹部子弟，所以和我年齡差不多的李世濱也成了紅衛兵來到我家，只是顯得有點尷尬，結結巴巴說了一句「何方，你是怎麼搞的」，就再沒話說了。後來李一氓被關押秦城，家被抄了個底朝天，他就又變成可教育好的子弟了。

我的家雖然被抄得文明，沒什麼可怕的，但社會上的抄家之風卻越傳越邪乎。而且我親眼看到許多抄家、破四舊的打砸搶和殘酷的批鬥場面。我原住的東城區無量大人胡同（後改為紅星胡同，現已變成金寶街），在一兩天內，各戶門口的一對石獅子就被一律砸掉了頭。住在隔壁的著名文化人唐弢，多次被抄家和揪鬥，對面街上還經常貼出勒令的告示，如「勒令反動權威唐Ｘ不准吃大米白麵，只准吃玉米麵窩頭」等。後來他也和我常聊起在文革中的遭遇。

看到和聽到社會上其他機關學校抄家和破四舊的情況，還真有點嚇破了膽，心想自己也得採取些未雨綢繆的預防措施，免得被紅衛兵查出成為話柄和當作罪證。於是就決定偷偷銷毀這樣一些自以為帶有

危險性的東西：一是包括貝多芬、柴科夫斯基等人的交響樂、歌劇、芭蕾舞的大批唱片，砸碎扔掉。二是一些西洋畫冊和光屁股的單張畫頁，用力撕成碎片變成垃圾。三是和一些「有問題」的人合影或他們的照片，包括作為富農的父母親和家庭的照片，特別是十多年跟張聞天在國內外的百餘幅照片。等到前些年要出《張聞天畫冊》時，發現不但張聞天夫婦和我們，而且其他和張聞天一起工作過或同他比較親近的人，幾乎都不約而同地全把照片銷毀了，使一些事件如巡視駐外使館的活動就成了空白。四是一些「有問題」的人給我的書信和留下的字跡，如李一氓、胡喬木等，更不用說張聞天的大量手跡了。事後看來，這些東西並沒有人查抄或索要，自己的破壞完全是出於對形勢判斷錯誤，實在是庸人自擾，後悔已經來不及了。

再就是根據當時形勢，我估計勢必長期甚至永遠下放農村，多年來積存的大批中外文書籍就成了負擔，下鄉後哪有地方放呀？還不如早作處理，爭取主動。我先是向組織上提出交公，但辦公廳行政上和群眾組織都答覆不要，讓我自己處理。這樣一來，就只有當廢紙賣了。當時所有學校關門，我上初中一年級的大兒子在家也沒事，我就讓他推著兒童車，裝上書到附近隆福寺舊書報收購站去賣。他約了個同學，就每天幹起了這件事。那時處理舊書的人很多，收購站不但開價極低，而且規定精裝書必須撕掉封面才能過秤。孩子很守規矩，有時路上有人要挑著買幾本書，他們也堅決不幹。例如一次有人要買一本《詩詞格律學》，答應給一塊錢，但他們不賣，推到書店裏只賣了幾分錢。就這樣，經過一段時間，我家的存書就處理了一大半，只剩下馬恩列斯毛和魯迅等人的書，後來上幹校也確實是輕裝了。

參加了兩個月文革

文革一開始我就被定為牛鬼蛇神，勒令接受群眾的批鬥和專政，已經失去人身自由，所以無所謂參不參加。後來由於批資反路

線，部黨委自身難保，顧不上再管我了，遂使我處於半自由狀態。特別是造反派起來後，得到周恩來和中央文革的支持，取得外交部運動的領導權，情況更有了進一步的變化。造反派認為，文革初期部黨委拋出三十幾個人來批鬥，實際上是為了轉移視線、保護自己，是「資反路線」的典型表現，所以在1967年的二三月，就把這些人給解散了，不再關押和看管。這時社會上正在批「二月逆流」，外交部造反派提出了「打倒陳姬喬」的口號，動員大家提供材料。於是各種揭發批判的大字報就鋪天蓋地而來。他們還召開各種會議搜集材料。在搜集材料中，造反派自然不會放過我這個他們認為的知情人。因此，聯絡站核心組和一些戰鬥隊就紛紛來找我，動員我「響應毛主席的號召」，「起來揭發陳姬喬」，「將功贖罪」。我本來就一直對等級制和特權制不滿，對陳姬喬也很有意見，所以遇到這個機會，一拍即合，當即答應了他們的要求，寫起了揭發材料，也算是「站出來」參加文化大革命了。

我給聯絡站寫的揭發材料和在兩三次知情人座談會上的發言，現在能記得的主要有兩項上綱上線的內容。一是說他們執行的一直都是「劉鄧路線」，不光是文革初期。二是說他們在外交部的工作同張聞天並沒有什麼區別。很明顯，他們既然執行的是「劉鄧路線」，和張聞天一樣，自然是「反對毛主席的革命路線了」。不光是上綱上線，還對每個人列舉了不少具體事例。如陳毅的鋪張浪費，在對外活動中講排場，擺闊氣；姬鵬飛的以權謀私，長期來一直想搬到東交民巷一個原外國使館住，張聞天主管外交部常務時給否定了，張被打倒後，他就很快搬了進去；喬冠華名位觀念極重，以前在不少場合表示，過去和胡喬木齊名，可是後來人家進步了他卻落後了，流露出對周總理的不滿，等等。還揭發他們經常接受別人送禮，一些大使回國總要給他們帶點洋貨。總之，在那兩個月裏我寫了不少內部揭發材料，雖然都是奉造反派之命，但也確實表現了自己的積極和主動，還幼稚地以為真是跟著毛主席鬧革命了。沒想到正是這些行為，使我後來遭到許

多年的批鬥和專政，落下了一個「支持造反派打倒陳毅」的名聲，一直影響到文革以後。

其實造反派也只是一時利用一下我，這我當時就清楚。他們仍然把我看成是張聞天反黨集團的主要成員，戴上牛鬼蛇神的帽子也沒錯，只不過屬於死老虎，而他們鬥爭的對象是當權的走資派。所以造反派主管運動的那九個月裏，我的身份並沒有變，只是行動比較自由了。而且這年六月，聽到毛澤東「對陳毅要一批二保」和周恩來反對「打倒陳毅」的傳達，我就意識到自己支持造反派打倒陳姬喬犯了錯誤，趕快主動做檢討。這樣一來，又和造反派拉開了距離，也再沒人來找了。因次，從六月到九月那段批鬥陳姬喬最緊張的時期，我卻顯得有點自由自在，只是各處看看大字報和按規定參加一些大會。這樣，直到十月後的「批極左，抓壞人」運動，部黨委實際上取得了運動的領導權，我才又被隔離起來。

我為什麼會站出來支持造反派打倒陳姬喬呢？原因有兩個，一是思想認識，一是個人恩怨。主要還是當時形勢下的思想認識。我雖然通過大躍進、反右傾、特別是三年困難，個人崇拜的觀念已經大為動搖，但是多年來的影響使我並沒有完全清醒。我對毛澤東還存在著很大的幻想和期待，對我們黨更是懷著深厚的感情和真誠的熱愛。文革的序幕是從文藝、歷史、教育這些方面拉開的，我沒有親身體會，感觸不深。「四清」時和文革初期，毛澤東一再提反對官僚主義和官僚特權，卻引起我思想上的共鳴。而且我對毛的個人崇拜觀念還很深，想的也很簡單，以為毛在大躍進和反右傾造成三年困難後，已意識到自己的錯誤，現在要用大民主的辦法破除官僚們的特權，改變領導體制，推動社會進步。所以我首先響應號召，從自己做起，竭力縮小同工農群眾生活上的差距，如退還保姆和孩子原住的一間房子，每月交超過工資一半的黨費（當時我的月工資為193元，交黨費100元）等。而且文革初期還看到真地動了一些高幹的特權，如勒令姬鵬飛搬出原住外國使館。這類事也給我造成一定錯覺。雖然看不慣文革帶來的一

片混亂，但是聯想到列寧讚揚的法國大革命，思想也就通了。說老實話，我在初期還是真心擁護文化大革命的，頭腦發熱，情緒高漲，在「不准革命」的限制下也還要「站出來」參加。

其次是因為我對陳姬喬本來就有意見，主要不滿是他們的官僚主義和享受特權等不正之風，但也夾雜著一些個人恩怨和報復情緒，就是抱怨1959年廬山會議後對我的殘酷鬥爭和嚴重處分。由於給我作的結論正如我在1962年的申訴中所說，「沒有一句話是有充分根據的」，所以我心中一直不服。我抱怨陳毅言而無信，很快就改變了自己在大會講話中許下的批判張聞天不搞株連的承諾。而姬鵬飛和喬冠華，和我相處很熟，對我應該說是非常瞭解的，為什麼在處理我的時候竟然那麼心狠？姬鵬飛把自己對涉及周總理的關於接待外賓的規格過高的批評意見，完全推到張聞天和我的頭上，反而定為張和我反總理的罪狀。喬冠華硬是堅持把我趕出外交部。現在，當造反派提出「打倒陳姬喬」的口號時，就又激起了我的埋怨，覺得1959年打倒我本來就冤枉，這次又把我當作牛鬼蛇神拋了出來，更是冤上加冤。難道領導人為了自己過關就可以隨便把下級幹部整來整去，下面卻只能逆來順受，不得有絲毫的反抗？為什麼上面亂整下面不算錯誤，下面稍有反抗就是嚴重錯誤呢？這不是政治上的特權和明顯的不平等嗎？正是這些想法和情緒助長了我「站出來」揭發陳姬喬的勇氣，為自己日後的倒楣埋下了禍根。

不管怎麼說，支持「打倒陳姬喬」的口號總是不對的，是我在文革中犯的一個大錯誤。這不但表現出我在政治上的簡單幼稚和心胸狹隘，更說明我對毛澤東發動文化大革命作了完全錯誤的理解，還在繼續做個人崇拜的俘虜，也低估了個人崇拜和一元化領導體制的根深蒂固。不過話又說回來，全黨和全國上下可有幾個人瞭解文化大革命是怎麼回事呢？就是毛澤東自己恐怕也沒有預料到事情後來的發展。至於我所不滿的領導體制，更是多數老幹部要捨命維護的。這就是為什麼許多人在文革中受到長期折磨，恢復自由後仍然要堅決擁護毛澤東

和保持原有體制的原因，也是毛澤東後來實行軍管、把造反派打下去的原因。外交部的情況也一樣，部黨委的多數人和支持他們的司處級幹部，當然要求維護原來的體制和秩序，文革中一陣子又受到造反派的衝擊，所以同造反派處於勢不兩立的地位，對於和造反派沾點邊的人也決不輕易放過。何況他們在1959年反右傾時都和張聞天劃清了界限，有些人還是當時運動中的積極分子。現在要老帳新帳一起算，我當然就在劫難逃了。

三、在被隔離的日子裏

形勢發生根本變化

1967年10月，周恩來態度的變化，導致造反派退出歷史舞臺，外交部運動的領導權自然落在了無革派的手裏。但無革派和部黨委主流派基本上是一致的，後來也走向結合了。不過也有不同，而這個不同就造成外交部文革的一些複雜曲折和撲朔迷離。因為無革派是有通天人物作背景的，他們往往見機早，看得准。例如無革派的主要組織「攀險峰」在成立宣言上有「打倒陳毅」的口號，但請示毛澤東後方針就很快改為「對陳毅要一批二保」了。我一直有個沒有太大把握的想法，就是在一定意義上可以說外交部的文革對毛澤東起了試點的作用。因為這裏有幾位女將和他保持著經常聯繫，對於瞭解情況和作點先行一步的實驗都比較方便。同時外交部又直接由周恩來管，在他必須用周的情況下（由於文革把中國搞成爛攤子，要盡可能保持經濟和社會運轉，他還一時離不開周），有些事也需要讓周先知道並由周執行或推廣。因此，文革中許多事往往是外交部走在前面，比起其他單位和地區來得早。例如毛澤東要拋棄造反派，就是先從外交部做起的。在外交部的造反派被打翻在地七八個月後，毛澤東還在人大會堂接見首都紅衛兵「五大領袖」呢。而這次接見也預示著被毛澤東發動起來的造反運動的結束，造反派正面臨著遭到鎮壓的命運。歷時兩三

年，全國整了上千萬人的清查「五一六」運動，也是外交部首先開動和抓的比例最高的。

毛澤東拋棄紅衛兵和打擊造反派，絕對不是要否定文化大革命。恰恰相反，毛澤東後來最擔心的就是文化大革命被否定，因為這是他認為自己一生中所做的兩件大事之一，關係到他的歷史地位。而以周恩來為代表的老幹部，則是既要用他做的另一件事即推倒「三座大山」維護他的歷史地位，又要實際上否定文化大革命。這也是他決不允許的。因此他明知自己一手扶持起來的中央文革，並沒有什麼實力和群眾基礎，但他仍然要大力保護和支持，就是為了用這股力量和周恩來相抗衡，壓制和防止否定文革的傾向。他不但不允許周恩來搞批極左，還要時不時地批右傾翻案風。這就使得周恩來不能不時「左」時右，顯得前後矛盾，沒有章法。例如才在外交部發動一場轟轟烈烈的「批極左，抓壞人」運動，但很快又搞起了性質和物件完全相反的批「91人大字報」。而且在這期間，周恩來還一度提出要把造反派的頭頭、聯絡站核心組組長王中琪弄進醞釀中的外交部三結合領導班子裏。但後來形勢逆轉，王中琪反而很快成了「壞人」和「五一六分子」。

1967年10月聯絡站垮臺後，外交部文革雖然也經過一些曲折和反覆，像批右傾翻案風、批「91人大字報」等，但總的發展一直沒有離開過鎮壓造反派、清理階級隊伍、抓「五一六」這個軌道。我由於支持過造反派，所以也就一直被打翻在地，接受批鬥和專政。

對我的批鬥

也是從1967年10月起，又開始了對我的專政和批鬥。執行這一任務的是辦公廳綜合組。這是無革派核心和直通毛澤東的王海容所在單位，群眾組織和行政單位是不分的。

在傳達了周恩來造成聯絡站垮臺的談話後，就在外交部掀起了一個「批極左，抓壞人」的運動。首當其衝的自然是聯絡站的頭頭。王

中琪就被扭送公安部,因人家不收才只好派人接回來。另外幾個重要頭頭也很快被關押起來,逼他們自己承認是「五一六」和招供其他的「五一六」。與此同時,凡是被認為同造反派有關的人,也都被先後宣佈專政,有的關押,有的被隔離。所謂關押,就是關在地下室或一間房子裏,日夜有人看管,不准離開,不能回家。所謂隔離,就是被安排在指定的辦公室裏按時上下班。上班時參加分派的勞動,寫思想彙報,學習文件,不得參加革命群眾的活動,還得隨叫隨到接受批判和審查,但是下班後可以回家,沒專人看管,一切規定自覺執行。不知是我的罪行比較輕,還是綜合組對我比較放心,給了我一個隔離的待遇,安排我同後來代替我任辦公廳副主任和黨委秘書的王凝共用一個辦公室。

對我的批鬥有大會和小會兩種。全部大會的批鬥,只有在1967年末的「批極左,抓壞人」運動中搞過一次。這也是我在十多年文革中唯一挨大會批鬥和「坐噴氣式」的一次。那次批鬥了幾個人,都是誰,已經記不起來了,反正是我被提溜到了臺上,由綜合組機要秘書陳貞芳作專題批判。批判內容主要是歷數過去如何追隨張聞天一起反黨反周總理,後來怎樣翻案,文化大革命中又跳了出來。為了表示她的義憤,還在發言中幾次摁下我的頭,喝令我向革命群眾低頭認罪。批完後又大喝一聲「滾下去!」於是我就低著頭從臺上走了下來。另外在前些天的一般性大會批判發言中,已經有人點到我的名字,說我是外交部的一條毒蛇,只是沒有做詳細說明。這就是亞非司司長柯華那次有名的發言。說有名,是因為發言從內容到態度都比較兇狠厲害,如說對查出來的各種壞人和自行跳出來的牛鬼蛇神,一定要從嚴處理,下決心關押一批、開除一批、判刑一批、掛起來一批……所以給大家的印象比較深。後來談起來有的記成「四大批」,有的說是「五大批」,還有說「八大批」的。除了大會點名批判外,這時也有給我貼的大字報。不過數量很少,記得的只有時任第二亞洲司司長姚廣貼的一張,標題是「把張聞天反黨集團的骨幹分子何方揪出來示眾」,內容基本上是複述1959年批判我的論點。

　　所謂小會批鬥，就是綜合組把我叫到辦公室追查某個問題，或者是要定期訓（批鬥）一頓。問題都不大，但是陣勢嚴厲，態度兇狠，一定要擺出一種對敵鬥爭的架勢。例如一次是專門批我「冒充」綜合組組長。原來是清理階級隊伍時要填一種表格，裏面有一項「擔任何種職務」，我填的是「原綜合組長」。因為卸任綜合組長後我就下去「四清」，沒再擔任過其他職務，總不能寫成四清工作隊長吧？這不知是犯了什麼罪，硬是被大罵了一陣。陳貞芳指著田進說，這才是我們的組長呢，你是什麼東西也冒充組長。這雖然使我哭笑不得，但申辯無用，也只好低頭認罪。

　　一次是批我隱瞞家庭出身。因為綜合組只有我這一個鬥爭物件，所以就對我吃了「偏飯」，花的時間不少。他們派王永華到我的家鄉去調查，除在那兒到處宣佈我是壞人外，沒查出我在老家有什麼活動，只是查出我的家庭成分和我填的表不符。我參加革命後一直填的是富農，但土改時被劃成地主（一則是我出走後家裏確實又添置了些地，二則土改時可能提高了成分）。現在綜合組硬是批我有意隱瞞，我說，對地富反壞右是同等看待的，把地主故意寫成富農有什麼意思呢？但有人還是要追問，你參加革命時只有十五六歲，怎麼就懂階級的劃分法呢？真是胡攪蠻纏，無法應對！

　　還有一次是追查我從銀行取存款的用途。文革前我在銀行裏有存款三四千元。文革中有一位我從東北帶出來參加革命的工農幹部叫門榮升，因孩子多家用比較緊。還有一位老朋友、劇作家謝力鳴患癌症住院，有些藥報銷不了。因此我就取了大半存款分別幫助了他們。誰想當時的銀行也喪失公德，立即報告了外交部。部領導和綜合組懷疑我是在準備逃跑的路費，就趕緊提審追查。我講了用途後，他們又找門榮升對證。那時門正以工人宣傳隊組長的身份進駐北工大，將帶著介紹信前去調查的王永華等人狠狠訓了一頓。他們也就不再懷疑了。

　　在我被隔離的一年半裏，雖然精神壓力一直很大，也時刻準備著接受批鬥。但是憑良心講，對我批鬥的次數並不多，聲勢也不大。為

什麼會出現這種現象呢？根據我當時的觀察和分析，原因主要有這樣幾個。一是按照那時的情況，支援「打倒陳姬喬」的口號不能算做批鬥的理由。因為文革頭兩年打倒的現象太普遍，各單位起來造反的群眾首先是打倒本單位的領導。我就親眼看到一些單位的領導人在同群眾一起喊著打倒自己的口號，包括姬鵬飛和喬冠華。而且毛澤東和周恩來都說過」打倒陳毅「的口號可以喊，那姬喬當然就更不在話下了。毛的原話是：「群眾喊打倒朱德、陳雲、陳毅的口號，可以嘛！讓他們喊就是了。」周的原話是：「不好籠統地認為打倒陳毅這個口號是反動的，中央並沒有禁止這個口號。」「在部內可以喊打倒陳毅，在部外不能這樣搞，這是國際影響。」而我支持這個口號，還只是寫在內部材料裏，更不能成為批鬥的理由了。二是我寫的材料，錯只錯在上綱上線，支持「打倒陳毅」，而揭發的事實卻並沒有什麼捏造和虛構。這些事實如官僚主義和特權等，也多是群眾知道的。如果用這些來批判我，那只能弄巧成拙，反而是揭露批判陳姬喬了。三是批判我缺乏群眾基礎，掀不起什麼高潮。外交部領導層的主流派，包括部黨委的姬喬等和追隨他們的一批司局長，對於支持打倒和揭發陳姬喬的人是非常痛恨的，但這些人在廣大群眾中卻並沒有什麼民憤。所以領導層主流派可以利用手中的權力對這些人嚴加懲處，但終究沒有搞成大規模的群眾性批鬥。對我是這樣，對高級幹部也許更凶。例如潘自力，這位1923年參加革命、幾次擔任陝西省委書記、八屆中央候補委員、最後任駐蘇聯大使的長征老幹部，在群眾中很有威信，只因表態支持過「打倒陳毅」的口號，就受到長期折磨和迫害，最後死於山西一個缺吃少藥的偏僻山城霍縣。死後外交部核心組還派人去宣佈；因為潘的問題還沒有做結論，所以骨灰不得進八寶山，家屬也得留在霍縣，不再是外交部的人了。但是在潘生前和死後都沒搞過大批判，也很少人知道他的下場。因為像他這樣在廣大幹部中有「好人」和「老實人」之稱的人，是很難搞起群眾性批判的。

隔離時期的生活

從宣佈隔離之日起，規定我除隨時接受審查和批判、兩個禮拜寫一次思想彙報以及他們要的其他材料以外，唯一的工作就是每天上班後打掃老部新樓大約有二十來個女廁所。男廁所歸同屋的王凝。花的時間都是一兩個鐘頭。其餘時間完全由自己支配，主要是看允許看的書和搜集到的傳單小報。我們兩人一切自律，按時上下班，有事外出都會請假。我們的活動，始終沒有人看管和檢查，完全靠自覺。劉少奇在〈論共產黨的修養〉中要學習儒家的「慎獨」，這點我們都確實做到了。那時外交部各單位都已搬到東交民巷，綜合組也隨辦公廳搬去，而我卻被隔離在外交部街老部的紅樓裏，相互沒有電話聯繫。他們要對我提審、批鬥或要什麼材料，只好派人來通知我。老部偌大一個院子，除信使隊仍駐在我們打掃廁所的新樓和機要局原地未動外，以前的主要辦公所在地東樓和西樓都空下來了。原來顯得熱鬧繁華的大院也變得格外冷清，既沒有車輛，也很少行人。有時在院子碰到押在西樓出來打掃大院的牛鬼蛇神，即使熟人也見面不說話，連頭都不點。像姚仲明這樣的老朋友，碰到時我問話他也不理，繼續掃他的地，和沒聽見一樣。其他不是牛鬼蛇神的人，不管認識不認識，相互見面也是一概不說話的。

那個時期，我除了回家後和家人還說幾句話外，上班時只有一個談話物件王凝。好在我們兩人過去的職務一樣，也沒什麼特別要保密的，所以可以經常談點往事。例如我被撤職後的部黨委情況，包括對我的議論和處理，就都是王凝那時告訴我的。老部留下的兩個單位又都是我們倆過去分工管過的，所以現在雖然人「鬼」有別，他們對我們也還比較客氣，從沒有人見面訓斥或叫做什麼事。我們打掃廁所可算盡責，只是有時懶得把用過的手紙送到垃圾站，而是倒在馬桶裏放水沖走，曾因堵塞下水道受到清潔工人的提醒，但沒批評過。假日可以上街，自由走來走去。那時外出主要是看大字報，收買各種文革印刷物，一般不去看朋友。有的人即使碰到，也搭不上話。例如一次在

北京醫院看病時遇到李一氓夫人王儀，我問氓公情況如何？她只搖了一下頭就轉臉看別處了。還有一次在街上遇見延安老朋友何路，問她丈夫也是我的老同學傅克在幹什麼？她也是搖頭不答。應當說這是我文革之前來往最多的兩家熟人了。連他們都是這個樣子，別的熟人家哪還敢去？對我這個喜歡熱鬧愛說話的人，那些日子實在憋悶死了。

特殊身份

我的這種享受半自由人的待遇，還使一些人無法理解。一次在街上遇到「四清」時認識的昌黎地方幹部，他們是還在當權的造反派，來北京搞外調，在街上遇到我就大感驚訝，說要是在地方上的話早就關起來了，哪能讓你隨便上街，難道他們不怕你跑了？我的這種待遇，一方面表現在革命群眾的活動不能參加，如開會、遊行、站在毛主席像前早請示晚彙報，不能戴毛主席像章。另一方面也不禁止我混到人群裏去聽傳達和到處看大字報。按時上下班、節假日休息都和大家一樣。這種身份其實也不錯，應該知道的事也知道了，一些麻煩的純形式活動可以不參加。以遊行來說，當時規定傳達最高指示不過夜。所以晚上半夜經常有一半句最高指示下來，宋以敏和兩個孩子必須迅速起床趕回單位和學校去參加遊行。我因無此權利，也就繼續睡覺了。雖然一些會不能參加，但宋以敏回來說個大概也就知道了。另一方面，除長期打掃廁所外，其他處罰性的事情也給我和王凝免了。例如一些有各種問題的人，包括有歷史問題的，有現行問題的，或造反派中的激進分子，早晚都要被領到毛主席像前，排成隊低頭認罪，口中還得念念有詞。我每天早晨打掃衛生時都會看到這種現象，其中也有認識的人。像身為長征老幹部的陳志方大使夫人王靜，由於把偉大領袖毛澤東誤寫成了毛「擇」東，就被打成現行反革命，也得參加這種低頭認罪的儀式。還有機要員出身的辦公廳政治處一個科員王萍，因為參加反迫害大隊，造反派垮臺後也被罰參加認罪。這類活動，我和王凝就沒參加。

這個時期特別值得一提的還有一件事，就是外交部旁邊一個大同中學設立的「１２・２６」戰鬥隊廣播站，幾乎每天從早到晚都在用高音喇叭廣播。內容除他們自己的活動外，主要還是各種文革新聞，包括及時傳達毛澤東和其他中央領導人以及中央文革成員的接見、談話和有關活動。這些對我瞭解文革情況就幫了大忙，使我在隔離中消息還不太閉塞。

四、對造反派的一些看法

什麼是造反派

對這個問題的回答，也許可以歸納成簡單的一句話，就是文化大革命中響應毛澤東號召起來造「資反路線」反的以青年為主的群體。這裏說的當然是指外交部的造反派，但是看其他單位以至全國的造反派，實際上也都差不多。

外交部造反派的興起，也和其他機關學校一樣，由於部黨委開頭幾個月執行的所謂「資反路線」很不得人心，一些青年為響應毛澤東號召和受官方輿論影響，就自發串聯成立造反組織聯絡站，而且很快得到周恩來、陳毅和部黨委的承認。那時起來造反，既時髦，又有領導支持，這就使聯絡站立刻紅了起來，一時間全部幹部和勤雜人員有一大半參加。人一多，自然什麼人都有，免不了混進來少數投機分子和極端分子，但絕大多數還是響應號召，自覺起來要跟著毛主席鬧革命的。特別是他們的頭頭和骨幹，主要是1964年前後進部參加工作的青年。他們一般出身好，多係「紅五類」，思想比較單純，本來就對官僚主義、特權、等級制不滿，又沒受過什麼挫折，有點天不怕地不怕的勁頭。但他們也還是比較尊重領導，遵守紀律，顧大局講道理的。所以在造反派掌權的幾個月裏，外交部的運動表現得比較文明，除一些激進派戰鬥隊和少數極端分子自發的過火行為外，整個說來，沒有出現過抄家和打砸搶現象，更沒有發生過武鬥。不過這種一哄而

起的造反派組織，也和社會上的造反派一樣，一開始就分為好多派，主要為激進派和溫和派，最後走向分裂。

從上面的背景看，聯絡站雖然和周恩來在打倒陳毅的問題上有分歧和頂撞，但整個說來它主要還是靠周恩來的支持才得以存在的。周恩來一不支持，就立即垮臺。至於毛澤東的態度，大概體現在王海容的活動上。以王海容為背景的組織「攀險峰」起先還附在聯絡站的名下，自稱「外交部革命造反聯絡站『攀險峰』野戰兵團」，但它有自己的獨立主張，並一直和聯絡站相抗衡，在批判王力「八七講話」後，更成為取代聯絡站的主要力量。除毛澤東和周恩來兩大背景外，中央文革也一直在積極向外交部插手，但在上述兩大力量面前沒有什麼太大作為。無論是當時還是事後，都沒有證據說明聯絡站和中央文革有什麼直接來往。如果要算上王力「八七講話」，那麼正是那次接見敲響了聯絡站的喪鐘。

我當然沒資格參加造反派組織，但可以參加他們組織的一些活動。和造反派的接觸，只有聯絡站核心組成員在1967年4、5月找我去參加過三次所謂知情人座談會和幾次要我寫揭發材料。除此以外和在這之前之後就沒什麼來往了。在這些接觸中，我覺得他們還算有教養，比較客氣，並不是人們想像的那種對人橫眉冷眼訓來訓去的傢伙，總之當時的印象還不錯。

造反派的錯誤

既然發動文化大革命完全錯了，那麼號召青年人和廣大群眾起來造反就只能是胡鬧。因此，外交部造反派響應號召起來造反也是根本錯誤的。但放到當時的歷史條件下看，問題就要複雜得多，連周恩來在聯絡站垮臺後不久還主張對它要一分為二，說它監督業務有功。事實上，在維持外交業務正常運轉上，聯絡站還真起了一點作用。例如當北外學生在外交部安營紮寨、查封部黨委時，就遭遇到聯絡站的勸阻。所以在它當權的那個時期也做過一些好事。只是整個來說，造反

派不但無功可談，而且犯了很多嚴重錯誤。據我所能看到和想到的，可以談下面幾點。

首先是大方向錯了。聯絡站的宗旨和活動，不是促進而是妨礙中國外交工作的開展。當時世界形勢的一個重大特點是國際化迅猛發展，毛澤東卻使中國反其道而行，全面開展打倒帝修反的鬥爭，進一步把自己孤立起來。這種極左路線激發起來的造反派自然起不了什麼好作用，只能是火上澆油，最後還使自己成了替罪羊。倒是以周恩來為代表反對造反的力量，在文革中期，適應形勢發展，及時扭轉方向，開闢了一個外交新局面。

二是頂撞周恩來和打倒陳毅。聯絡站在前期採取同周恩來、陳毅合作的態度，因此也得到了他們的支持。後來提出打倒陳毅，就一直和周恩來發生頂撞，有些激進派還企圖「動一動總理」，要「火燒周恩來」。這已經不只是大方向錯了（由於文革是歷史的大倒退和人民的大災難，因此周恩來、陳毅等實質上反對文革的一些作法倒是符合歷史發展和對人民有利的），而且策略上和作法上也是步步錯，既搞亂了外交部，還使自己喪失存在條件。

三是打擊一大片，把幾乎所有當權派當成對立面，使多數司局級幹部，包括那些文革初期受到部黨委和工作組迫害的人，都受到衝擊。一旦形勢發生逆轉，他們自然會和部黨委聯合起來對付造反派。

四是烏合之眾，沒有統一紀律約束。對部分激進的戰鬥隊和少數極端分子的違法亂紀，核心組不但無法約束，甚至不知道。因此就發生一些戰鬥隊自行抓人批鬥、坐噴氣式以至打耳光的事。例如機要局幾個戰鬥隊翻牆入室把張聞天夫婦抓來進行殘酷鬥爭，核心組知道後還給予批評，但已經來不及制止。

五是狹隘的派性，把靠近或傾向陳毅和部黨委的人，特別是文革初期響應部黨委號召起來參加運動的積極分子和奉命搞「文革籌委會」的一批幹部群眾打成保守派、保皇黨，壓制和排斥他們。

六是同外界特別是北外等學生造反組織串連，受他們極左思潮和

過火行為的影響，沒有幫助制止他們在外交上的一些違法亂紀活動。

七是在業務監督上有越權行為，如周恩來批評的擅自批發一些電報（後來被誇大為奪了外交權）。在領導運動中的過火行為，例子就更多了。

談起外交部造反派的錯誤，一時也說不完說不全。何況我既不是造反派，又被隔離在牛棚裏，造反派的事，實在知道的不多，上面列舉的那些耳聞目睹的很難說都對。但是就我所知道的，也有許多壞事不是造反派幹的卻被安到造反派的頭上，而且越說越多，造反派成了文革中錯誤和罪行的大籮筐。

造反派成了大籮筐

把文革中的壞人壞事儘量往造反派的籮筐裏裝，把造反派妖魔化，這都早已成為普遍現象。在外交部是這樣，在全國也是這樣。拿外交部來說，以聯絡站為代表的造反派就背上了許多黑鍋，有些還被寫進了正式的歷史教科書，廣為流傳。作為局外人，我也可以舉出好多條。這裏只是簡單提一下，點到為止，詳細情況談多了整理起來也費勁，何況我們在這裏並不是專門來討論這些問題的。

1，有意無意地弄錯時間，把不是造反派掌權時期幹的事也堆在造反派頭上。外交部造反派興起於1966年底，第二年1月掌權，10月垮臺，前後總共也就是9個月左右。但是還在文革後期，人們就把在這時以前和以後的許多壞事都算到造反派的帳上。例如文革初期部黨委主持批鬥孟用潛，拉來一些領導幹部陪鬥，這些人後來多數和部黨委結合起來共同對付造反派，還把挨批鬥受迫害的事也說成是造反派幹的。

2，不但張冠李戴，還上下胡聯。造反派掌權的時候根本不存在四人幫，但是在後來批判和處理造反派時往往要把他和四人幫或中央文革搭上界，說他們的活動一開始就是受中央文革一些人的指使，因而犯下了滔天罪行，卻故意不提毛澤東特別是周恩來對造反派（聯

絡站）的支持。

3，激進學生在對外關係中幹的一些違法亂紀的事和過火行為，被一律安在外交部造反派頭上。例如著名的火燒英國代辦處，周恩來當時就已澄清，聯絡站頭頭和姚登山等人不但沒有參與，事先也不知道，完全是北京的激進派學生和工人幹的。還有周恩來親自出馬勸退的包圍蘇聯大使館事件（總指揮只是個16歲的女學生）以及砸印尼和緬甸使館等，也都被說成是外交部造反派幹的。30年來，一直有意隱諱引起對外關係緊張和發生比這裏提到的幾件還要更多和更嚴重的外交事件，根本原因都是當時推行的極左外交政策和要搞世界革命所引起的。這是一種為尊者諱和推卸責任而拿造反派做替罪羊的常用手法。

4，還有些激進學生幹的事，如查封部黨委（被聯絡站勸離）、劫持陳毅（聯絡站反而參與掩護）、逼姬鵬飛、喬冠華上街賣報、在周恩來接見外事口造反派時胡攪蠻纏、惹得周心臟病爆發等，也都一律說成外交部造反派幹的。

5，公開宣稱造反派奪取外交部大權，時間還有幾種不同說法；半個月、一個月、兩個月、三個月。實際上半天都沒有。周恩來批評的也只是越權以業務監督小組名義向有關使館發電報。傳得最厲害的是被毛澤東、周恩來和中央文革一時捧上天的駐印尼使館代辦姚登山，後來說他奪權當了「代理外交部長」還上了像《周恩來年譜》這樣的正式黨史書（只是用了個「革命領導幹部」的諷刺稱呼）。實際情況是，姚登山一直迷信毛澤東和尊重周恩來，當造反派的頭頭時也還是聽周恩來的話。不過他堅持只參加運動決不染指行政，因此周恩來先讓他參加黨委會議，後要他進三結合的臨時業務領導小組，他都沒有去。但是成也蕭何，敗也蕭何。周恩來把他捧上了天（安門），又打翻在地，說他奪了外交大權，是「五一六」分子。所以造反派垮臺後，外交部召開萬人批鬥大會，批的頭號「五一六」分子就是姚登山，罪名是反對周總理、要奪陳

毅部長的權。批鬥後既未判刑，也無結論，就被送到秦城關押了九年。從批鬥到關押，周恩來都沒過問。文革後平反冤假錯案時，姚登山被放了出來，繼續當黨員（從未開除過），還恢復行政級別（11級）。現在看來，這位老八路也是一件冤案，但是許多書上至今還在流傳著被編造出來的「造反派外交部長」呢！

造反派的下場

外交部的造反派也和全國的造反派一樣，沒有好下場。這有點像1957年的整風反右。那次是許多知識份子響應號召幫助黨整風被打成右派。這次是一批大學生和中青年幹部響應號召起來造反，最後被打翻在地。不過要談造反派的下場，還得事先做幾點說明。

一是關於造反派的界定。文革開始後，在毛澤東號召下起來造反的群眾組織如雨後春筍，而且一律自稱造反派。後來逐漸分化，大體形成傾向溫和與傾向激進的兩派。軍代表進駐後，溫和派（外交部叫無革派）被結合進領導班子（地方上是參加革委會），激進派就被整肅。當然也有少數單位激進派當了權，把溫和派或保守派當造反派整的。反正都是當權派整對立面。還有兩派都被整的，據說南京的許世友就在軍管後把兩派都給下放到農村，不准回城。但整個來說，沒有好下場的造反派指的還是當權派的對立面、被認為威脅到原有領導體制的激進派。這在外交部是分得很清楚的。

二是造反派和紅衛兵的關係。紅衛兵從中學興起，後來參加的已囊括各類學校和機關團體。他們響應毛澤東和林彪的號召，「殺向社會」，「破四舊」，對所謂「階級敵人」實行批鬥、體罰和抄家。開始大鬧的，有一批被稱為老紅衛兵，以高幹子女為骨幹，如北京的聯動（首都紅衛兵聯合行動委員會）和西糾（首都紅衛兵西城區糾察隊）等，提倡「老子英雄兒好漢」的血統論，大搞打、砸、搶，幹了很多壞事。後來隨著多數領導幹部被打倒，這些子弟們也被迫退出運動，許多人就去插隊或參軍了。這批紅衛兵活動時間主要在1966年

下半年，到年底已經衰落。代之而起的，才是響應毛澤東批「資反路線」的號召、以大專學生和機關幹部為主體的造反派，1967年1月後在全國得到迅速發展。外交部的造反派也就是這個時候鬧起來的。所以造反派和紅衛兵有一定的銜接和交叉（大專院校新老學生造反派就一直叫紅衛兵），但終究是不盡相同的兩次運動和兩大群體。

三是造反派同林彪、四人幫的關係。造反派得到林彪、四人幫的支持和利用是不成問題的，但當毛澤東決定拋棄造反派時（外交部為1967年10月，全國大概在1968年8月以後），他們又積極參加了對造反派的鎮壓和以造反派為主要對象的抓「五一六反革命分子」運動。因此不能把林彪、四人幫和造反派混為一談。中共黨史出版社出版的《「文化大革命」簡史》把造反派遭到拋棄和整肅後召開的九大竟然說成「造反派勝利的九大」，就實在令人不解。這樣說，又把毛澤東置於何地？不是成了造反派的頭子了嗎？

現在談外交部造反派。聯絡站由於周恩來收回支持而於1967年10月一哄而散。先是多數戰鬥隊聞訊宣佈脫離，還把核心組的一批頭頭當成「五一六」分子來抓。同時一些造反派頭頭和骨幹也紛紛「起義」，進行反戈一擊。再加上原先對立面的群眾組織「攀險峰」等無革派的圍攻，聯絡站一下就土崩瓦解了。從此，造反派的頭頭、骨幹和基本隊伍，以及和他們多少沾點邊的大小領導幹部，就成了清查和批鬥物件，在接下來的各次運動，如批極左抓壞人、清理階級隊伍、抓「五一六」期間，被戴上各種帽子，不但有七八年或更長時間受審查、靠邊站和挨批鬥，而且除一些被迫害致死的外，其餘的人中絕大多數都被調離外交部，並且在工作安排、調動和升遷上受了一輩子的影響。一些「起義」的也沒倖免。

像上面談到的，外交部的造反派頭頭和骨幹，除少數搞投機的極端分子外，絕大多數都是些出身好、有文化、較正派的青年黨員幹部。他們有的是解放前的地下黨員，更多的則是北外等大專院校學生中的尖子，被外交部篩選進來的培養對象。所以在他們當權的那9個

月中,行事也比較文明,沒有發生過整死人和致殘的惡性事件。(外交部文革中整死人和致殘的事,都發生在軍代表進駐和部黨委改稱核心小組恢復對運動的領導後。)被整肅後近40年來的表現,也證明對他們的這種估計並沒有錯。但是外交部對他們的處理卻是經過長期批鬥後設法分配外地,在辦完移交手續後還要在書面材料中和口頭上通知接收單位說本人有嚴重問題,不得重用,使許多人學非所用,用非所長,喪失機遇,抱憾終生。甚至幾年後接收單位要作職務變動和升遷,外交部也要出面干涉。造反派原來說要讓「牛鬼蛇神」永世不得翻身,現在應驗到了他們自己身上。

不僅對造反派進行殘酷鬥爭和無情打擊,而且對於同造反派稍微沾點邊的大小領導幹部也不輕易放過。有些人我還比較熟悉,也瞭解他們的遭遇。除前面提到的潘自力、陳家康、劉曉等人外,還可多談點羅貴波、徐以新的情況。兩人都是長征老革命,羅貴波是遞補上去的八屆中央委員,徐以新是長期訛傳的「二十八個半布爾什維克」中的半個。他們的挨整主要是由於1967年8月聯絡站提出讓他們參加「臨時業務領導小組」,並得到周恩來同意,還上報了毛澤東,後來因情況變化也就不了了之。另外,他們對批鬥陳姬喬的態度也不夠明確。羅貴波還在全部大會上公開點名揭發批判姬鵬飛,其中就提到我,說像有嚴重政治問題的何方,他曾一再提出調離外交部,總是被姬鵬飛包庇和祖護下來。在造反派垮臺後,他們受到停職審查,不但長期靠邊,還被一度當成了「五一六」的後臺。直到1979年兩人才得到安排。羅貴波被排擠出外交部,調到山西當了省長。徐以新被停止黨籍4年多,下放幹校勞動,後來由於胡耀邦的干預,才被派去巴基斯坦當了大使。

在談到造反派的時候,總感到有不少問題值得反思。例如為什麼我們黨總是不但不愛惜人才,還要一茬一茬地大量摧殘人才?紅衛兵和造反派都是我們自己號召和發動起來的,大多數是中青年知識份子,裏面有不少精英。但是過不多久,我們又親手把他們處理

掉。讓一千多萬紅衛兵「上山下鄉」，國家不要了（除那批高幹子弟帶頭的老紅衛兵如「聯動」、「西糾」等外）。對數以百萬計的造反派，更是窮追不捨，打壓到底。這就把國家花錢培養出來的不止一代的大中學生白白浪費掉，使我們的科學文化一直落在世界的後面。還有，就是為什麼大聲提倡自我批評的黨總是害怕自我批評，不願意總結經驗教訓，對於才過去的歷史也要弄虛作假，或者把它變成禁區，不准自由討論，不准揭露真相，不准發表不同意見？這樣，文化大革命就成了一筆糊塗帳，一切錯誤和罪行都可以歸之於林彪、四人幫和造反派；不但可以減輕和開脫毛澤東發動與領導文革的責任，更重要的是可以掩蓋自己舉手贊成進行文化大革命和成立文革小組、舉手同意選林彪為副統帥和開除劉少奇黨籍的表現，還可以報復批鬥過自己的造反派和排斥一些異己分子。胡耀邦倒是作過自我批評，並認為文革中的兩派沒有正確與錯誤之分。但有些人好像自認一貫正確，並且保護一派打擊一派。很明顯，這些問題都是應該進行認真反思的。而被弄得面目全非的造反派，就是一個需要重新研究、還它本來面目的問題。

【4】文革年代的數學研究——楊樂訪談

楊樂，江蘇南通人，1939年生，1980年當選中國科學院學部委員（院士），中國數學會理事長。

時間：2006年7月19日

地點：中關村楊樂家中

參加者：丁東

丁　1977年，中央決定將陳景潤從助理研究員提升為研究員；您和張廣厚從研究實習員提為副研究員，是當時中國進入科學的春天的舉措之一。此事到現在已經成為歷史。當時的三人只有您一人在世了。今天，請您談談這件事的背景情況。

楊　文革期間，科學研究工作已經徹底停頓與破壞了。科學研究與大學教育是從批判「三家村」到聶元梓的「第一張大字報」出來，完全癱瘓的。

先談談我們的學歷背景吧。我和張廣厚1956年到1962年在北京大學學習。那時較多大學學習蘇聯，實行五年制，我們本來的學制是五年，應該在1961年夏天畢業，但到了1960年，學校宣佈我們再延長一年。理由是因為中蘇關係已經破裂，蘇聯專家都撤走，中國要自己培養有更高水準的人才。這就決定讓北大、清華的學制從五年延長到六年。而北大呢，只讓理科延長一年，文科不動。那時對社會科學還不夠重視。這樣，我們就延長到1962年畢業了。1962年畢業也有好處，那時正在「右傾回潮」。1949年以後，大學本科學制一般為四年，稍後延長為五年，沒有招收研究生。1956年要向科學進軍，招過一批研究生，數量非常少。1958年大躍進，研究生制度被破除。到了1962年，才又開始招研究生，直到文革前。

那時的研究生沒有學位的概念，學歷也不統一。在大學，研究生學三年；在科學院，研究生要學四年。研究生數量也很少。我和

張廣厚是1962年通過考試，考到中國科學院數學研究所，1966年畢業。1966年春天，我們已經把畢業論文作好，裝訂好，送到各處去審查，準備論文答辯時，文革開始了。

我和張廣厚還是幸運的，文革前受到了大學和研究生的完整教育和培養。拿我來說，從小學、中學、大學、研究生，都是在國內很好的學校和研究單位學習。

邢　您小學和中學是在哪裡讀的？

楊　在江蘇南通。我上的小學和中學是國內很好的中小學。南通的通州師範被稱為中國第一所師範，是張謇創辦的。黃萬里說，他上小學時，小學老師就是通州師範畢業的，可見這所師範是很早的一所學校。我在通州師範第一附屬小學念書。這所小學從教師的水平、校舍條件、教學的正規化程度等各方面情況看，是相當不錯的。中學上的是南通中學。1949年前江蘇省各地有一批中學，叫「省中」，相當於現在的重點中學，如蘇州中學、揚州中學、南通中學。那時南通有一所大學叫南通學院，也是張謇創辦的。但當時南通中學比南通學院聲譽高。從我的上學經歷看，是很幸運的，學業完整，學術訓練也較完整。但從另一方面看，剛剛學到一點本領，準備發揮作用了，文革開始了。當然，我們在大學時，也參加反右派、大躍進、教育革命等各項運動，讀研究生時參加「四清」。我說的完整的學習和訓練是相對於大學沒讀完就被迫參加文革的人。

文革開始時，我們還都住集體宿舍，我沒有結婚，張廣厚結了婚，也住集體宿舍。大家要麼政治學習、寫大字報，要麼到北大清華等周圍院校看大字報，瞭解所謂的運動情況。那時候，辦公室是完全不能看專業書做研究了。圖書館還開門──我們數學所有自己的圖書館，科學院有圖書館──但沒有人敢去看書。我們住集體宿舍，6人一個房間，本來條件就很差，更可怕的是，一旦被人發現你還在看書，就會受到批判，說你走白專道路，走資

本主義道路，在當時和反革命也差不多了。如果有自己的住房，有點空可以看書，別人不知道，也管不了你。陳景潤就有這麼點優越條件。他的情況非常特殊。他的身體太差，內臟和很多器官都有毛病，所以運動一來，他到醫院，能開出全病休的假條。陳景潤這個人也非常怪，與他人根本不能同住在一起，習慣和常人不一樣。他1980年代才結婚。我們1962年剛到數學所當研究生時，沒有正規的集體宿舍，就把單元房子當作集體宿舍，陳景潤把一處單元房其中沒有用過的衛生間當作了他的住房。到了1964年，我們搬到集體宿舍樓裏，這座樓的樓下有個鍋爐房，三層與鍋爐房相同地方有一個很小的房間，他就一人住進去了。如果有人偶然去敲他的門，他就把門開那麼一點點縫兒。說完了兩三句話後趕緊把門關上。他可以全休，這樣一來，就可以做他想做的事了。

我和張廣厚從1966年到1968年就處在這麼一種政治環境和生活環境中。那時，1966年和1967年的大學畢業生都分配不出去，只好先到部隊農場勞動，包括研究生在內。我和張廣厚從1968年的8月到1970年的1月在解放軍農場勞動。去的時候沒有告訴要多長時間，已經做了永久性的打算，而且部隊的管理，完全把我們當作十幾歲剛入伍的兵一樣。

1970年初回來以後，還不正常。陳伯達還在臺上管著科學院。陳伯達提出科學院要三面向：面向工廠，面向基層，面向中小學。所以從部隊農場回來後，我還到石景山的北京九中教了幾個月的書，又到北京東南郊的有機化工廠工作了幾個月，經過了批判極「左」思潮與清查「5·16」運動，直到林彪垮臺。

文革初期，科學院的運動，周恩來總理一直是過問的。周總理差不多一兩個星期到科學院來一趟，主持大辯論，辯論科學院黨委執行的是毛主席的革命路線，還是修正主義路線？林彪垮臺以後，周總理發揮的作用又大了一些，科學院可以恢復研究

工作了。科學院在文革期間已經變成連排編制，1971年底恢復科室編制。從1966年下半年到1971年國內所有的學術期刊都停止出版了，科學院與大學的研究工作全部停止，大學生、研究生也停止招生，直到1972年，一些大學才可以招工農兵學員。但是，即使科學院可以恢復研究工作，我想，依當時的條件，也只有數學所的極少數人個人可以搞些研究，其他研究所，特別是要依靠試驗室搞研究的，還是不能開展工作。因為那裏的課題組還是要組織一些人，立項目。而當時大的背景，仍在指責搞研究就是留戀過去的路線，回到修正主義的老路上去。在這種氣氛下，除了數學所個別人有可能做些研究工作，絕大多數人，是不做的。有些人可以去做家俱，裝收音機，也不願意恢復研究。多數人認為可能永遠就是這個樣子了，批判起搞研究的人，還是和批判反革命一樣。

這時我和張廣厚開始恢復研究工作有些主客觀原因。從主觀講，覺得林彪垮臺以後，周總理在過問科學院的工作，研究環境開始好轉了；文革前我們一直處在學習階段，學到了一些數學方面的知識，具有了一定的水平，到這時還沒有用上，有點不甘心。我們隱隱約約地感覺這個國家總不能這個樣子，科學還是要發揮作用吧？客觀原因是，1972年尼克森訪華後，像陳省身、楊振寧這樣的科學家開始回國訪問，他們看到中國的狀況，曾婉轉地表示基礎理論研究還是有意義的。這時周培源在《光明日報》上發表了一篇文章，談的就是基礎研究的重要性。有了這個背景，我和張廣厚就從1971年底、1972年初開始比較努力地做研究工作了。

《中國科學》和《數學學報》1973年正式復刊。《中國科學》是綜合性的季刊，一期發表兩篇左右的數學文章。一年也就大約發表8篇數學方面的論文。《數學學報》也是季刊，當時很薄，八、九十頁，還登一些批判內容。一本一般發表七、八篇文章。我和張廣厚計算過，那時全國每年能發表的數學文章僅三四十

篇。那幾年，我們的研究工作比較順利，但我們不希望鋒芒畢露，我們私下說，我們倆一年發表兩篇文章就不錯了，占的份額也不少了。比如，有一期發表我和張廣厚文章的《中國科學》，上面的另一篇數學論文是華羅庚、王元搞的多重積分的近似計算。可以看到當時也就這麼屈指可數的幾個人在搞研究。

這樣一直到1976年粉碎四人幫。對我和張廣厚為什麼會大力宣傳呢？我想，粉碎四人幫以後，多數人已經明白，文革期間這樣對待教育，對待科研，對待有成就知識份子，問題是太大了，就要撥亂反正。撥亂反正比較好做的是，先從正面樹立典型吧。但是真正要樹立典型時，困難也不少，因為這個典型總得要作出一些成績來。我們那時與世界隔絕，怎麼證明這個典型具有世界性水平與意義呢？怎麼能得到世界的承認？

1976年5月有一個美國純粹數學與應用數學代表團到中國訪問。數學除了應用部分，我們國內叫基礎數學，國外叫純粹數學。這個代表團包括理論與應用兩方面的學者。我們能接待這樣的代表團，一方面表明尼克森訪問後，兩國有所接觸；而數學領域能回避敏感問題。中國科學院外事局事前給我們打招呼說，人家是來摸底的，想深入地考察一下我們的研究水平到底怎麼樣？文革十年，包括文革前，我們與世隔絕，使人家對中國的情況根本不瞭解。對於這個美國數學代表團，中國方面是很認真接待的，想通過他們向外界表明，我們的文革在政治上取得了很大成績，在其他方面也有很大成就。所以，中方非常重視，在科學院、北大、復旦等重點大學組織了60多個報告。意思是，拿出點東西給人家看看。 還是盲目自大，認為我們自己的水平很不錯，其實根本不瞭解外面的情況。

這個美國數學代表團來的時間比較長。代表團一共10個人，除了一位工作人外，其他9位都是水平很高的數學家。有5位是搞純粹數學，4位搞應用數學，都是有聲望、有判斷力的專家。他們單

在我們數學所就聽了十多個演講。又去了北大，去了上海、東北的一些院校，聽了很多報告。他們做事很認真，最後出了一本100多頁的訪問中國的書，書中最主要的幾頁還在美國數學會的一個學術期刊上發表。那本書也寄給了我們。該書與期刊上發表的文章認為，中國的數學研究是與外界隔絕的。他們對中國數學的總體評價相當一般，但指出純粹數學有的領域，確實是第一流的。其中幾次特別提到陳景潤的「哥德巴赫猜想」與楊樂、張廣厚研究的「函數值的分佈理論」，用了相當高的形容詞來描述我們的工作和成果水準。

1976年7月份，中國科學院出了一份內部的簡報。介紹了美國數學代表團在國外對我國數學研究的介紹。但是很快，就是毛澤東去世，粉碎「四人幫」，內部通報也就擱置了。粉碎「四人幫」後，我和張廣厚受到了重視。

到了1977年2月份，開始了對我和張廣厚的宣傳。我們也沒有想到宣傳的態勢那麼大。新華社國內部記者周長年，採訪了我們好多次，我們原以為也許是在內參上有那麼一小塊報導罷了。沒想到1977年2月26日幾個大報都在頭版第二條位置上，報導了楊樂、張廣厚在函數領域做出了具有世界水平的貢獻。那天引用的毛澤東的語錄是「又紅又專」。

丁　您當時的研究是否還得依賴國際間的資訊交流？

楊　實際上現代的數學基礎研究還是要依賴資訊交流。但是過去我們做不到這些。早在1964年我和張廣厚就有一個合作研究。1965年1月投稿，在當年9月份的《中國科學》上發表。1964年英國皇家學院的W. K. Hayman在倫敦舉辦過一個函數論會議，他提出與彙集了在學術界我們這個領域沒有解決的一些問題。到了1969年美國一個數學家發表了一篇論文，發表在國際頂級的數學雜誌上。這篇論文說我和張廣厚在1965年發表的論文解決了W. K. Hayman提出的一個問題。我們當時根本不知道W. K. Hayman提出的是一

個什麼問題，因為他是在一個學術會議上提出的，而當時，我們不要說去參加這種會議，就連1964年在倫敦舉行這次會議我們都不知道。W. K. Hayman把他提出的問題，正式出版了一本很薄的小冊子，1967年出版。我國1967在搞文革，根本沒有進來這本書。1971年底我們開始做研究工作，看到那個美國數學家發表的那篇論文。而這時我們還沒有看到W. K. Hayman的書。直到1975年我才託黃且圓（楊先生夫人）的一個親戚在美國給我買這本書。W. K. Hayman的書1967年出版，發行量很小，買不到，這個親戚就在大學圖書館找到給我複印了一本寄來。我收到的時間是1975年9、10月份，這時我才知道W. K. Hayman先生提出的是什麼問題，我們在1965年發表的文章解決了他的這個問題。在我們做研究的時候與外界完全處在隔絕狀態，這些資訊都不知道。當然，我們在比較封閉的狀態下研究，只有將國內圖書館擁有的圖書與文獻作為研究的基礎。現在情況不同了，僅僅從網上馬上就知道很多資訊。

1977年報導的內容，實際上是我們做了能夠做的事情，並得到國際同行的認同，但也不一定非要在全國範圍內搞那麼大的宣傳。因為我和張廣厚北大六年有好的基礎，研究生階段跟著熊慶來先生學到好多東西，也是比較好的學生。我猜測中央是要改變文革期間左得不能再左的知識份子的政策，需要樹立正面典型，又找不到多少正面的典型，就拿我們當例子罷了。說到國際同行的認同，一方面有那個美國數學代表團的承認，另一方面1974還有一個英國皇家學會會員（相當於科學院的院士）與我們的會見。他年紀比較大，是函數論的專家，叫A. C. Offord。他1974年10月到中國訪問前，已經在《中國科學》上看到我們的文章，他來之前就說要會見楊樂和張廣厚。他不是作為數學家身份來的，而是以英中瞭解協會主席，受中國對外友好協會邀請，作為半政治、半民間交流來的。但因為他是我們的同行，就要求會見我們。所

以1974年10月，他被請到我院數學研究所時，我有一個演講，談了我們已經發表和尚未發表的數學研究成果。當時，他給予了非常高的評價，說這是驚人的成果。還說他回到倫敦要向他的同行報告這項成果。回去以後他也這樣做了。英國皇家學會會員還有一個叫W. K. Hayman的同行專家，一直保持和我們的聯繫。Hayman教授是國際上我們這個領域的權威學者，曾於1954年和1970年兩次在國際數學家大會上作一小時演講。1975年、1976年他曾經邀請我們到英國訪問。但那時，我國出訪極嚴，輕易出不了國門。一直到1977年，Hayman自費來北京訪問，見到我和張廣厚，回去以後，又運作我們到英國訪問和參加在瑞士舉行的國際函數論會議。這次會議在1978年春天召開。有關記錄表明，我們是中國改革開放後以學者個人身份出國訪問的首例。我們去英國訪問的報告是1977年12月份或1978年1月份，由科學院外事局上報的，到了春節前夕，外事局把上面的批示複印件給我們看了。政治局委員、科學院院長方毅在報告上有一段話，大意是楊樂張廣厚的水平不錯，讓他們出去可以發揮國內在國際上的影響。他傾向支持我們到國外交流。然後當時中共中央政治局在京的所有成員都畫了圈。可見那時對於出國多麼慎重！到了1978年12月以後，鄧小平才決定派比較多的人到美國等國做訪問學者。

丁　文革前的數學所的數學專家們能與國際前沿對上口嗎？

楊　拿數學所來說，1950年代華羅庚的水平與當時國際前沿的研究沒有什麼差距。華老的主要學生的水平在他們各自的研究領域與國際上那個研究領域的水平也很接近，但他們的研究面不如華老那麼寬，修養不如華老那麼深。比如，陳景潤與王元在解析數論方面，和國際同行的水平差不多。包括我和張廣厚1970年代在函數值分佈理論領域，也是國際水平。

丁　您和張廣厚做研究生的論文水平，也是比較前沿的嗎？

楊　應該說是和國際上很突出的博士論文的水平相當的。1969年那

個美國數學家的論文就是博士論文，發在國際上三、四種最好
的數學期刊之一上。而他的博士論文與我們的研究生論文水平
大致相當。

邢　您和張廣厚當時的研究，不需要什麼特殊的條件吧？

楊　我們和西方的同事相比，他們比我們更容易成長。他們有好的氛
圍，有好的交流，論文出來能得到及時關注。我們只有做得很突
出時，人家才能關注。

丁　您1973年在《中國科學》上發表論文,編輯如何判斷你們成果的
價值？

楊　他們請北大的莊圻泰教授審稿。比如陳景潤論證「哥德巴赫猜想
1＋2」的論文是數學所王元與北大閔嗣鶴教授審閱的。閔先生花
了三個月時間看陳景潤的文章。他審查完了，說血壓也升高了。
上個世紀1994年著名的教授A. Wiles寫的論文就是一本期刊，證
明一個定理。當時全世界只有六個人通過每個人看一部分合起來
才將這篇論文看懂。最近丘成桐宣佈的朱熹平、曹懷東的重要論
文就有430多頁。

邢　他們是用英文寫的嗎？

楊　現在數學成果大都用英文撰寫。看專業英文並不難，參考資料都
是外文的，這樣寫起來順當。

邢　您當年用的是什麼文字？

楊　用法文寫的。

邢　您上學時外文學的是法文？

楊　我中學六年學的是英文，但大家都很不重視。大學一二年級必須
學俄語，大學四年級學第二外語時，我學了一年法語。念研究生
時，我們這個領域的文獻大都是法文。第二次世界大戰以前，法
國和德國的數學在世界領先。我們的導師熊慶來三次訪問法國，
在那裏居住達十多年，他要求我們用法文寫文章。1976年以後，
我們的文章開始用英文寫了。

丁　在《中國科學》上發文章用什麼文字？

楊　當時我們在《中國科學》是法文與中文同時發表。文革前的《中國科學》只用外文。1973年恢復期刊時，可能覺得光用外文不好，就決定兩種文字同時用。可以用英文也可以是法、德、俄文中的一種。我們剛開始的幾篇文章用的都是法文。

接著你們最初提出的問題說。

科學院的人對胡耀邦比較懷念。1975年胡耀邦和李昌在科學院工作了一段。時間很短，就幾個月，但他們工作非常務實，給科學院解決了不少問題。並且形成了〈科學院彙報提綱〉。鄧小平對這個提綱是很肯定的，但拿到毛澤東那裏，毛不表態，還針對提綱中引用了他的講話表示，他不記得說過這樣的話。總的感覺是他不滿意。不知道他是對「彙報提綱」有意見，還是對鄧小平的一些作法不滿意。

看起來，1977年初，華國鋒並不太同意全面採用鄧小平的一些設想和做法，所以並不把胡耀邦派回來在科學院發揮作用。讓胡耀邦去了黨校，而把方毅派來了。方毅來後各方面也做得比較好。記得1977年3月份，方毅舉行過一個座談會，把我和張廣厚約去，叫我做了一個發言。發言前他們有所提示，讓我們在發言中要充分肯定老科學家的作用。那時讓我們特別提出這個問題，可以看作是針對文革中對老科學家不公正待遇的一次糾正信號吧，表現出上面在對待老科學家的問題上要有一個政策調整。那次會還有嚴濟慈、吳有訓發言。我發言提到，我們能有今天的成果，熊慶來先生給我們打下的基礎是非常重要的。方毅在講話中還特別肯定了這一點。

在1977年下半年到1978年上半年，又有一件大事發生，那就是1977年10月份中央決定恢復職稱評定。

我們在科學院研究生畢業以後，職稱是不明確的。那時人們也不提職稱。比如說到華羅庚、吳有訓，也不說這些人是教授還是研

究員。我和張廣厚1966年沒有經過論文答辯，也沒有宣佈我們畢業，文革浩劫就來臨了。去農場的時候，也不認為我們是數學所的人，前景未卜。後來把我們正式參加工作的時間定為1966年6月，待遇第一年試用期63.5元，一年後轉正69元。比大學畢業生高兩級。文革以後，正式場合要填表時，我們就填研究實習員，相當於助教一檔。陳景潤是1953廈門大學畢業，做過中學教師。1956、57年才到科學院。1963年他提到助理研究員，相當於大學講師，工資是80元左右。從1958年到1966年8年當中，除了1963年有部分人調整升過一級工資外，工資再也沒有動過。而1952年到1956年差不多每年都會調一級工資。因此，1952年大學畢業參加工作的人到1956年工資可達月薪108元那個級別。而1959年工作的大學畢業生到1977年月薪還是56元。近20年沒有變化。

1977年月10月4日的人民日報登了一條消息，三欄標題，引題：根據中央關於恢復技術職稱的批示；主標題兩行：中國科學院提升陳景潤為研究員／提升楊樂張廣厚為副研究員。這等於讓我們從研究實習員跳過助理研究員到了副研究員這一級。陳景潤跳過副研究員到了研究員這一級。後來，中央直還接批示給十幾個人每月50元的津貼，陳景潤、我和張廣厚都有。我不知道中央是否要求下面相應地也做這類事情。

丁　您說的是在全國範圍，還是科學院範圍？

楊　我所知道的科學院只有我們三個人。我們是69元工資加50元津貼，維持到1980年代初期。後來決定將津貼納入工資，所以1981、1982年我的工資在126元那個檔次。李昌當時還在科學院時，他曾說，想使學部委員的工資最低達到200元。我是學部委員，大約在1986至1987年，我們的工資達到了200元錢左右。

1990年6月我的工資大概是340元。有件事可以幫助我記憶。當時，所裏有個同志和我說起生活很困難，我從工資裏拿出100元幫忙解決燃眉之急。

邢　您提到正研究員是哪一年？

楊　1978年數學所開始正規地評職稱了。在這之前，我們所一位1937年清華畢業，一位1939年北大畢業的同事，還是副研究員。其中一位還是從國外留學回來的。這些人在1978年被升為了正研究員。還有華羅庚的學生，像王元、陸啟鏗、萬哲先，是1963年的副研究員，也是1978年才提升為正研究員。

1977年給我們評副研究員職稱的時候，科學院當時的領導錢三強對我和張廣厚的情況比較瞭解，比如參加科學大會，華老、錢三強、嚴濟慈，陳景潤、我和張廣厚都在同一個小組；1978年4月我和張廣厚到瑞士參加國際會議，並到英國順訪，出訪前，錢三強代表院裏同我們談了一次話，回來後又向我們瞭解出訪的情況，他知道我們在國外同行中間，水平是不錯的。所以，1978年評職稱時，錢三強表示應該評我們為正研究員。但是數學所希望緩一緩，覺得我們兩個已經提為副研究員了，比同齡人高出許多。所裏提職稱是有比例的，錢三強雖然那麼說了，所裏還是以此把我們的提升推後了。為這個事情，我和張廣厚還找了一次李昌，我們強調數學所比較特殊，其他所因為有實驗人員，基數大，而我們全是研究人員，按相同比例，不大公平。後來李昌在院裏也提到，像數學所，不應該受比例限制。沒有多久，我和張廣厚在1979年1月份提為正研究員。

1980年，科學院內部要恢復學部委員制度，讓老院士像華老這樣的人提名選舉。當時不像現在評院士那麼熱鬧。那時各大學和研究所都在推薦學部委員候選人，我們並不知道。因為1979年10月份，我和張廣厚已到美國訪問，訪問期是一個學年，我們還在國外。

邢　那時候，是不是因為你們經常到國外有國際交流，科學院要考慮有個身份對等的問題？

楊　那不一定。從英國皇家學院 A. C. Offord 與 W. K. Haymang 相繼來

訪以後，和我們一直保持聯繫，不論是向外界介紹我們，還是給我們寫信，他們都稱我們為教授。那時我們還是研究實習員。英國人還不像美國人，美國大學一個系裏可以有很多教授，而英國大學一個系裏只能有一個教授，只有這個教授退休或走了，空出位置，才能有另一個教授頂上去。英國的制度非常嚴格，有的人獲得了諾貝爾獎，還不是正教授。李約瑟那麼有名，他還不是教授，而是副教授。

邢　打斷了剛才的話題，你們在1980年被評為學部委員。

楊　我從國外回來後得到正式通知，在此以前不知道。

邢　因為我們是行外人，不知道現在的院士有沒有另外的待遇？

楊　待遇並不高。國家規定院士一個月補貼200元。兩年前科學院有一個檔，意思是院士一個月可以增加1000元錢。但是在外地，可以規定有很高的年薪。有的省給院士300多平方米的別墅，有的省給院士一輛別克轎車。

邢　科學院對院士的住房有什麼規定？

楊　科學院規定院士是130平方米。我們現在的住房不夠130平方米，科學院要給我們在紅樓小區那裏擴大一下，我們沒有搬。

邢　1977、78年時你們破格提了職稱，住房條件有沒有改善？

楊　那時候條件很差。1977年3月，我到郵局排隊辦事，聽有人在議論，三里河的高檔房子蓋好後，什麼人有資格去住，談閒話的人提到了我。一人問：楊樂住得怎麼樣？另一人說：他肯定住那種五、六間一套的單元房子了。他們不認識我，聽起來很有意思，其實我當時只有一間住房。三家合住一個單元，共用一個廁所和一個廚房。

丁　那您1978年第一次以個人名義出去是對方付的錢嗎？

楊　對方付相當一部分，科學院出了一部分。

邢　那麼多政治局委員畫圈，國家也得出點吧。

楊　對。另外我在科學院一直比較長地做數學所所長。數學所那時的

經費，除了人員比較低的待遇以外，還要訂閱圖書和期刊，剩下的錢就很少很少了。如果使用一點錢支持一兩個人出國交流還能做得到。但我身為所長，自我約束不能用這個錢。那時，我出去的底線是國外能負責我來回的機票和在那邊的費用，我就去交流，否則就謝謝，不去了。那時在科學院，只要對方出錢，出國手續還比較容易。不像一些院校批起來很麻煩。

現在條件好多了。一些年輕人一年的科研經費三、四十萬並不少見，出去交流用二三萬元就容易了。

邢　謝謝您談了這麼多，佔用了您的時間。

2006年月10月由楊樂審定

【5】從北京到草原——李大同訪談

李大同，1952年生於四川，在北京上小學、中學，經歷了紅衛兵、上山下鄉運動，在內蒙古草原11年。1979年入《中國青年報》，1995年創辦《冰點週刊》。2006年「冰點」事件後免去《冰點週刊》主編。著有《冰點故事》、《用新聞影響今天》。

採訪時間：2006年月5日

採訪地點：中國青年報408室

參加者：丁東

我的父親母親

邢　我們開展一項有關北京老三屆的口述史工作。想把你列為採訪對象。請先從你的父母、家庭說起吧。

李　我父親是1952年和胡耀邦一起到團中央的。去北京工作前，耀邦是川北區黨委書記、行政公署主任，我父親是公署研究室主任。耀邦還是我父母的證婚人。

我家祖籍是陝西（李姓發源於甘肅隴西，先祖可能是胡人）。聽家裏么姑婆說，我們家的家譜可上溯到明朝末年。祖上在陝西帶兵。明朝衰亡後，就開始遷徙。乾隆年間進入重慶，就再沒有動過。

我父親1936年就參加了共產黨在重慶的週邊組織——民主救國會，比三八式幹部早一點參加民主革命吧。1938年初到延安。他們這一代人參加革命就是為了抗日救亡。當時的知識青年精英，一部分參加了國民黨軍隊，一部分人參加了共產黨軍隊，其實都是為了抗戰，打日本鬼子。在給父親七十歲祝壽的家宴上，我問過他一個問題，「你這一生哪一段過得最有價值？」他回答說：「抗日戰爭。」

去延安前，他在成都上中學。我爺爺是資本家、開明士紳。李家房子很大，兩層樓，有抽水馬桶，曾是地下黨的聯絡處。本來，

1949年新政權建立後，我的祖父和繼祖母還指著這房子過日子，當時每月租金收入200餘元，可維持體面生活。1956年以後讓政府收為「經租房」，就不夠生活了，每月父親要補貼祖父。租著租著房子沒有了，無償剝奪了吧。現在，祖宅地段是重慶的「王府井」，黃金地段。

在這樣一個家庭裏，父親他們兄弟姐妹的路子是按部就班安排好的——重慶小學，成都中學，北京匯文高中（全英語教學），然後上大學或去美國留學，都當了教授。我爺爺曾說，他的義務是讓兒女都大學畢業，然後就不管了。6個孩子當中，只有我父親一個早早參加了革命。父親這代人是有理想的，他是從西安步行到的延安。很多同伴要坐大車去，他說，我不能坐車，我要錘煉意志。到了延安，先是在陝北公學，後去中央黨校。

邢　我父親也在陝北公學待過。你父親叫什麼名字？

李　他原名叫李春禔，參加革命後改成黃天祥。解放後，我們子女又改回祖姓。父親算是小知識份子，初中畢業。到延安三四個月後，就被派往敵後，到內蒙古大青山一帶打游擊。一九四四年，他是中共綏西地委敵工科長、武川縣委書記。一次遭遇鬼子包圍，寧死不當俘虜，跳了懸崖，那崖有20多丈高。他命大，正好跳到老鄉的柴草垛上。但從大腿根到臀部的連接處摔斷了，後來評定為二等甲級殘廢軍人。

老鄉看見是縣委書記，趕緊把他抬到山洞裏。腿被接好了，但也瘸了，一條腿比另一條腿短了半寸左右。後來把他轉移到山西養傷，辦幹校（校長）。他在當地很有影響，在內蒙的關係也很廣，後來自治區的主要領導幹部烏蘭夫、奎璧、克力更等，當時他們都在一塊兒。文革中，父親還對烏蘭夫是否存在一個重大的歷史問題，作出了否定性的關鍵證明。

1943年，父親參加了在山西偏關的延安整風（搶救運動）。差不多被整了一年。

邢　整風中，他的處境如何呢？

李　托派，馬上就成了托派，從白區到延安的嘛。我父親氣死了：我
　　們在前方浴血奮戰，怎麼倒成了托派了！他那時年輕氣盛，差點
　　把眼睛都氣瞎了（後來用針灸治了很久）。

邢　因為他是來自四川的嗎？當時把那邊的人打成了「紅旗黨」。

李　就因為他是小知識份子，是城市人，就要懷疑你。延安也發過來
　　被迫「揭發」出的材料。父親氣得半死，說：我退黨！後來毛澤
　　東在延安脫帽道歉，一風吹了。我父親要退黨的那句氣話，卻進
　　入了檔案。文革時還被翻出來當作罪證。

邢　你後來到內蒙插隊與父親的經歷有關係吧？

李　文革前，父親曾讓我們看過一本名叫《大青山》的書，是他的一
　　個老戰友寫的，說的就是他們那段打游擊的事。那時候，條件太
　　艱苦了，連鞋子都沒有，把藤條捆在腳上，晚上就鑽進樹葉堆裏
　　睡覺。處決漢奸都不捨得用子彈，用石頭砸。八路軍大青山支隊
　　還有一個重要任務，就是往延安運鴉片，用騾隊往延安送。被毛
　　澤東高度評價：你們為延安送來了黑金子。內蒙有種大煙的傳
　　統，就在河套地區。

　　內戰勝利後，父親南下，回到四川，參加接管川北。當時四川有
　　四個區行政公署（相當後來的省）：川西，川南，川東，川北。
　　川北區黨委書記兼行政公署主任是胡耀邦，我父親是川北行政公
　　署研究室主任，大概就是搞政策研究，當筆桿子，秀才嘛。我父
　　母結婚是在川北首府南充，耀邦是證婚人。父親和耀邦關係很密
　　切。耀邦從川北調北京的時候，不許開任何形式的歡送會，只讓
　　我父親一個人去送他。

　　1952年耀邦調北京，他原來不是要去團中央，而是要去建設部當
　　部長。據說，當時團中央的領導年齡偏大，他們給毛澤東報了三
　　個團中央第一書記人選：胡耀邦、陳丕顯、譚啟龍。三人都是長
　　征時的紅小鬼。毛圈了胡耀邦。耀邦知道了很不高興。他不喜歡

幹團中央。當時團中央還有廖承志、馮文彬等老人馬。馮文彬是帶他參加長征的人哪！但是還得去。他去了，廖承志、馮文彬他們就調走了。讓耀邦去，就是重組團中央。他重組的方式，就是把各大區的團委書記調到團中央來。另外，就是個別他熟悉信任的幹部。他一個電報打給了我父親：「你快來！」那時也逗，也沒有什麼中央組織部調令啊，耀邦一個電報，就把我父調到北京。當時我剛出生不久（1952年7月），還在襁褓中，父母就把我送到了重慶的爺爺家。1954年，我都兩歲了，母親才到重慶把我接回來。當時我都不認她，我是奶媽的奶餵大的。到了北京，就在團中央的大院裏長大。這時，團中央的大院已經起來了。在北京的中心正義路3號，五十年代，那裏很幽靜，有很長的街心花園，路口兩端都有站崗的。

邢 你父親到北京做什麼工作？

李 先是在團中央辦公廳，後來是團中央常委、宣傳部長。中國青年報反右，就是我們家老頭坐鎮。

邢 中國青年報可打了不少右派。

李 當時為了保總編輯張黎群和副總編輯陳模，要犧牲一些人，也不可能完全實事求是。黎群說話冒了，說「黨報是傳聲筒」，登在人民日報頭版上，讓小平注意上了。虧了毛的大秘書、他的好朋友田家英為他說話，團中央耀邦這邊又力保他，沒有把他打成「右派」，成了「右傾機會主義分子」。他被撤銷了團中央常委和中國青年報總編輯的職務，發配到了大西南。陳模是小八路，團中央也想保，怎麼保？他當過彭真的秘書，就想讓彭真出面說一句話。結果，不向彭真彙報還好，一彙報，彭真說：「陳模不是右派，還有誰是右派？」這下鐵板釘釘了。

中青報是反右重災區，遠遠超過百分之五。總編輯和部門主任一級進去好幾個，包括著名右派劉賓雁等。我父親和黎群都是四川人，也都去過延安，但並不熟悉。這次反右派，兩人角色相

反，反倒惺惺相惜，彼此欣賞、尊重對方的人格，從此成為終生的「鐵哥們兒」。我們後輩聽起來，感到還真是一段佳話。

我的少年時代

邢　你上的是北京哪個小學？

李　東交民巷小學。這個學校就在台基廠，幾乎算是幹部子弟小學。學校被北京市委、市人委、團中央、公安部、高法、高檢、國防科工委、外貿部、元帥府等大院包圍著。除了機關勤雜工的孩子，基本都是幹部子弟，賀龍、羅榮桓的女兒都上過這所小學。

邢　中學在哪個學校？

李　中學是在匯文中學（男校，當時叫26中）。我在小學始終是雙百生，上四中應該沒問題。上匯文中學，有個契機：團中央宣傳部有個副部長的夫人，是匯文中學的黨支部書記。她那年就動員團中央大院裏的幹部子弟，凡是小學升初中、初中升高中的，都去匯文，結果那一屆，院裏孩子基本都上了匯文。匯文當時也不錯，是北京十所重點中學之一。歷史悠久，1871年由美國教會建校，是《毛澤東選集》裏提到的唯一一所中學；設備一流，校園也大，可以寄宿。報考時，我先去參觀了一趟四中，覺得它太寒酸，就一個破爛的二層小樓，不能住宿，離家也遠。而匯文中學有很氣派的五層教學大樓；還有五層宿舍樓，是可以全住宿的中學；是北京唯一有正規網球場的中學；有十萬冊藏書；有母腹中胎兒從一個月到十個月的真實標本，是當時北京設施最好的中學。騎車上學只需要15分鐘。當時我們上生物解剖課一人一隻兔子，別的學校哪有這個條件？有錢呀！

後來想想，當時學校對幹部子弟在態度上還是有傾斜的。我記得，開學典禮第一天，入學儀式大會之後，校團委書記就點名把我們一些新生留下來，對我們說：你們是國家將來要依靠的力量。他們大概從檔案中已經摸清我們的家庭背景，就是說，學校

在政治上，把我們當子弟對待。團委書記當場要求我們馬上就寫入團申請書。當時十五歲才能入團，我才十二歲，還早著呢。我記得初二時發生過一件事：上語文課時，我看小說，語文老師就拿粉筆頭拽我，我哪兒受得了這個，拾起粉筆頭就拽她。老師氣哭了，跑出去告狀。我被教導主任叫到辦公室，我以為要狠批我一頓，結果沒有一句批評。他說：「大同，你們這些孩子，都是將來國家要依靠的對象。老師有錯誤，你們要耐心幫助老師……」聽了這話，我很意外，但並不太理解其中的含義，因為知道自己確實有錯。當時，很多幹部子弟的家教和革命傳統教育甚嚴。我弟弟上小學時，先被送進育才小學，這是純正的高幹子弟學校，我父親知道後，立即讓轉到東交民巷小學，說整天和幹部子弟混在一起沒什麼好處。「不許有任何優越感」是父母經常掛在嘴邊的話。我實際上也從來沒有產生過比別人「高一頭」的意識。僅僅是從學校對待你和別的同學的態度上，會感到自己和別人有些不一樣。那時高幹有什麼特權？除了工資高一些，三年困難時期有一點「特供」（幾斤豆子、幾兩油什麼的），沒有什麼特別的嘛！

邢　我印象中，幹部子弟比一般人穿得更破。

李　我是家裏老大，我下面還有一個弟弟，一個妹妹，我沒穿破的衣服是要往下傳的。有了新衣服總恨不能洗白了再穿，生怕穿得光鮮了，讓人笑話為「資產階級作風」。那時候是什麼社會政治氛圍啊！有一段時間中午我帶飯在學校吃，就是帶了個紅燒肉，班裏同學都跳著腳喊「資本家、資本家」，氣得我再也不在學校吃飯了。幹部家庭要說有特權，主要是資訊特權。

當然，我們生活要比一般家庭好得多。我在三年困難（大饑荒）時期，沒有饑餓的印象。我聽一個朋友（也是幹部子弟）說，當時他到別人家去玩，腳不由自主地就往人家廚房走去。看到人家有一小碗醃好的生肉，那家人中午要打打牙祭，他想都沒想，就

往嘴裏放，嚼都沒嚼，就往下嚥，差點沒被噎死。餓成那個樣子！我沒有這種體驗。我問我母親，怎麼我對饑餓沒有一點印象？她說，你們怎麼能有印象？當時咱們家每月工資都吃光，保證你們的營養。你們牛奶都沒有斷，沒有牛奶，就買煉乳罐頭。當時，依父母的收入，只有三個孩子，生活算是很好的了，星期天甚至還經常去北京飯店的「譚家菜」打牙祭，就是解饞。

邢　我父母工資不算低，但我們家孩子多，所以饑餓的記憶相當深刻。老鬼在他的書裏寫到，饑餓年代，他們在家吃飯，父母要收糧票；有一次他餓得闖到他姑姑家，把人家兩屜菜團子，一天的口糧，自己全吃了。

李　我們不僅沒有饑餓過，而且沒有覺得生活水平降低過。記得母親經常讓保姆買一口袋青蛙回來，五分錢一隻，給我們做田雞肉，作為補充。當時家家都養雞，靠這個吃雞蛋；機關還分給每家一小塊地，種菜解決副食什麼的。記得我們家的菜地主要種辣椒。如果說有特權，那就是資訊特權。我父親是搞宣傳工作的，各個出版社，經常送來本社新出書目、書籍的內容梗概，我父親要做的就是打勾，打過勾的書，過兩天出版社就會蓋著贈閱的章送來。其中包括大量的所謂「封資修」的書、內部書、灰皮書。那時我還體會不到這些書的價值，文革中才知道這些東西是寶貝。小時候喜歡看的是中國小說，什麼《烈火金剛》、《敵後武工隊》啊！有一次在書架上找書時，我父親指著《靜靜的頓河》、《被開墾的處女地》，問我：你們為什麼不愛看這些書呢？這是很好的書呀！我說沒有意思！那會兒還沒有開蒙呢！那些灰不溜秋的政治書，更別說了。

我的「文化革命」

李　中學上了兩年，就文化革命了。文化革命真是讓人摸不到頭腦的一場運動。紅衛兵很快起來了。在北京，「八‧一八」以前加入

紅衛兵的叫「老兵」。毛澤東接見以後的紅衛兵，就不叫「老兵」了。我是1966年7月左右加入的紅衛兵。

邢　看滿妹寫的「胡耀邦傳」中說，文革初，團中央及外面的紅衛兵對他們領導幹部鬥得夠嗆。你父親當時情況怎麼樣？

李　我父親1964年已經調到中央農林部政治部當宣傳部長。共青團九大以後，凡是年齡超過四十歲的團中央常委，一律走。那時他已經42歲。

文革初，到處是鋪天蓋地的大字報。我也想知道毛澤東為什麼要搞文革，積極地從正面去想。但總的感覺不好。我屬於保守派。

邢　一開始你就覺得不好嗎？我記得，因為停了課我還感到興奮，感到一種自由來了。

李　不好。我敬重的老師，都弄得灰頭土臉的。我骨子裏有一種保守傾向。就拼命地學習毛選，讀〈湖南農民運動考察報告〉，反覆體會，當前的紅衛兵運動，是不是如同當年的湖南農民運動？是不是一場痞子運動？那麼，當前的階級陣線怎麼劃分？總之十分困惑。你不能把老師當成地主老財，把校長當成土豪劣紳！再踩上一腳？不大對勁啊！有一天晚上，我給我父親提了十個問題，寫在一張紙上，放在他桌上。他平時很晚才回來，我們幾乎見不到他。我說，你回答一下我的這些問題。每條具體問題已經記不清楚了，總之是對種種過火行為表示不能理解。這十個問題，立刻讓團中央如獲至寶。到處都在造反，竟然有這樣的一些保守看法！

邢　你能記得寫這個東西是在什麼時間？怎麼讓團中央注意到了呢？

李　寫這個東西大概在1966年的7、8月份。我母親在團中央辦公廳，負責內參《團的情況》的編輯工作。當年她是和我父親一塊調過來的。她覺得我小小年紀，這樣思考，很重要，就拿去提供給書記處參閱。很快刊登在1966年下半年的一期《團的情況》上。這是團中央最高的內參文件，往黨中央書記處送的，我本人看過。我記得引語說：一個14歲的幹部子弟李大同，向其父提出十個問

題⋯⋯這份《團的情況》有很多人知道，代表了當時中學生中的保守傾向。否則不會被當權者那麼重視。

我本人還是紅衛兵儀仗隊的隊員。1966年國慶遊行：第一方隊是解放軍儀仗隊，第二方隊是紅衛兵儀仗隊。都是身高一米八以上的個頭，在天安門廣場上一夜一夜地練習走正步。我們這一排扛著一個大牌子，上面寫著：中國紅衛兵萬歲！這是中國歷史上第一次。

萬什麼歲呀？1966年11月底我們串聯回來，老紅衛兵組織就不行了。滿大街都在批判資產階級反動路線了。現在大家印象中的紅衛兵好像就是一群打砸搶分子，實際上遠遠不是這樣。紅衛兵裏分很多層次。老紅衛兵只有半年就垮臺了。

邢　文革初，學校鬥老師時，你參與了嗎？

李　我沒有參與。我們的校長高萬春，跳樓自殺了，他是14級幹部。我沒有參加，這可能和自己的出身有點關係。看不慣。相比之下，匯文還是比較溫和的。當時，有傳說，崇文門一個中學的紅衛兵把一個老太太的頭削了一半。全北京的紅衛兵蜂擁去看。但我本人和我們這個圈子的人很少接近暴力。我們也去看過北京六中的大標語「紅色恐怖萬歲」，感到很噁心。我們這類幹部子弟，受父母薰陶，政策意識特別強，我們當時堅決反對「老子英雄兒好漢」的口號。馬、恩、列、斯、毛，就史達林出身還湊合，林彪、總理出身什麼？父親母親也是例子，知識份子幹部哪有幾個出身好的？他們是為了理想參加革命，不像多數老紅軍是為了有飯吃參加革命。我父親去延安時，身上帶著一百大洋啊！他對我爺爺說，你給我也走，你不給我也走，爺爺當然得給。我當年插隊，帶的是高級羅盤——軍用指北針。一個羅盤25元錢，那時25元是什麼概念？老太太一邊買這買那，一邊數落：你們這叫插隊嗎？我離開北京時也帶了100「大洋」——人民幣，那時也是個不小的數。

後來，團中央給北京各個區的中學派了工作組。丁東，你在哪個學校？

丁　我們師大一附中在宣武區，工作組就是團中央派的。我們學校工作組組長叫勾德元。他好像是團中央部長級的幹部。我們學校工作組有劉平平，所以他就直接和劉少奇掛上了鉤。

李　哦，勾德元，我知道這個名字。崇文區是團中央候補書記李淑錚去的，她是團中央工作組組長。我當時是年級文革組長，所謂「靠得住」的孩子（哈哈）。這時我們是擁護工作組，配合工作組的。文革一開始角色是「造反」，在工作組進入學校時就轉換了。老紅衛兵又基本上進入了革命委員會，或籌委會班子。毛澤東「我的第一張大字報」出來後，老紅衛兵被打下去了，到1966年底，這時家裏也地震淪陷了，父母親都受到嚴重衝擊。一天晚上，父親正在辦公室洗腳，一群造反派衝進來，把襪子往他嘴裏一塞，就抬走了，再無音訊。從此我父親竟然失蹤了一個多月。

邢　實際上弄哪兒去了？

李　每隔兩三天轉移一個地方。一開始，我天天陪我母親站在中南海西門，等著往裏給總理遞信，別的也顧不得管了。人在哪兒呢？一個月了，沒有音訊，後來我一個人經常去中南海西門口遞信。誰都遞，主要給總理。我父親是農林口文革8人小組成員，譚震林是組長。總理後來下個命令：必須保證農林口黃天祥和另外一人的生命安全。北京衛戍區部隊準備出動搜索了。總理下令後，很快，一天夜裏11點多，我們家樓下汽車喇叭響了幾下，我們趴在涼臺上一看，車沒了，老頭給送回來了，坐在地上，已經站不起來了。他的腿被打斷了，耳朵裏流著血，全身衣服哪兒都是血，整個臀部青黑一片（我當時還拍照作為罪證）。放他回來前還強迫他把衣服上的血跡洗掉，我父親就是不洗。父親太硬，太倔，打游擊出身的人，什麼苦沒吃過？你不是不下跪嗎？造反派就迎面踹過來，那腿還不斷？！

文革開始後我聽過他和梁步庭（原團中央書記，此時為國務院農辦副主任，後任青海、山東省委書記）在我家的一次談話。步庭說，老黃，走資派就走資派吧，只要不是「死不改悔」的就行，反正是跟著他（指毛）走的嘛。我父親說：「那可不行，這是原則問題……」誰跟你講原則呀？那時老頭兒如果「中庸」一點，不會遭那麼大罪。

邢　當年腿就被打斷過，這次又斷了，太殘忍了！

李　老頭是條鐵漢，可這次，回家躺在床上，眼有點濕，說：當年被日本鬼子弄斷，這次被娃娃們弄斷了。

邢　不是怨，不是恨，是傷感。

李　但是父親和我們專門談了一次話，對我和我弟弟說：「你們要相信，你們的父親絕對不是走資派，不是反革命。是跟著毛主席走過來的。你們要相信這一點。」當時團中央機關裏，書記王××的孩子已經貼出大字報，聲明和他父親徹底斷絕父子關係。某書記，大院裏那麼多他的大字報，回家和妻子交流不夠，妻子絕望之極，在圖書館上吊自殺了。還有兩個書記也跳樓自殺了。我相信父親的話。那時，我和我弟弟，護著父親到處轉移，帶著大口罩、墨鏡，今天到一個老朋友家，明天到一個戰友家。我們家的實木門，這麼厚，三道插銷，愣能給踹開，闖進來。天花板撬開，地板撬開，人沒有辦法待了。白天不來，經常是夜裏一兩點，一夥人突然來了！

邢　衝你們家，主要是農林口的嗎？

李　農大的造反派。這種日子大概有一年多吧，逐漸平靜下來了。

邢　你串聯到了哪些地方？

李　我基本上是沿著東南半部，南京、上海、湖南、福建一路下來。到了1968年了吧？北京的風氣也壞了，滿街「拍婆子」的——騎個錳鋼（永久13型）自行車，轉鈴的，往街上一戳，見到漂亮的女生就上去：「交個朋友吧？」這讓我受不了。我們院裏一幫孩

子，就開始跟衛戍區的一個教官練擒拿格鬥。那時中蘇邊境有些緊張，有點要打仗的意思了。珍寶島事件是在哪一年？

丁　1969年。

李　串聯回來，軍宣隊進駐各單位。當時駐團中央的軍人中有一幫衛戍區的，有個老班長是「硬骨頭六連」的訓練標兵，又剛從越南戰場上回來，他教我們擒拿、格鬥。我們練得很苦，包括拼刺刀。每天下午還騎車到玉淵潭運河游泳，要逆流向上游至少十個臺階（相當於2500米）。回來飽撮一頓，再到籃球場，正兒八經比賽兩場籃球。那時按毛澤東的教導辦，「野蠻其體魄」！我當時可以潛泳60米，非常強壯，而且身懷擒拿絕技。後來教官和我們說，從今以後你們不能打架了，條件反射，一個反關節回擊，對方骨頭就會斷。

另外一項活動，就是開始大量讀書，還是按毛說的，「文明其精神」。我們是有先天條件的。家裏書多。原來我們認為不好看的書，開始看進去了。我們大院裏有個讀書會，別管是什麼書，懂不懂，別人說看了我也得看；如果別人看了我沒有看，會感到恥辱，大家比著讀。比如，當時看了陀斯妥耶夫斯基的《白癡》，熱淚盈眶；看《大騙子江奈生魏爾德》這種書，那叫津津有味！後來再版，我買了一本，就沒有當年的感覺了。還有《笑面人》、《約翰·克力斯朵夫》等等，那個震撼啊！現在再看那些冗長的敘述，已經受不了了。還有一些灰皮書：《赫魯雪夫主義》、《大策略家赫魯雪夫》、《新階級》這些講蘇聯東歐的書，使我們很早就開始思考：中國現在到底是怎麼一回事？那個《九評》，我是來來回回看，看蘇聯方面到底說得有沒有道理。感覺中國當時是有些問題的。可見幹部子弟其中的一部分，是當時中國青年中最前衛的一些人。不是他們天生聰明，而是他們接觸到的資訊不一樣。當然，如果你家是二機部的，可能你就接觸不到這些東西，而恰好你家是搞意識形態的，就什麼都有。有些

東西，我們是偷偷看的。我父親說：這些東西你們還看不了。他越說看不了，我們就越看。

丁　你剛才說得這點很重要。看《赫魯雪夫主義》，看了赫魯雪夫和史達林的關係，就能明白林彪和毛澤東的關係了。那個《新階級》，把共產黨已經給否定了。

李　當時還有理解不了的東西，但已經感到這個陣營是有裂縫的，有可以討論問題的空隙，再不把共產黨看成是偉大崇高天衣無縫的了。看中蘇論戰，覺得蘇聯有很多論據是站得住的。我們本能地就不接受核戰爭，那確實沒有勝利者。

邢　記得看安娜·路易絲·斯特朗的《史達林時代》，也是很受震動。

李　那是不得了的！就這樣，我們腦子裏開始裝了很多反「正統」意識形態的東西。但不能說建立了一個系統，因為我們同時還在接受偽歷史、偽知識，它們也在抵消著新資訊和新想法。起碼，我們不再「純潔」了。我見到毛澤東時，就不會掉眼淚。情感上也發生著變化。記得聯動有一夥人，一次衝擊公安部之前，跑到我們大院歇腳說：「我們現在懷疑林彪。」我問：「有什麼證據沒有？」他們就講了一大堆事，也不知道是真是假。但是覺得林彪也可以懷疑。江青更不要說，都罵得狗血噴頭。那時有不少幹部子弟，用最好的相機，把老畫報上江青過去的照片翻拍下來，弄得人手都有一套，看：江青這個戲子！當時幹部子弟對中央高層的神秘感很快就沒有了。也受毛澤東很多講話的影響，比如1964年春節講話，毛澤東說得對嘛，上課看《紅樓夢》也好，抄書也是學習，這個學生將來有出息。文革中，我們不參加暴力行為，參加暴力行為的主要是低年級的孩子——初中生。那時六中搞紅色恐怖萬歲，都是初中生。我雖然是初中生，但一次也沒有參加過。曾有一次讓我押送兩個「地富」回原籍，由於臨時取消，也沒有送成。

老紅衛兵其實很早就邊緣化了。為了表示自己是正統，老紅衛兵

為此還舉行過多次長安街遊行。整個長安街，十幾二十萬人帶著最原始的紅袖章、紅領巾浩浩蕩蕩。這是懷舊示威。我們也去了，覺得有一種歸屬感。各個學校「老兵」成立合唱隊，唱長征組歌。101中學有兩個女生領唱非常優秀，我們聽得熱淚盈眶。「四三派」的人還去砸過場子。各區籃球高手在東單體育場舉行比賽。彭真的兒子，也是籃球高手！那時學校我們也不去了，基本就是逍遙派，在家讀書。

上山下鄉

邢　開始上山下鄉了，我們比較倒楣，一批一批都沒有我們。先是東北兵團，然後是去山西插隊，接下來是去陝西。我們這些人大概是讀俄羅斯文學作品讀多了，本能地厭惡農活。以前的下鄉勞動沒有留下任何美好的記憶：腰酸背痛，我個子又大，一天下來腰都直不起來。拔麥子手上鮮血淋淋，我心說這輩子可不能幹農活。

邢　你說的「我們」，是指大院的孩子，還是你的同學？

李　我們大院的孩子。我們說，我們得自己走，不能跟著學校走。去那兒最好？那兒最自由？你猜，一開始我們最先選擇了哪兒？鄂倫春自治旗！那兒是什麼地方？遊獵生活！整天騎馬打獵多帶勁啊！而且同蘇聯最近，一旦打起仗來，就是前線。那時幹部子弟雖然家庭大都垮了卻不服氣，有一種抱負，也是給自己找心理平衡：是英雄，是好漢，咱們戰場上見！練了一身功夫，在毛澤東時代「要解放全人類」的宣傳教育下，總渴望打仗，像父輩一樣建功立業。當時不少幹部子弟去越南，甚至參加緬共，戰死了不少。

我們給鄂倫春旗革命委員會寫了一封信，說我們想到你們那裏插隊。人家很熱情，很快回了信，說：「我們這裏沒有安置知青的任務，因為這裏有克山病。到現在病因不明。」這下把我們給嚇

住了。趕快查醫書，看克山病是什麼病，一看是關於侵害到心臟的什麼病，病因不明。好麼！這地方可不能去！去那兒呢？想不出去那兒。當時有一夥人和我們一樣坐不住了，家裏全「黑」，也不想去農村，這就是李三友、秦曉他們五個人，都是四中的。他們決定去內蒙草原。其中路書奇是大院裏的子弟，我們去為他們送行。這五個人去了草原後，每人每天寫一篇日記。不久，這本日記就傳回了北京。這是用一種奇特的方式與我們溝通。寫得特別有意思，一種全新的生活氣息撲面而來。他們寫了去草原一路上的艱辛，哎呀，對我們是非常大的刺激！心說這才是生活啊！像馮江華，他是馮仲雲（原水電部黨組書記）的孩子，他父親在文革中死得早；三友，是北京「西糾」的創始人，西糾第一號通令就是他起草的，他得過小兒麻痺症，走路不便，我們管他叫戈培爾；書奇是大院兒孩子中最成熟的一個，天生就是一個搞政治的，好像當時是四中革委會副主任。我們看了這本日記非常非常激動。馬上決定走這條路！

邢　他們走了多長時間，你們看到了那本日記？

李　大概不超過20天。他們大概一個星期就被順利地收下了（現在三友還在到處尋找這本日記）。我們決定也去草原。

我從決定到出發，只有兩天時間。院裏還有一個同伴叫朱力平的，也要去，他還有同學也要去。我們七聯繫，八聯繫，最後聯繫了十個人，決定一塊走。清一色「黑幫」子弟，我們當中的曹東放，父親是個將軍，原紅四方面軍的。還有兩個女同學，一個是原教育部老副部長董純才的女兒董謙謙；關令芏，是陳銘德、鄧季惺的外孫女兒，吳敬璉是她舅舅。我對父母說，我要去草原！我母親一聽就急了：你能吃羊肉嗎？她覺得羊肉對我是最大的威脅。我說，蒙古人能吃，我們也能吃。我父親當時沒有說話，先說「你們想當盲流？」（我那時根本不知道什麼叫「盲流」。）又說：我得考慮考慮，那地方，幾十裏地沒有人煙，抗

日戰爭我就在那裏。他考慮的結果是：必須得學校同意，全國一盤棋，你們不能胡來。

當時學校已經是工人宣傳隊管理。工宣隊那傢伙，一臉不屑，你們還想插隊？他的態度是，你們這些家裏有問題的黑幫子弟，愛去哪兒去哪兒吧。也許巴不得有地方要我們。我回去就和父親說：工宣隊沒有意見。他說，那就去吧。我當時的態度是：你們同意，我去；不同意，一分錢不給，我也去。因為在北京的日子，再也不想過下去了。無所事事，無聊⋯⋯沒有棉衣，就把父親下鄉時的棉褲接長了一截兒，把他下鄉的皮大衣帶上，兩床被子，一個褥子，衣服、藥品；打行李，買東西，自己遷出了戶口。

邢　幹嗎著急遷戶口？你們沒有想到戶口落不下的問題嗎？因為，你們並沒有經過人家同意，就貿然一去。

李　是沒有和內蒙方面聯繫。有三友他們的前車之鑒，我們以為會很順利。遷戶口時，人家問：遷哪兒？我們說，遷到內蒙古錫林郭勒盟阿巴嘎旗。其實去了才知道，我們整個是個盲流。

丁　你們去內蒙是什麼時間？

李　1968年12月15日。天氣很冷了，上了路。火車坐到賽漢塔拉，下了火車，離阿巴嘎旗還有七百多裏地。那時，沒有客車，只有卡車，要頂著北風往北開。我們到處求拉煤的，拉肉的，人家憑什麼拉你呢？幸好我們帶了最好的行賄的東西——毛主席像章。帶了好幾大盒。一開始我們遞煙什麼的，人家根本不理你。我們就說，我們還有東西，你來看一下。我們把像章一展開，哈呀，他們眼睛就亮了：這個我要，那個我要⋯⋯；要了好幾個。行！第二天上車。兩個女生在駕駛座裏，我們男生都在上邊，沒有篷子，整整走了兩天，顛得渾身散了架，到了阿巴嘎旗。

這時我們才發現，十個人裏，只有三個人身上帶了錢。我是富翁，帶了一百元錢，老曹帶了一百元錢，另外一人帶了三十元

錢。其他人竟一分錢沒有（父母停發工資了吧）。只好把所有的錢集中在一起。然後就打聽在哪兒住最便宜。人家告訴我們最便宜的是殘疾人開的福利車馬店。在黑暗中我們跌跌撞撞地找到了這個車馬店。騾馬糞味兒，屎尿交加，撲面而來。一個退伍殘疾軍人在管事。問：一晚上多少錢？答：一塊五；這麼貴！有沒有便宜的？答：大通鋪，一人五角；又問，還有沒有更便宜的？答：通鋪不生火，兩角。我們就決定睡那兩角的了。他把我們引進一個大通鋪屋，連玻璃都沒有，窗子上的一點破紙還辟了啪啦、辟了啪啦地響。當時是零下20幾度。我們把所有的被子鋪開，靠著牆，一個挨一個地擠，帶著皮帽子睡下。

邢　睡著了嗎？

李　睡著了。但是早晨一起來，滿嘴邊是冰碴子，因為你一呼氣，哈出的氣馬上就會凍住。第二天，給家裏寫信報個平安吧，哇塞，所有的鋼筆都凍住了。這兒不能多待，得趕緊去旗裏找安置辦。安辦的人說，我們這裏沒有接待你們的計畫指標，不能收。他說：「你們是什麼人？有介紹信嗎？」「沒有。」「有什麼能證明你們是什麼人嗎？」「沒有。」他們看著我們這些清一色的一米八的大個頭兒，不像是知青。

邢　你們怎麼不帶介紹信啊？

李　學校不是不管嘛，他說，你們愛上哪兒上哪兒。只有當時的破學生證，還有北京戶口，可以證明我們是北京的。別的任何證明都沒有。我們決定，到盟裏的安辦活動活動。我和另一個人就前往盟裏去了。那時去盟裏坐卡車要走200多里地。到錫林浩特（盟所在地），找到盟安辦。他們說：「我們得等下一批指標來了再考慮接待你們，這次安排不了。」我倆一想，這個地方更住不起。趕緊往回返。這回是從東往西走，那天零下38度，6級大風，夥伴身體較弱，讓他去車樓裏，我就上到了車頂。司機很有經驗，用氈子把我裹起來。我覺得自己像是在一個氈筒裏。但是

車開出一百多里後，我覺得所有的冷氣都往我的心臟集中，感覺快不行了。旁邊是半扇凍牛肉。我當時敲敲牛肉，嘣嘣地；又敲敲自己的心臟，看看是不是也凍成那個樣子。後來覺得要凍死了，不行了。用最後一點力氣，敲了敲駕駛樓。急煞車！司機問我，怎麼了？我已經說不出話來了。瞪著眼看他們，搖了搖頭，完全說不了話了。他們一看不好，趕緊把我弄下來，旁邊正好有個道班房，進去，給我按摩，喝紅糖水，半天才緩過來。還得走啊，司機又把他的羊皮大衣給我裹在氈子裏面，接著走。走到夜裏才回到阿巴嘎旗。等我們再找到那個車馬店時，那幫傢伙們，都到一人一塊五的有火的房間裏去了。他們說夜裏在被子裏擠著還行，白天沒法待，大家都穿著棉衣在那兒蹦。說，不行，還得到有火的房間去。小房間，一人一塊五，炕上能擠四五個人。接下來就開始了長達33天的抗戰。我們每天從車馬店到知青辦去磨。到那兒就是：「祝毛主席萬壽無疆！萬壽無疆！你得收我們！」「不收！」「你得收！」……

他看我們填的表，全是幹部子弟。說：「你們肯定是聯動的！」我們說：「我們不是，我們是反聯動的。」後來，還是用毛主席像章打開了缺口。我們發現知青辦四個人是兩派，我們就採取各個擊破的方針。先開始孤立那個主任──挖肅派，拿著大像章，把保守派的三個人買通。慢慢地都搞熟了。主任就說，好吧，我們派人到北京去瞭解一下情況吧。結果知青辦專門派了一個人到北京各個學校瞭解我們的情況：是不是聯動分子？是不是反革命？一瞭解，我們學生本人都沒有什麼問題。其實，他們就是走了一下形式，順便旅遊一下。解決問題的真正原因是毛澤東的「知識青年到農村去」的指示已經發表了。這是最強大的力量。

丁　其實，他們沒有到北京，指示就發表了。那個指示是12月20幾號發表的。

李　但此前一直僵著，連同他們的調查，我們在車馬店一直耗了30

多天。

邢　李三友他們也沒有真正落下來嗎？

李　不，他們很快就被收下。他們是10月去的，接近第一批尾聲。

邢　你們為什麼不去找他們呢？

李　找不著，我們離他們有四百多里路那。他們在北部伊和高勒公社。

邢　哦。

李　安辦外調的人回來說我們沒有什麼大事。安辦的另外幾個人也被
　　我們買通，同意要我們了。他們決定把我們發配到「階級鬥爭最
　　複雜」的牧場去──阿巴嘎旗南部的白音德力格爾牧場。那裏，
　　從來沒有去過一個知青。為什麼說那裏階級鬥爭最複雜？因為，
　　內蒙正在搞挖肅，清查「內人黨」，唯有白音德力格爾保守派占
　　上風，挖不下去。當時去了內蒙的知青，普遍參加了「挖肅」。
　　要表現出是輸出革命來了。

　　我們出發了。白天坐馬車，晚上睡廟裏，弄點牛糞一燒，走了三
　　天才到。那兒離旗裏還有二百多里。

　　去了以後呢？我們很快就參加了那個地方的反「挖肅」。我們的
　　場長叫烏力吉巴雅爾，是老復員軍人，被打成「內人黨」，讓造
　　反派抓到紅星大隊去拷打。我們天生就是保守派，聽了聽情況介
　　紹，同情場長，決定一塊參加搶場長的行動。於是去紅星大隊，
　　提著鎬頭把兒，愣是把老場長搶出來了！我們這幫人什麼陣勢沒
　　有見過？人又高頭馬大的。

邢　這是什麼農場？

李　是牧場。是內蒙為數不多的公私合營的牧場。原來歸大牧主所
　　有，所有牲畜都是他的私產。與城市的公私合營、與資本家達成
　　的贖買協定是一樣的，作價以後，每年付你3%本息，三十年付
　　完。實際管理權都已經是公家的了。場長剛回來時，被打得不能
　　動了。但回來後就安全了。為此，老鄉們對我們不錯。

　　這時，我們不能再待下去了，從12月中旬出來，到收留了我們，

到搶出了場長，已經筋疲力盡，我們決定回北京休整一下。這時
我們還沒有分配到大隊裏。另外有一幫子人已經去了紅星大隊。
也是知青盲流，廖平平（廖承志的兒子）、黃小源（黃靜波的孩
子）等；他們也有五個人，比我們晚到旗裏，結果卻比我們先下
到了隊裏，他們也使了些「陰謀詭計」。甚至偷過我們的煙，也
曾住在那個福利車馬店。

我們回到北京，開始準備正式在草原上安家落戶，在草原上生活。

邢　你們回一趟家也很難啊。

李　很難，在草原上顛得稀裏嘩啦，都是在卡車上，不是拉煤的，就
是拉肉的。全仗著年輕，現在簡直不可想像！實際上真正開始在
草原上生活，是1969年的春天，在北京過完了春節，再次回去。
才真正進入了草原生活。

邢　帶了些什麼書？

李　我們是把各人家裏的書，有價值的全部運走，用大木箱子。其中
包括大量的中外文學名著。也包括當時的「內部小說」。其中包
括《葉爾紹夫兄弟》、《茹爾賓一家》、《州委書記》等；我們
還有全套的《摘譯》；也有馬恩列斯的書、中外歷史的書；還包
括傳統文化方面的楚辭、漢賦、唐詩、宋詞；耀邦在團中央時主
持編的《中華活頁文選》，基本上是古文精品。

如果沒有書，我們在草原怎麼活啊？說句老實話，這麼多年，如
果我們沒有這些書，人就廢了。我記得有一本精裝的《堂吉柯
德》，被我們看散架了，不知讀過多少遍，連人物對話都背下來
了。《唐詩三百首》至少背下來二百多首……

我們帶的書有多少？兩個牛車，專門拉我們的書。在草原遊牧，
一年搬四次家，換草場，我們這個包，是原來牧主的大包。一次
要用八輛牛車才能把我們的家搬走，其中兩輛牛車，專門運我們
的書。直到我離開草原，還有滿滿一木箱子書。其他除了不斷傳
閱流失了，就是在沒有柴火就要凍死時燒掉了。當然是先從最沒

有用的書燒起：第一本是《毛澤東選集》，第二燒的是大本的農業科學知識。剛下來時，我們還想用種樹啊等農業科學，改變那裏的面貌。在草原，實際上不需要這些農業科學知識。

邢　其實，上山下鄉知青看的東西，比以後的大學生閱讀多得多。所以，我們的朋友中，好幾個都是沒有上大學直接考研究生的。

李　我們下去，和一般知青不一樣的是，我們思想上根本不是去接受什麼再教育的，我們很狂：我們是要去掌權去的！是要改造那塊地方去的。個個認為自己有經天緯地之才，管理一個生產隊算什麼？（笑）

邢　從這時，就可以明白，後來那些高幹子弟作為接班人梯隊的心態了。插一句，你們找到李三友他們了嗎？

李　聯繫上了。我們雖然是在一個旗裏，但他們公社在旗所在地往北二百多里，我們牧場是旗往南三百多里，我們之間有五百多里地。一個月能通一封信就不錯了。別的聯繫根本不可能有。後來，到七十年代初，我們來了一次遠征，四個人騎馬去他們那裏訪問了一次。當時叫「千里北征」。

邢　一直騎馬？

李　是的。到他們那裏騎了三四天。一人騎一匹，牽一匹，換著騎。

邢　接前面說。

李　但是，生活很快就教訓了我們。

首先，語言不通，感到就像到了外國一樣。連說吃飯都聽不懂。你還想「統治」？下鄉前父親還教過我兩句蒙古話，說你會這兩句話就餓不死了。結果我發現他們那兒的蒙古話和我們那兒的不一樣。我們那吃飯叫：「浩勒亦得」。我父親打游擊地方，是伊克昭盟、河套地區，吃飯叫「布達亦得」。還別說吃飯，剛下分場，第一夜是住在老鄉家的蒙古包裏。可是，我們長這麼大沒有男女混居過呀！試想你腦袋旁邊就是女主人的腦袋，好傢伙！怎麼睡得著？嚇死了！簡直嚇死了！瞪著眼，一夜沒有睡著。別講

太細了吧？

邢　講到第一次住蒙古包的心情，也很有意思。你們是不是怕人家鑽你的被窩啊？

李　當時傳說草原上人人有性病，我們就怕染上梅毒什麼的，嚇得根本不敢睡覺。後來到了自己的營地，住進了自己的蒙古包。男的一個，女的一個。

邢　是國家分配的嗎？

李　是。知青當時每人有一百多元的安置費嘛。我們六個男生的錢可以買八個「哈那」（側牆）的大蒙古包。

邢　會做飯嗎？

李　飯還是會做的。

邢　殺羊肉吃嗎？

李　春天哪兒有什麼羊肉啊！牧民一年也殺不了幾隻羊。我們就是到場部買些小米，面。沒有肉。開始牧民們從心裏是很歧視我們的，怕毛澤東。他們也歡迎你，而一旦你進入了他們的生活，就沒有人理你了。他們把我們當成內蒙曾經有過的盲流一樣看待。那些盲流是困難時期闖口外，幹那些蒙古族牧民不幹的雜活、苦活、累活的人。漢人在牧民那裏是低人一等甚至低人兩等的。
但我們借著政治的餘威，下去第二天，就跟他們的說，我們要放牛放羊。毛主席讓我們來的！我們得靠放牛放羊掙工分，吃飯啊。他們不敢不給。他們從最近的、離我們約一里地的羊群中，給我們分了一半羊群過來；又從離我們更近的牛群裏，給我們分了一半牛群過來。我們可高興啦！放牛放羊有什麼難的？不就是跟著它們屁股後面走嘛？每一頭牛身上刷了一道紅漆，標誌著是我們的了。我和一哥兒們放牛，走著走著，牛就沒了。它們又回到原來的牛群去了，根本不理我們。不給我們馬，我們追不上嘛。羊就更別說了。我們當中，三個人放著一群羊，白天還攏住了，到了晚上，下夜，出問題了。羊夜裏是要臥到它們拉屎撒尿

有味的地方，而我們這裏是生草地，它們怎麼會臥呢？它們一叫，一裏外原來的羊群也叫，它們就開始往那兒衝。我們把褲腰帶解下來了，抽啊，打啊，羊群把我們撞得七倒八歪，天黑啊！一會兒一隻都沒有了。這就是牧民第一次收拾了我們。

邢　為什麼不讓老牧民先帶你們一段時間？

李　草原上哪兒有帶不帶一說啊。哥兒幾個傻了，一天牛羊都放不成，還好意思向人家要嗎？還有可怕的事呢！一出去就轉向，根本不知道自己的蒙古包在那兒。我第一天，在草原撒了泡尿就轉了向。草原很平，走啊，走啊，有了坡，覺得人家看不見了，才敢方便。可回去時，怎麼蒙古包看不見了呢？找不回去了！有一天，我出去方便一下，回來走了二十多里地，天都黑了，還找不回去。是牧民們打著手電筒把我找回去的。迷路是很可怕的，有了指北針也沒有用，要看地形。

後來我們就商量怎麼辦。我說，這樣下去永無出頭之日。蒙古老鄉們的生產、生活技能，我們一點都沒有，生存技能低於一個五六歲的草原上的孩子。我提議，咱們不能在一起住了，一人插到一個牧民家裏去。首先掌握語言，然後掌握生產技能。

我們和一般知青不同的是，這是我們選擇來的。選擇來的和分配來的不一樣。我們無怨無悔，什麼坎都得邁過去。誰讓你選擇了這塊地方？如果是強迫來的，也許你會怨天尤人，低沉、頹廢……幹部子弟還有點不同，深受俄國十二月黨人的影響。越是艱苦，反倒越有一種亢奮，「天將降大任於斯人也！」是一種反其道而行之的精神狀態。受了一通折磨後，我們決定，必須先掌握蒙古人所有的生產和生活技能，包括語言，我們才能統治這塊地方。當時腦子裏真用了「統治」這兩字啊。

我是毫不猶豫地走了。只有兩三個人不願意下到老鄉蒙古包裏，女生不敢，千金小姐，住到男女不分的蒙古包裏，不可想像。有兩個男的也不願意到牧民家去生活，就去了配種站。我們雅幹西

勒分場是全內蒙的改良畜試點。羊是美麗奴改良羊；牛是荷蘭紅改良牛；馬都是頓河、卡巴金種馬。當初最富的大隊是紅星大隊，我們表示，我們不是衝著錢來的，是衝著好馬來的。頓河是中挽馬，卡巴金是高純血，比蒙古馬可高大、漂亮多了！

我下到的蒙古包，男主人曾經當過土匪，有一個老伴，還有一個他們領養的上海女兒。1960年代困難時期，從上海運來很多孤兒，讓牧民們領養。

和蒙族人在一起的生活

邢　說說你和牧民在一起的生活。

李　早晨、中午都是喝茶、奶食；晚上一直到女主人擠完所有的奶牛之後，已經到十點多了，她才回來做頓飯。這頓飯，一年360天，有300天是麵條湯。

邢　他們也能做麵條？面怎麼來的？

李　麵條會做。面是商品糧，買來的。草原上全是商品糧，但定量很低，一個人也就十一二斤糧食。

邢　給你們的糧食是什麼糧食，定量多少？

李　我們的定量和牧民完全一樣。都是細糧：白麵、小米、炒米，一個月大概就是十一二斤。其他就是奶食，如奶豆腐、奶片、奶皮子、奶碴子，大概就這幾種。最好吃的是奶豆腐。白奶豆腐就是奶還沒有完全酸，微酸時製成奶豆腐。我下到老鄉家裏，第一次吃奶豆腐，手掰下一小角兒往嘴裏放，當時就要吐。忍著不敢吐，跑到外面吐出來了。酸臭無比，咱們根本接受不了。茶呢？磚茶加牛奶加小米，喝一碗就夠了，鹹得很。還有一種是奶茶加炒米加黃油喝起來很香。

邢　她們的奶食品是不是特別頂時候？

李　純蛋白啊！但咱們喝不了。我們根本不會吃那些東西啊！天天就盼著晚上那頓麵條。一直等到晚上十點多，半臉盆麵條端上

來了。老鄉做麵怎麼做？一鍋水燒開，削幾個肉條放在鍋裏，這邊水咕咕地響，那邊擀麵條。就切成三寸長，往鍋裏一倒。連湯帶麵，放點鹽就行了。老鄉就吃小兩碗，吃完，舌頭一舔，舔得鋥亮，碗放下了。你猜，第一天我吃幾碗？我連吃十碗！肚子裏還空著那，剛墊了個底兒！可老鄉都放下碗了。鍋裏雖然還有一點麵條，但要第二天早晨給放羊的喝。我心說每天要盛十幾碗，也太掉價了。就給家裏寫信：你們在北京給我買一個最大的碗寄來。

一個月後，碗寄來了，搪瓷的，其實就是一個小臉盆。我只盛一碗，半臉盆麵條就下去了。那天晚上，我盛上那麼一碗，躲在後面猛喝啊，喝得都撐了，跑到外面直溜彎兒。早晨起來一看那碗，我直笑，上面寫著：社會主義好。

當然，不能這麼下去。我就想，必須學會吃奶食。仗著年輕，大概有半個多月，奶食就可以吃了。肚子裏有奶食品，就不那麼餓了。生活關很快就過去了。

邢　看來，手抓羊肉是最好的食品了？

李　手抓羊肉，別提有多香了！平時，老鄉吃一次肉，也是很算計的。把肉剔得就剩下骨頭。肉留下來，慢慢吃，只喝湯。因為夏天肉稀缺。真正大塊吃肉是冬天。秋天，就和分莊稼一樣分肉食牛羊：譬如你家可以宰兩頭牛，五隻羊，一天就得宰掉。然後掛在那裏凍著。這時你可以猛吃肉。冬天，每天早晨都是肉，沒有別的。夏天不行，羊很瘦，不能吃。

邢　你們不吃蔬菜嗎？

李　不吃。

邢　會不會便秘？

李　好像也沒有碰到嚴重的問題。我們喝的水多，一天到晚喝茶呀。

邢　那你們那裏缺水嗎？

李　我們那地方不缺水。是渾達克沙漠北部邊緣。挖地一米多深就見

水了。

邢　老鄉的家務你幫著做嗎？

李　不怎麼做，實際上是做不了。就是幹雜活。比如，剪羊毛時，就觀察怎麼剪，先從哪下手？然後學著剪。然後是調教生馬，這是基本的生產技能。我有一個博客寫了這些故事，可以給你發過來。

　　其次，就是怎麼過語言關的問題。我們當時在盟裏看到一種《蒙漢小辭典》，一人買了一本。裏面有3700多個基礎蒙語單詞。我每天早晨就像背英語單詞一樣背蒙古單詞。小辭典有漢語注音，但你用漢語注出來的蒙語和老鄉說話，老鄉聽不懂。小辭典還有拉丁語注音，你一用捲舌音，他們就聽懂了。他們是阿勒泰語系，通古斯語族。比如「手」和「火」，我們聽去都一樣，都是「嘎了」；區別就在於是不是卷了舌頭。蒙古文字是拼音文字，我大概過了三個月，日常的會話就能聽懂50%了。

　　你別看蒙古人生活很封閉，其實一個蒙古包裏從早到晚能來幾波人。都要進來喝茶。然後就互相通告有什麼新聞。草原上的消息，走得比電報都快。他剛把從別人家聽到的什麼告訴了你，你又很快把剛聽到事情告訴另一家。一傳十，十傳百。

邢　他們一家與一家相隔有多遠？

李　一個蒙古包與另一個蒙古包也就是十幾米的距離。但是一個浩特組（畜群組）和另一個浩特組——也就是一個營子，要有二三十里地。一般一個畜群有三個蒙古包：一群牛，一群羊，還有一個是下夜的。羊群要有兩個工，一個白天放羊，一個下夜。夜裏需要人看著，一是怕它們跑，二是怕來狼。

邢　我們插隊時，是小隊核算，你們呢？

李　牧場是兩級核算。牧場是一級，分場是一級。決算在分場（大隊）。一個分場有二十多個浩特。我們全分場也就兩百多號人。

邢　你現在還能看蒙文吧？

李　已經忘得差不多了，三十年沒有接觸了。前兩天有個電影叫《疾

風中的馬》，給知青專門放了一場。蒙語對白，中文字幕。我一開始還得看中文字幕，電影看到一半時，我的語言記憶就恢復了。後半部電影，我基本就不用看字幕了，聽起來特有味道。在草原時，我曾用蒙文讀黨的十大報告，念得滾瓜爛熟。老鄉都嚇得要命，很多政治辭彙是翻譯過來的，他們聽都沒聽說過，所以，覺得我的蒙語比他們說得都好。我們的蒙語是用拉丁語音來學的，學完了，請老鄉來校正。所以，我們的發音非常準確。有一年內蒙古大學新蒙語系，一個教授帶幾個學生到我們那裏實習，撞到我們蒙古包裏，我和他用蒙語對話。當時，我剛剛去了半年，他說：你這半年的蒙語水平，超過我們四年級的蒙語水平。我多少有一點語言方面的天賦。我是我們這夥人裏蒙語最好的一個。後來，我們逐步掌握了放牛、放羊、放馬的技能。

邢　你白天跟著男主人一塊放牧嗎？

李　幹各種雜活，跟著他們的孩子放羊。一方面看他們怎麼放，然後我們再看書獲得一些放牧知識。比如羊群要吃回頭草，羊是一邊走一邊吃，吃五六百米後，要攔住，讓它往回走。充分利用這片草場。然後再從另一邊往前走。還要頂風趕羊，順風，羊就跑了，回來時順風走。各種知識，在一年到兩年之間，我們基本掌握了。放牛更難一些。放牛是散放，在阿旗北部放牛簡單，因為那邊缺水，方圓幾十里只有一口井，所有的畜群都要到這口井來喝水，丟不了。可是我們那地方遍地都是沼澤、河流、湖泊，牛群在哪兒都能喝到水。必須得對它們經常去的地方瞭若指掌，而且對地形也得非常熟悉。

邢　放牛得會騎馬吧？

李　當然。我就不細講了。我把我在博客上寫的怎麼調教生個子給你發過來。

掌握了基本生產技能後，我們的野心還沒有死——我們要「統治」這塊地方。這時老鄉已經發現我們和原來的漢族盲流不一樣

了。發現我們半年時間就掌握了他們的語言，甚至只用一天的時間學習蒙文就初步能讀蒙文文章。其實，我們在旁邊擺著字母表，跟著字母表硬往下讀。在老鄉看來真是奇跡。「知識青年」蒙語直譯過來是：聰明的青年人。他們看我們很快會說蒙語後，恨不能把他們會的所有漢語說出來，原來他們是一句都不說的。就看著你，大眼瞪小眼。當發現我們奇跡般地掌握了他們的語言，覺得面子掛不住了，也拼命地說他們會的幾句漢語。這時我們覺得我們可以控制這個地方了。

我們裏面出了馬倌，會套馬；做馬具──馬絆、馬籠頭、馬嚼子（甚至是銀嚼子）、馬鞍子。馬鞍子工序最複雜也會做了。把老鄉所有的看家本領都學會了。我們知青不同的人都掌握了其中的一項技能。我們不是一般的掌握，而是高手！我們做出的馬桿子，老鄉們讚歎不已。我們當中的東文，是書奇的弟弟，動手能力極強，馬具做得最好。我也行。我們知青裏頭有馬倌、牛倌、羊倌；而我，竟然從一開始就當了管理者。

我成了分場的當家人

李　大概是1972年，牧場（總場）一級核算的體制徹底崩潰了。原來分場沒有獨立核算權。所有牧民都欠牧場的錢。牧場欠國家的錢，好幾萬。總場說，不行了，不能再這樣下去了。核算權要下放到分場，讓分場獨立核算。這就需要有管理人員，有會計。可蒙古老鄉誰會呢？只能選知青。那次開會，討論誰能當會計，分場老鄉一起舉手大喊──大同！大同！為什麼選我？因為我蒙語最好。另外，我生性老成。我在我們知青裏年齡倒數第二，也有老高二的。但老鄉看我老謀深算的樣子，很有主意。還是選了我。

邢　這時你們還在牧民家嗎？

李　我們已經自己過了。因為我們有了充分的生產生活技能。我們能

包羊群，兩個整工，一人一天能掙到十個工分了。我們不要求掙得很多，我們知青自己還是「軍事共產主義」體制，各盡所能、各取所需，誰能幹多少就幹多少，能掙多少就掙多少。收入都放在一起。

邢　你們在老鄉家時，收入都給老鄉嗎？

李　不，但要付糧錢、肉錢。或自己買了糧放在那兒，或是老鄉買了羊後，下一隻我來買。

邢　當了會計，就不幹牧活了吧？

李　對。成了管理者。當時我面對的局面是相當糟糕的。老鄉們欠分場一萬多元錢，分場欠國家一萬多元錢。裏外裏，我們欠國家兩萬多塊錢。沒有一家不是一年幹下來還倒欠公家的錢。老鄉家窮得蒙古包都見了天，買不起新氈子換。冬天穿的袍子沒有面了，只有白板羊皮，因為沒有錢買布。甚至連煙都抽不起，就是摘一種樹葉子，勉強當煙抽。在我們看來，就是管理問題，無非是要開源節流。另外就是要貫徹多勞多得，少勞少得，不勞不得的原則。

我是非常強硬的。那時老鄉生活，每月都得先到我這裏借錢。以前，他們要借多少就給多少，反正是不還的。現在不行了，我就算：你家包了一群羊，你的總收入將是多少，你的借款只能在你的總收入額度之內，超過一分錢也不借。老鄉一開始罵呀——當面罵我是「黑漢人」！

邢　你們不是還有一個分場長嗎？他什麼態度？

李　他沒有搞過經營管理，他不懂。出納也是知青，所以我們說了算。當時開了幾次大會。每一個浩特，你一年需要多少馬鬃、馬尾（搓繩子）都精確到「兩」來計算。整夜開會。我們對《人民公社60條》，《23條》都反覆讀過，知道這就是經營管理。我們就是讓群眾自己討論通過，嚴格執行。開那達慕大會，老鄉來借錢，不借！因為你一年都收入不了這麼多，我不能讓你再欠款。還是罵啊！但是，到這年年底分紅時，我宣佈：80%以上的家庭

還清了欠款。

邢　這個還清，是怎麼算的？

李　就是在他們的總收入中，刨去已經借支的部分，其他的我不給他
　　了，用來抵欠款。

邢　他們的收入怎麼算？

李　他的羊群、牛群繁殖了，是他給分場帶來的收入。他當年有多少
　　工分，一個工分值多少錢（分場總收入除以總工分數），按每個
　　工分，他應該分到多少錢。刨去了他的欠款，他實際應該拿多少
　　錢。第一年他們大多數雖然沒有拿到現錢，但他們已經不欠公家
　　的錢了。

　　到了第二年，100%的家庭有了收入。這已經是多年沒有的事
　　情。我到牧場銀行取錢的時候，要求都給我一元錢的票子，這樣
　　裝到紙袋裏厚一點。

邢　他們平均一家能收入多少錢？

李　除去他們所有借支，能拿五六百元的現金收入。我包在紅紙包
　　裏，給一家一戶發現金，老鄉當時眼淚就下來了。

邢　那就相當不錯了。我插隊時，收入好的時候，一個工分5角錢，
　　一年下來能分拿到五六十元錢，就是好生產隊了。

李　我那年回北京腰裏揣著五百元錢，如同現在大款的感覺！
　　自從文化革命開始，老鄉們就再也沒有見過現金。過去每年分紅
　　時，就是告訴他們：你欠了多少錢。而這年是，把他們一年吃的
　　牛羊、借的款都折完了，還剩這麼多的錢啊！我當會計後，分
　　場第一年的工分值是1.2元，第二年工分值是1.6元，第三年工分
　　值到了1.8元。這時老鄉把我當救星看待了。後來，我那方章是
　　很有名的。任何條子上如果沒有大同的篆字印，你休想拿走一隻
　　羊。書記隊長來要也不行，先問：有沒有大同的印？公章都不
　　行。一舉奠定了我們管理者的地位。不過，這時我們依然不是最
　　後的勝利者。

賽馬的勝利

李　真正的勝利，在於我們是不是能在文化上戰勝他們。我們很早以
　　前就有了文化碰撞的意識。

邢　你講一些細節。

李　好。有一次我到一個老鄉家去，他的父親是德高望重的大家族首
　　領，兒子是馬倌兒。馬倌兒用的刀子不能從供銷社買，一定是弄
　　一把鋼銼回來做，鋼銼是好鋼。馬倌兒要經常做馬桿子，刀子鋼
　　要非常好。他用一個羊皮口袋一樣的東西在退火，先把鋼銼的硬
　　度減低一點，然後再做成刀子。我看他兒子在羊皮鼓風機上把鋼
　　銼一直燒紅，拿出來放在一邊退火。這時他的爸爸，看著看著，
　　就伸出手去拿，手剛一接觸到鋼銼，「刺啦」一聲，手就冒了
　　煙。老人慘叫起來。當時我笑得眼淚都下來了。我說，你沒有看
　　見它剛從火裏拿出來，你幹嗎要去摸它呢？他說：「我的孩子，
　　你不知道，我們蒙古人不是用眼睛看東西，而是用手去看東西的
　　呀。」他的話對我震動很大！感覺到了文化的不同。
　　蒙古民族是個非常感性的民族，他們沒有理性的思維。抽象的詞
　　他們文化裏是沒有的。記得我曾經拿著我父親的一塊玉（當年他
　　視察南洋玉器廠時人家贈給的）自己刻了一塊章，蒙古老鄉都有
　　煙鍋子，煙嘴多是玉石的。通常要用一個二歲馬才能換來這麼一
　　塊玉石煙嘴。我就問他們，你看我這塊玉石值多少錢？他們都來
　　看。這塊玉章玲瓏剔透。像咱們，看看就完了，蒙古老鄉不，他
　　們看過之後，放在嘴裏舔，然後用牙輕輕地咬，然後再舔。感受
　　著玉的溫度和質感。最後告訴我說：「這是好玉！」他不是看了
　　以後說，而是舔了以後才說。
　　再比如，1973年以前，我一直入不了黨，來了一個阿巴嘎旗本
　　地蒙古人當了我們公社書記。他很喜歡我們知青。他說：「大
　　同，你怎麼沒有入黨啊？」我說：「我父親還沒有解放。」他
　　說：「你有你父親的照片嗎？」我說：「有，在我的蒙古包

裏。」他說：「哪天我過去看看。」有一天，他自己騎著駱駝到我們蒙古包裏來了。聊了聊天，他說，把你阿爸照片拿出來我看看。我正好有一套父親1955年出訪蘇聯的照片。他就在那兒看。看完一張，再看一張，足足看了半個小時，最後對我說：「好人哪！」他僅僅憑感覺、看面相就能作出判斷。回去第二天就批了我入黨。

邢　後來你們那裏挖「內人黨」還搞嗎？

李　滕海清來了，整個內蒙軍管了。滕海清原來是軍區司令員。他繼續挖「內人黨」，整當地幹部。我們知青是與軍代表對著幹的。他們以為知青是天然的依靠力量，讓我們知青給他們當翻譯。

軍代表把老鄉訓得都發抖啊！我們就用蒙古話對老鄉說：「你怕什麼？沒有什麼了不起！」我們聲色俱厲，看上去也在像在訓老鄉，其實我們說：「站好，別怕他們，什麼也別說！」軍代表一看，怎麼剛才還嚇得腿都打彎兒了，一會兒一個個都直起來了？就懷疑了我們。後來派別的懂蒙語的人在旁邊聽，才知道我們說的都是反話。說這幫知青不能用，完全站在老鄉那邊，把我們都換了。還把我們打成「現行反革命集團」，把我們的羊群也給剝奪了。

我們曾經一度靠打零工活著。每天騎著馬，到人家蒙古包去問：你這兒有活嗎？你這兒有活嗎？這麼湊合活著，生活很不穩定。

邢　這大概有多長時間？

李　大概有半年時間。後來軍代表撤了。我們才恢復原來的樣子。趙紫陽到了內蒙，制定了很多符合實際的政策，還到我們牧場來視察過。其中一條政策是知青可以購買自留畜。我主張買。我們每人可以買6到8隻母羊，一隻羊才10元錢，可以讓它下羔。但是我們那夥人堅決反對，說我們是無產者，不能有私有財產。我說，這不能算私有財產，我們放到老鄉的羊群裏，羊毛給他，我們只吃肉，可以省下買肉的錢。他們還不幹。要是買了，到今天都是

大牧主了。因為羊是成幾何數發展。

邢　接著談文化碰撞。

李　我們發現，若想讓蒙古老鄉把你當自己人，最終要在文化上戰勝他。我們在智力上取勝，他們並不完全佩服。他們的文化，他們的看家的本事，最主要的：一是賽馬、一是摔跤。摔跤，我們不行。我們知青中有一個天橋寶三兒的徒孫，技法很好，但一讓蒙古摔跤手抓住，就像被鐵鉗子固住了，什麼絆兒都使不出來了，因為力量差得太遠。蒙古式摔跤不分級別的，100斤重的和200斤重的摔，摔得過人家嗎？摔跤不行，我們就研究賽馬。賽馬是比摔跤更加神秘的蒙古文化。

　　什麼樣的馬可以參加賽馬？首先你得對這匹馬有正確判斷，看它是否有長跑的骨骼、肌肉和天分。一般的馬倌都不敢說自己的馬能長跑。在蒙古賽馬是往前走60里地，再往回跑60里地。一般的馬根本不能一口氣這樣折騰120里地。我們在城市賽馬場看的賽馬，才跑1000多米，而在蒙古是長距離賽馬。當決定了用哪一匹馬參加賽馬，還要進行神秘的拴養。控制它吃草，一直到把它皮下、肚子裏的脂肪完全消耗掉，同時又不能傷害它的精神，讓它渾身都是精肉了，它才能跑下這麼遠來。

邢　拴它吃草不是更長膘了嗎？

李　拴起來是不讓它吃草。馬，你要不管它，它就不停地吃草。它是直腸子，一會兒，嘩，一泡屎就洩下來了，不像牛羊還要反芻。最後把馬拴得肚子就獵狗肚子一樣呈彎弓型，渾身瘦骨嶙峋，但它不是弱馬，而是具備了長跑的條件。平時拴這種賽馬，至少要拴一個半月。在這四五十天裏，每隔兩天，要跑一次這種距離。像運動員一樣。跑的當中，既訓練了馬，也訓練了孩子。讓騎在馬身上的孩子懂得如何駕馭這匹馬。因此，參加賽馬的人神秘感更強。

邢　賽馬讓小孩騎是為了減輕重量嗎？

李　對，全是讓小孩子騎，而且都是光背馬，不能轉鞍子，盡可能減輕重量。我們就想，要想讓蒙古老鄉對我們服氣，就得在賽馬上比他們強。最後就選了我的青馬。我這匹馬，老鄉看不起，因為它是改良馬。改良馬不耐粗飼，不像蒙古馬那麼吃苦耐勞，什麼惡劣的條件也能活著。改良馬需要有好的草場。老鄉覺得改良馬不經造（折騰）。我們堅定認為，改良馬有前途，蒙古馬難看，矮小，賣不出好價錢。這就是文化的衝突。我們就是要改良馬當坐騎。

　　我這匹馬，是牧場引進的卡巴金種馬的第一代兒子。從小桀驁不馴。參加賽馬那年，當我的坐騎也有三四年了。我們一直拴到參加那達慕大會得了頭馬——冠軍。

邢　拴的時候，也得讓它吃東西啊？

李　每隔兩三個小時就拴它一次。然後觀察它的糞便。夏天吃青草，馬本來拉的都是稀糊糊的糞便，但是拴的馬，高度吸收草裏的養分，最後拉的糞竟然掉到地上都摔不開，得像駱駝糞一樣得掰開看。這是很神秘的。從老鄉那兒聽到不少拴馬的秘訣，但我們認為大多是迷信的東西，不科學。我們則是根據從俄羅斯翻譯過來的養馬學——怎麼調教馬的心臟、肌肉，分別用慢步、快步、襲步來進行，而且一定要讓它夜裏吃草！蒙古老鄉的賽馬，夜裏一口草都不許它吃。而我們不但讓它夜裏吃草，而且還加了葡萄糖。葡萄糖有活躍三磷三腺苷的作用。

邢　真夠科學的。

李　後來，我們得了冠軍。老鄉服了！他們開始不把我們當漢人。認為是自己人而且比他們還厲害。他們有時當我們面痛罵漢人，根本忘了我們也是漢人。

　　我的《賽馬日記》1973年寫成，成為手抄本流傳，一直流傳到北大留學生那裏。他們看了非常驚訝！後來，有人編《草原啟示錄》，從我的日記中摘了一萬多字，收了進去。又被文革研究者

楊健注意到，把它當作史料引進《文化大革命中的地下文學》一書中去。我的日記有四萬多字，沒有全部發表過。當年是在蒙古包裏點了六根蠟燭，用了兩天兩夜寫完的。開始在信紙上寫，後覺得信紙會被踩躪壞，又謄在一個破爛的紙本上。紙本很快傳走，兩年以後才傳回給我。這個本我還留著，原始的名字叫《心弦》，是說賽馬怎麼牽動人的心弦。後來在《草原啟示錄》中改為《雅幹西勒日記》。現在有了博客，我就把過去寫過的東西都貼上了。

邢　這匹馬還活著嗎？

李　早死了。草原的氣候與草場的惡劣，一匹馬只有十五六年的壽命。通過賽馬，是一次重大轉變。牧民們認為我們全面蒙古化了。我們自己也有了巨大的成就感和榮譽感。

悠遠的長調　生活的轉折

李　生活的轉折，是大學重新開始招生以後。我們這些人不可能沒有上大學的夢想。

1972年，北京外語學院的老師，來我們旗招生，問知青辦：這裏的北京知青，誰的蒙語最好？打聽到我蒙語說得好，就來牧場找到了我。他讓我找來一個蒙古老鄉，說：你們隨便談話，我在一邊聽聽。結果，他非常滿意，說：「太好了，沒有聽出你與蒙古老鄉說話的差別來。」決定要我。但回去一調檔案，就黃了，不能要了。其實他是法語老師。他通過聽你說蒙語，考察你的學語言的能力。1974年，我又有一次上大學的機會，又因為我父親的問題，沒有去成。1975年，還有一次。這一次，招生老師說：你來起草一個給農林部（我父親單位）的函，只要他們說不影響你升學就行，我們有1%的「可教育好子女」的指標。我親自起草的這份東西，最後一句是：黃天祥的問題審查，是否應不影響其子女的升學問題，請回函。我想，回答不外乎：或者「是」（這

就違反政策），或者「否」。結果農林部軍代表那個壞啊！他們根本不回答你的問題，回函寫道：「經查，黃天祥的問題目前沒有發現和其子女有關」。你說這叫個什麼東西？！那意思是說，還有可能查出我與我父親有關的問題。

三次受辱，這個大學不能上了。

其實，到了1974年我們分場就只剩下我一人了。這時候感到很孤獨。在這之前，我曾和梁步庭有一次對話，梁步庭曾經和我父親同在湖北沙洋幹校。我問他：「以您的政治經驗，我爸爸的問題，還有沒有可能翻過來？」他想了半天，說：「沒有可能」。他那年去看胡耀邦的時候，還和耀邦說了這件事。耀邦很生氣，質問梁：「你為什麼不出來說話？你至少可以證明他不是叛徒。」說我父親是叛徒，是當年父親被派到土匪組織中工作，感化他們出來打日本，別和八路軍作對。結果土匪組織內部嘩變，把我父親捆起來了。他們又不敢惹八路軍，就把八路軍代表──我父親給放了。這樣，我父親在文革中就被打成叛徒。說：你要不叛變，怎麼會放你呢？其實檔案中早已經甄別清楚了。梁步庭說：「耀邦，你不知道，我不說話就是態度」。在幹校時，梁步庭與我父親在廁所見面都不敢說話。開鬥爭大會時，我父親太硬，雄辯滔滔，散會時人們說也不知道誰鬥誰！他連走資派都不承認。太不知道妥協！

三次入學不成，我就真正考慮紮在草原上了。我開始設計我的蒙古包，一定要讓它比老鄉的富麗堂皇。我鋪的是地毯，周圍一圈是掛毯，然後是書架。一看，這個蒙古人就和別人不一樣。覺得這一輩子是走不了了。

當時，蒙古老鄉真是想把我留下。我們大隊有個叫顏金的老太太，德高望重，是婦女的首領。她專門和我談了一次話。她說：「我的孩子，你為什麼還不結婚？」我說誰會嫁給我們這樣的知青呢？她說：「不！想跟你的人多了。你跟我說，你到底要什麼樣的？你是

要有文化的，還是要有錢的，還要長得漂亮的？方圓幾百里地內的姑娘，我可以把她領來！」她確實想讓我當草原女婿。

但是，一個人在草原的這幾年裏，我深深地體會到：我們不屬於草原。你總是在關心外面發生著什麼，北京發生著什麼，外國發生著什麼。「美國之音」在草原上聽得特別清楚，比北京清楚。我每天要聽兩三個小時。北京稍微有個政治上的風吹草動，就感到坐臥不安，就感到要發生什麼變化。再看看老鄉，他們的精神生活，只有馬頭琴，只有他們的歌曲，他們根本不關心外界的任何事。這時你覺得：他們才真正屬於這塊地方。這麼偏僻，恒無變化，他們覺得這是與生俱來的。

講一細節：我們第一次長蝨子時，嚇傻了！人身上怎麼能長這東西呢？人家告訴我用兩手指甲一掐，「嘎」就掐死了。我第一次掐時，渾身起雞皮疙瘩，掐不下去，害怕，嘔心。是小庭（梁步庭的兒子）幫我掐死的。後來一回到北京，就把所有的衣服放到蒸籠裏蒸。第二天，蝨子就沒有了。我們回去告訴老鄉說：我們回到北京就沒有蝨子了。老鄉根本不相信！說天底下可能有沒蝨子的人嗎？他們認為蝨子是與生俱來的東西。

剩下我一人後，曾經有一年我根本就沒有在我的蒙古包裏住過。這時，老鄉感到我一個人住，會有問題，因此，你會看到蒙古的老規矩出現了：早晨喝完了茶，我正想要幹什麼呢，老遠的，山梁上，一個老鄉騎著一匹馬，又牽著一匹帶鞍子的馬過來了，請我到他們家去。他知道你自己有馬，為什麼還要牽一匹帶鞍子的馬呢？這是一種迎接的禮儀：我牽一匹帶鞍子的馬來，你是不能拒絕的。老鄉怕我一人太孤獨。我在這個老鄉家一住就是一星期。等我回來後，山梁上又出現另一老鄉牽著一匹帶鞍馬過來……

邢　很有詩意，也很感人，你說完，我眼前出現的是電影的鏡頭。

李　我又到另一個老鄉家去住。每家都有我的專用被褥，綢緞的。睡

覺時，從大木箱子裏拿出乾乾淨淨的被褥，給我用。這是專門給我做的。他們自己是羊皮褥子，羊皮被子，往身上一拉就行。我的蒙古袍，也是老鄉給我做的。我成了個公共女婿。這一年我就沒有回我自己的住處。從一個浩特到另一個浩特。那年年初，我只買了七斤麵，回去已經成了硬塊了。這時，我已是分場主任、黨支部書記。好像成年在管理巡視似的。

等我再回到我的住處時，我屋子的玻璃碎了兩塊。炕上有兩隻死貓頭鷹，你說不迷信吧，也有點毛骨悚然！貓頭鷹進宅，好事不來啊！可能是貓頭鷹撞碎了玻璃，進來，出不去了。晚上我躺下睡覺，又有貓頭鷹叫……我拿上槍推上子彈出去一看，木椿子上站著一隻貓頭鷹在叫。連打兩天，打下兩隻，第三天還來。不知道為什麼？

邢　是不是你包裹死貓頭鷹的味？

李　不知道。總之冥冥之中感覺這地方不能待了。

同時，還發生了一件事：北部一個公社女知青和當地老鄉發生了關係，懷了孕。當時，中央有個26號文件下來，大意思是：迫害知識青年的要嚴屬打擊。其實，這女知青的事，不是什麼迫害，是兩情相悅。但把那個蒙古青年給抓了起來，判了三年徒刑。女知青在當地沒有辦法待了。旗裏認為，最乾淨的、從沒有緋聞的地方就是我們白音德力格爾了。這時，旗委副書記、武裝部王政委就對我說：「大同，能不能讓她到你們那去？我說那怎麼行？我們這裏怎麼能來有這種醜聞的人？」我當時也不知道她怎麼樣。王政委分管知青工作，說：「大同啊，你得給我這張老臉啊！她在那待不下去了。」我說，那好吧。她搬過來了。其實，她過來以後才知道，她很有背景。她父親是中央統戰部的一個處長；她的大姑父，是林彪的大哥（張浩）。她的小姑父，是原雲南省委書記閻紅彥。文革開始時，林彪還派秘書到她們家問有什麼困難沒有。這個女孩兒，屬於女中豪傑一類，14歲就到了草

原。那時和老鄉發生性關係的都是不懂人事的女孩兒。草原蒙古小夥子剽悍起來，也是很有魅力的。她糊裏糊塗，懷孕六個月了都不知道。找她姑姑，才知道懷孕了。事情鬧大了。

邢　是不是那個老鄉呢？

李　是他。在我們營地七八裏外，有一片湖水。夏天，我們常到那裏游泳。沒有想到，一年以後，這個女孩子淹死在這個湖裏。當時，我剛參加盟裏的一個學習班回來。上邊想把我當成後備幹部，讓我和旗一級的幹部參加這個學習班。回到我們知青的住房時，她不在，一夜沒有回來。

邢　她住在哪？

李　我們知青自己用草坯蓋了三間屋。男的一間，中間是灶屋，另一間女的住，她來了就住這間。夏天我們還住蒙古包。第二天，我和老鄉一直找到游泳的地方，找見了。沒有人，只有我的槍和她的藍頭巾。這在當時是很轟動的一件事，全內蒙都知道。兩三天撈不上來，後來，北京的潛水隊都出動了，38軍的偵察排也來了，還是沒有撈上來。我每天都在水裏潛來潛去，在裏面摸。

邢　水很深吧？

李　深不見底。因為水太冷了，水溫高的話一天就能浮上來。結果到了第四天，慢慢浮起來了。當時對我也懷疑啊，因為她和我住在一處房屋裏啊。1977年我在旗裏的黨校，遇到一位幹部對我說：「你是好人。」我說：「你根據什麼說我是好人？」他說：「你不知道，那個女知青死了以後，我就是調查組的，我調查了你們大隊的每一個老鄉，所有的老鄉，異口同聲地說，你是好人。一句你的壞話都沒有。這種事情，從來沒有見過。所以，解除了對你的懷疑。」

邢　你不是剛從旗裏開會回來嗎？你不在場啊？

李　但我沒有人證啊。他當然會懷疑你了。
　　她埋在我屋前200米遠的沙坡底下。你看，先是貓頭鷹叫；後

又死了一個人；而後，我們的狗又半身不遂了。很怪！它是一條能抓狐狸、非常優秀的獵狗。有一天早晨，突然就半身不遂了。我怎麼餵它，它都不吃，看都不看一眼飯食，就是眼淚汪汪地看著我。又一天早晨，我發現狗沒了。狗臨死之前，會恢復到狼的本性，不死在主人家裏，要死在野外。它硬是用兩條前腿拖著後腿，翻過我們前面的大沙包，到一個沙坑底下，死在那兒了。我挖了一坑，把它埋了，壘起一座小墳，插了一個木板：寫著「愛狗」。

這時又發生了一件神秘的事情。我們牧場場部正南面有一個大高坡，高坡上有一棵巨大的樹，在草原上老遠就能看見這棵大樹。這棵樹在1977年莫名其妙地倒了。這一系列的事疊加起來，你再不信鬼神，心裏也打鼓。讓我覺得知青在這兒的氣數到了。已經到了第九年了。所有的夥伴都走了，新來了一個女的還死了，貓頭鷹、狗、樹……我也應該走了。

本來，我是堅決拒絕到旗裏當幹部的。旗裏早就想調我去當幹部或當中學校長之類的，我斷然拒絕，覺得還是當牧民好。如果我在草原，我只當牧民，可以自由自在地生活。這回，我接受了旗裏的調令，先到阿巴嘎旗黨校當教員。調令早在1977年初就下來了，我是到1977年底才走。我要培養出合格的會計和出納才能放心走。我相中了一個馬倌兒，上過初中，在當地文化水平就是最高的了。我讓他住到我的辦公室來，每天教他——收入怎麼登，支出怎麼登，怎麼平衡，怎麼計算工分。他和我住了半個多月，一天到晚打算盤。直到我覺得他懂了。

臨走前，老鄉們全來送我。這時，我的辦公室還在夏營地，老鄉們已經搬到冬營地去了。冬營地離夏營地有七八十里路！那天晚上，我們大隊所有人家除了看畜群的外，都坐著牛車往大隊部來給我送行。冬天啊，男女老少，殺牛宰羊開始燉肉。然後我們大隊兩個最好的歌手跪在我面前說：「大同，原來你讓我們給你唱

蒙古老歌，我們不敢唱。今天，你點哪一曲，我們就唱哪一曲。一個唱高音，一個唱低音。

邢　都是男的？

李　男的。整整給我唱了一夜。我是喝一口酒，點一支歌；再一口酒，再點一支。

邢　為什麼要跪著？

李　蒙古人唱歌不能坐著，只有跪著才能發聲，唱他們的長調。我們老馬倌哭得，「江州司馬青衫濕」啊！他70多歲了，五十年代全內蒙摔跤手第五名啊！袍子都哭濕了。真把我當成自己人了。我也很心酸。但我知道知青氣數已盡。老鄉們富裕有錢了；我們賽馬贏了；蒙古語言文字學會了；接班人培養了；能走的人都走光了，我已經盡到最後責任了。

其實，到了黨校也沒有什麼事做，一年培訓一兩次公社書記和旗裏的局長們。講毛選五卷，講無產階級專政下繼續革命的理論。但是黨校有個很好的圖書館，我一天到晚就是讀書。大概到1978年初，內蒙要開自治區團代會，把我借調到那兒去起草報告。

這時，我父親已經平反了。父親一平反，他過去的資源就開始發揮作用了。《中國青年報》要復刊，要招收第一批記者。聽說老黃的孩子還在內蒙，怎麼辦呢？讓他拿點作品來，看看能不能當記者？招第一批記者，報社都是三個人去考察：記者部主任、人事部主任、編輯部一個部門主任。每一個記者，當面考察，所有的作品都要拿來。我呢？沒有在報上發表過一個鉛字，沒有上過幾年學。後來他們問我：有沒有寫成文字的東西讓我們看一看？我告訴他們：有一本《賽馬日記》。另外有給家裏人的信。那時，給家裏人寫信經常討論局勢，一寫就是上萬字。我說只有這些。他們說拿來看看。報社一個副總編輯看後說：「很好。《賽馬日記》證明文字功力很強，信證明思想非常解放。」結果，一紙調令就發下去了。我是第一批記者裏，唯一一個沒有經過任何

考察就進來的。

開始當內蒙古記者站記者，幹了兩年後提升為機動記者，然後當編輯、編輯部主任。大體經歷就是這樣一個脈絡。總的來說，我們草原知青，是以幹部子弟為核心的一群人，保持了一種狀態。不頹廢，總是有生活的熱情。在一種異族文化內找到自己生活的樂趣，並能夠施展抱負，還能不間斷地閱讀。當然後來回北京後，我也參加了自學高考。兩年後順利拿到文憑。在報社工作沒有文憑不行。

草原文化再品味

邢　你當時已經決定在草原紮根，沒有打算在草原戀愛結婚嗎？

李　其實，我在草原也有一段初戀，但最終我放棄了。因為我認識到我不可能在草原永遠待下去，我是要走的。我在草原，會適應草原文化，而蒙古姑娘到了北京，會立刻枯萎。後來那個姑娘失戀後，人比黃花瘦。做出這個決定後，我也不敢去她們家了。她也是一個上海孤兒。

邢　是你原來房東家的那個姑娘嗎？

李　不是，是另外一個上海姑娘，叫琪琪格。別的上海姑娘連同膚色都被同化了，根本看不出是漢族人。唯獨這個姑娘完整地保留了江浙一帶人的膚色，一點都沒能變，白白淨淨的，永遠吹不紅。我們知青開始曾惡作劇，告訴她：你爹你媽都在上海。她就「呸、呸！」地惱我們，根本不相信。時間久了，她信了。相信以後，開始拼命地學漢文，而且不願意穿袍子了，喜歡漢人衣著打扮，讓我們從北京給她買高級的香皂和雪花膏。人一旦有了民族歸屬感，她會下意識地改變作派。對我來說，那也是一段很美的初戀。我當青年突擊隊隊長時，她是鐵姑娘隊隊長。我們有一段時間建草庫侖，日夜在一起，感覺很美好，夜裏兩人在月光下騎馬徜徉……當她已經完全投入的時

候，我覺得不能再這樣下去。我不可能娶她，我肯定是要走的。我沒想到能在草原待十年，太久了。原來想能待四五年就不錯了。

邢　等你的同伴都走了自己你還待了幾年？

李　我一個人待了三年啊！如果我不是和牧民有這種交情，根本是待不住的。

邢　你給他們當家的時候……

李　是他們生活最好的時候，蒸蒸日上。當時我們已是經濟收入最好的分場。

邢　算是農業學大寨的典型？

李　我們是牧區，沒有多少可學的。但我也是先進知青的代表，去過大寨。擔任分場主任以上的知青，組織到大寨參觀過。我屬於被自治區培養的幹部苗子。當時還找不到像我這樣蒙漢兼備的苗子。上完盟裏的學習班後，還要到自治區的學習班去。

邢　如果你不回來，可能會到了自治區的領導幹部層了。

李　但是在那地方，漢族永遠不能擔任各級政府的一把手。有些人，在漢族區長大，一句蒙語不會，但他是蒙族，就能當一把手；你一口流利的蒙語，也永遠只能當二把手。二把手基本不能按自己的想法幹事。

邢　我還想請你談談文化碰撞的體驗。

李　蒙古族的文化，除了賽馬、摔跤，還體現在所有的器物上。也可以說是馬具文化。比如，馬絆。馬晚上要吃草，你不能讓它走遠了，就設計出一種馬絆。讓兩條前腿和一條後腿被絆在一起。可以走著吃草，但不能走很遠。

馬絆是用皮條擰出來的。一開始，我們以為，最好的馬絆，做好以後，應該能直直地豎立著。但是我們發現，我們做的馬絆，給馬戴上以後，馬的蹠部，總會被磨出血。我們特別奇怪，拿我們做的馬絆和老鄉做的相比較，看不出什麼區別來。後來，有一

次，一個老牧主到我們包裹來喝茶，他叫金巴。原來整個牧場都是他的。他一看我炕桌上的紫檀木算盤，就說：「這是我的。」

邢　哇！

李　我心說，這個還鄉團，還記著呢！但是牧民們都說，所有牧民的活技，手藝最高的就是這個老金巴。我們對老金巴說：「給你酒喝，你幫我們做一個馬絆。」他說：「什麼酒？」我們說：「北京二鍋頭。」草原上的人喝不到這麼純的高度酒，他們喝的都是破薯乾酒。他嚐了嚐：「嗯，好酒！」喝完了，說：「皮條呢？」拿過皮條，往腳上一纏，然後就「欻、欻……」往手上吐兩口唾沫，根本不讓人幫就幹起來。我們做的時候，還得一個人拽著皮條，另一個人用刀。他幹起來就像耍雜戲一樣，手在飛快動著。一會兒，一個馬絆子做出來了。猛一看，他做的和我們做的也沒有什麼不同。我們就問他：「你做的馬絆和我們做的馬絆，到底有什麼區別？」他說不出來。只是說：「這是我做的嘛」。但是特別怪，用他的馬絆，馬蹊就是不出血。後來，我們一個細節一個細節地對照，就發現，他的馬絆和馬腿接觸的部位，皮條割得要比我們的窄兩毫米。細微之差，就差在這兩毫米上！你知道嗎？這就是文化。

更奇妙的是，我們把馬絆塗上油，掛在桿子上，老鄉們進來喝茶，抬眼看到這個馬絆，就說：「這是金巴做的吧？」一眼就看出來了。同樣一個馬絆，人家一看，就知道是金巴做的。他從哪兒看出來的？人家做的就顯得高貴、不凡。

邢　透著他的貴族氣質。

李　真讓人暗暗稱奇。他做的器具是有一種人的氣度在其中的。你不能不服氣。

邢　你們和金巴熟悉嗎？

李　熟悉啊！

邢　你們沒有慢慢地讓他聊聊他過去的家世嗎？我覺得蒙族貴族的生

活，應該是蒙族文明程度的體現。草原文化可能多沉澱在他們的生活方式中。

李　沒有。因為他們進知青蒙古包都是小心翼翼的。他們認為你是漢族，又是北京來的，偶爾看到你這兒沒什麼人，他才進來喝茶。倒是也經常來，但沒有想問他過去的事情，只是想把他的手藝偷下來。讓他做馬嚼子、絆子，我們看著他怎麼做，拿他的做樣本和我們的比較，哪兒粗，哪兒打結扣；特別是馬絆子前腿分岔處，到底分多少？一把，還是一把半？我們原來沒有把握。金巴一來，一按他的做，就弄清楚了。草原的牧主和內地的地主不同，牧主都是勞動能手。因為他有生產資料，勞動技能他們最全。連個牲口毛都沒有的，就是二流子。當然「地主」也是被執政黨扭曲的概念，很多地主富農也都是勞動能手。

另外還有一個汗貝喇嘛，也是一個大牧主，阿巴嘎旗原來就叫汗貝廟。汗貝喇嘛一看就雍容華貴，氣質不凡。草原上原來的精壯漢子一律當喇嘛。喇嘛不能成婚，導致人種退化，剩下的都是歪瓜劣棗。身高馬大、漂亮的都要去當喇嘛。共產黨來了讓喇嘛都還俗，延緩了種族上的危機。原來蒙古族是多麼剽悍的民族！後來不行了。

邢　關於文化特徵方面，還有些什麼？

李　還比如套馬。如果讓漢族人去套，就比較功利。衝上去，把桿上的套一揚，套在馬脖子上，往後一坐，桿子往後一抻，就算是套住了。但是蒙古人不然，他們一定要在飛跑追逐當中甩出最漂亮的弧度來。桿上有一米多長的繩，套馬時，一定讓繩套兜起來，再往前一送，讓它整好套在馬嘴上，再一抖，讓繩套正好兜在馬咽喉處。這才是最漂亮的套馬。而且不能用兩隻手。即使撒了桿子，全場也是一片喝彩。

他們的摔跤也令人神迷。我們分場的倫德格曾代表內蒙到外蒙參加比賽。他身高一米八幾。他講起當年他的摔跤，聽得我們目眩

神迷。

倫德格將近40歲的時候，基本上不怎麼摔了。這時東烏旗來了一個摔跤手，叫乃登。乃登曾經作為後備苗子選到國家摔跤隊，得過全國羽量級冠軍。但是他無法忍受城市生活，就跑回到草原。他這個全國冠軍摔那達慕還不是小菜一碟？內蒙各地開那達慕大會時，他就戴上十幾個馬籠頭拴在馬鞍子上，到處參加比賽。每到一處，肯定拿冠軍，獎品是一匹二歲公馬。那時，那達慕大會上，經常看著他騎著一匹馬，牽著一溜二歲馬，咔、咔、咔地過來了，都是他的獎品。1963年，查幹諾爾公社（牧場附近）那達慕會期間，乃登牽著五匹馬來了。他知道倫德格的厲害：一腿掃過來一般人都得橫著出去。我們那兒一個老復員軍人叫嘎拉登，是倫德格的助手。他一看乃登牽著五匹馬來了，就是已經贏了五個那達慕，摔倒了天下英雄，嚇得把馬籠頭揣到懷裏。一個那達慕大會，512個摔跤手，他一路下來要摔倒多少人啊？我問倫德格，你贏了還是輸了？他說，你猜。我說，如果純憑技術，你贏不了他。他說：「對！我是贏在經驗上。」他就給我們講了那次摔跤的經過。那次就是他們倆決冠亞軍。

他說乃登也很小心，兩個人互相架住以後，以一隻腳為軸心，另一隻腳慢慢挪動，找對方的破綻，誰也不敢出第一腳。真正的摔跤高手是要借力打力的，永不先出招兒。你一旦先出招，他就會四兩撥千斤。倫德格這種傳統的摔跤手更是這樣，從不主動出招兒。他們開始就是慢慢地走，走了十幾分鐘，兩人都沒敢出腳使絆兒。全場屏心靜氣，都不敢出聲。倫德格說，走著走著我看到旁邊有一粒豆子大的小石頭。我不動聲色，繼續往那邊挪。蒙古摔跤手的靴是平底的，等看到乃登一隻腳整好踩在那個小石頭上，我「啪——」的一腳，閃電般地打過去，乃登腳下一滑，單腿一個膝蓋沾了地。他輸了！聽得我們驚心動魄。

這種文化是讓我們折服的。平時，我們體會不到那麼細緻的東

西。後來，每次那達慕會上倫德格是當然的裁判長。有一年讓倫德格表演，乃登已經是超級冠軍了，他的摔跤服上有80顆銀釘，他把自己的摔跤服捧到倫德格面前，意思是，只有倫德格才配穿這套服裝。這一切，我們都很欣賞，感到崇高，有一種榮譽感！這就是讓我們感動，沒讓我們絕望的草原。

有一次，我到場部開會，路過一家浩特，連馬都沒有下，開玩笑地說：「今晚我在你們家吃飯！」結果牧場的會一直開到夜裏，我黑燈瞎火地往回趕。一下馬，一進那家門，鍋上正在咕嘟咕嘟蒸著包子。我路過他們家時，他們家的麵條已經切好，要下鍋了。一聽我說要到他們家吃飯，麵條不吃了，當即殺羊。切肉丁，包包子。

邢　啊！

李　包子包好了，一家人都不吃，等著大同來。我一進門，就拿酒。這時，你會感到這地方值得待。他們生怕我走了。即使後來我走不了，也不會絕望。

邢　你再說說無論是男人還是女人，他們的生活態度？

李　他們是完全聽天命的。沒有任何追求。我就這樣活著，祖輩讓我這樣活著。除非你給了他新的刺激和引誘。那年，我把對我們最好的牧民老鄉老戴請到了北京。我說，老戴你這輩子洗過澡嗎？他說沒有。我說到北京願意洗澡嗎？他說：「洗，洗。」到了北京下了火車，我們在東單的一家比較高檔的清華池要了單間。單間外面有床，裏面有淋浴，也有澡盆。五角錢。老頭一進到大屋裏，看到大池子裏一池赤條條的人，就傻了。他哪見過這陣勢？嚇得跌跌撞撞的。我說別緊張，咱們是單間。脫了衣報，胳膊肘上黑嘎巴兒厚厚的，我幫他用絲瓜瓢搓啊，搓啊！所有內衣都讓澡堂洗乾淨熨燙後再拿來，消滅蝨子。

邢　一輩子沒有洗過澡的人洗完以後，是否適應？

李　舒服死了。紅光滿面的。

邢　你們在草原也從不洗澡嗎？

李　不洗，我們只是夏天去游泳。冬天不僅不能洗，還得往臉上抹羊油，否則馬上就生凍瘡。太冷了。

邢　你們帶內蒙老鄉都到哪裡玩了？

李　故宮、長城、頤和園，所有名勝都去了。連自然博物館都去了，大開眼界。還給他專門製作了一個大相冊讓他帶回去，上百張照片呀。據說，老頭講了一年相冊上的故事還沒講完呢！在草原上，蒙古包門都向東南，一到北京他就暈了，不辨方向，到處都是窗戶。有一次在王府井，差點把他丟了。

實際上，到後來，我們已經不認為我們是知青了，而是漢文化的使者。在和蒙古文化較量了一番後，雙方握手言和。文化是平等的。你有你永遠勝出的地方，我也有我永遠勝出的地方。總之，在草原，我們過得還是比較愉快的，甚至可以說是形成了一種氣質。

在很大程度上，這段生活決定了我們以後的人生態度──積極、樂觀，熬得住，不怕孤獨和寂寞。這是一筆寶貴的人生財富。

2006年4月4日李大同核定

【6】親歷「四五」運動——賀延光訪談

賀延光，生於1951年，1976年曾投身天安門廣場的「四五」運動，為此入獄。平反後當選為共青團中央委員。現供職於《中國青年報》，為大陸著名攝影家。

時間：2006年2月17日

地點：中國青年報社四樓會議室

邢　想請你談談文革的經歷。為了說明青年時代的一些選擇，先簡單談談自己的家庭。

我的童年

賀　我屬虎，虎尾巴，差7天就屬兔了。1951年1月30日出生。我父親是陝西渭南人，當時在部隊。我母親已經隨軍，生完我帶著我回老家住了一段，又帶我返回部隊，當時我父親部隊駐紮在內蒙五原縣。

我父母的家庭成份都是地主。母親十幾歲時就嫁給了我父親，當時父親還在學校讀書，先在陝西蒲城楊虎成辦的一所學校，後又轉到西安。學上了半截兒，父親就和幾個同學投奔延安去了，對家裏來說，是不辭而別。一直到全國解放，爺爺帶著我母親找到父親的部隊，把我母親送到他身邊。

解放後，母親沒有出去工作，是個純粹的家庭婦女。但她的識大體與堅韌、理性的性格，在一般的家庭婦女中很少見。只是一談到父親十幾年沒有音訊的那段日子，她就淚流滿面，你會體會到母親受的傷害之深。因為那段日子，她在爺爺家很受氣。父母一吵架，只要母親一提那段日子，父親就沒話可說了，給我印象非常深。

我姥爺家雖說是地主，他卻上的是北京大學，後又投奔廣州的黃埔軍校，是第四期步兵班的，參加了共產黨。畢業後分配到武漢

工人糾察隊任中隊長。1927年國共第一次反目為仇，「4‧12」後姥爺在武漢被捕，又押解到廣州。在懲戒場臨刑前他給他的哥嫂寫了一封信。這封信，我母親一直留著，我上中學時父親就給我看過。姥爺沒有講什麼革命道理，是以家常話方式的臨終託言。他希望哥嫂對自己身後留下的兩個孩子「以親子待之」，並和哥嫂的兩個孩子一同，「使之讀書成人」，希望老母親百年後能與父親合葬，「祈哥嫂勿違母意，勿負弟言，則弟雖死猶生」。

姥爺鄧烈權死於民國十七年九月初四。這封最後的家書和他任糾察隊長的照片，保存至今，我們家已傳了兩代，迄今78年了。這之前，姥爺給姥姥也有家信，希望她孝敬老母；並叮囑：對女兒，就是我母親，一要讓她讀書，二不能裹小腳。所以，我母親上了幾年私塾，這在農村婦女當中是少有的，但是腳沒有保住，還是纏了小腳。

我的父親離家以後，我爺爺家雖然是地主，但因兒子投了八路，在國民黨政權方面，也不得好，爺爺曾被吊在房樑上挨打。父親從小喪母，爺爺娶了繼母，生下幾個兒女。我父親對繼母、對同父異母弟妹、都很好，相處關係不錯，我們至今來往密切。

北平和平解放，父親所在部隊收編了傅作義的起義部隊。父親作為改造舊部隊的幹部從共產黨的67軍派到傅作義的起義部隊，這支軍隊就是改編後的69軍。

邢　您父親在延安待了多少年？

賀　1938年底到1939年初，他先是在陝西三原縣安吳堡加入了「青訓班」，班主任就是後來團中央的第一書記馮文彬。又移住到延安的橋兒溝，後來又報名參加了華北聯大青年部，校長是成仿吾。華北聯大是現在中國人民大學的前身，1980年代初我父親還接到人大校慶的請柬。

我父親在延安待的時間不長，1939年底就隨部隊進入到敵人後方，抗戰時期一直在晉察冀。

邢　你父親還健在吧？

賀　2003年去世了。抗戰時他所在的部隊為聶榮臻、楊成武所屬，一直在華北地區作戰。長江沒有過去，飛機沒有坐過。父親是一個師的敵工科長、宣傳科長。父親的實際文化水平就是初中，中學沒有讀完就參加了革命。但他在部隊裏算是有文化的人。我聽父親說，收編傅作義的起義部隊，改造過程很複雜，下面經常發生嘩變，殺共產黨的幹部。那時，共產黨的紀律很嚴明。我記得他說過，部隊管後勤的一個協理員因貪污了戰士的棺材費被槍斃了；一次打仗，因天線晚架了幾分鐘，又把誰槍斃了。父親說，當1953年他被提拔師政治部主任，軍區的命令都下來了，只是還沒宣佈的時候，因一點小事，他打了起義軍隊一位副團長的兩個耳光，結果他的提拔不僅泡湯了，還受了個行政警告處分。總之，在我印象中，部隊的紀律，鐵一般不可侵犯。

小時候，還有印象的是，部隊在河北定興縣的鐵路邊住過，房東老百姓家的姐姐時常把我抱到木梯子上扒在牆頭看火車。還記得再大一點，隨母親在部隊的家屬隊，大人們吃飯的時候，逗我，讓我講話，我就蹦到一個小板凳上，學大人的口氣，攥拳頭說：「同志們，我們一定要解放臺灣！」說完就跑，後面一片笑聲。我就在這樣的環境裏長大的。

邢　後來，你母親一直沒有工作嗎？

賀　沒有。隨軍後，就當了家屬。她原來有幾年私塾的基礎，在家屬隊，又識字學文化，所以，看報、寫信都可以。

父親後來參加了抗美援朝，家屬留守在哪兒，我記不住了。只記得母親得了一種叫骨結核的病。部隊1953年從朝鮮回來後，駐防在天津。我母親在天津部隊醫院做了手術。術後，她在石膏床上躺了半年多，不能動。她被去掉了三根肋骨，補了六截骨頭，不銹鋼的鋼背心穿了多年。從此，成了殘疾人，腰也直不起來了。父親從朝鮮回來，部隊又開拔到內蒙包頭市，幾年後集體轉業，

改稱：建築工程部第二工程局。他在局裏當宣傳部長。包鋼、和很多大的企業，都是他們建的。被當地稱之為「華建」。有一年，母親回老家，我跟著父親吃食堂，那是三年困難時期。一天中午，我排隊打飯，怎麼等也等不來我父親，後來只見他風風火火地跑進來，拉了一條凳子，站上去大聲向人們說：現在發生了重大事件，有40多個孩子中毒了，趕緊去搶救！大家奪門而去。後來才知道，這些孩子是把木板車上裝的一種什麼化肥當白糖吃了。父親的一呼百應，給我留下了很深的印象。困難時期，我家在包頭。印象就深了。

邢　您父親當時是多少級？

賀　14級。他這個級別困難時期有點補助，也就是每月有一兩斤白麵，黃豆之類的。

邢　您父親1938年去延安，這個級別定低了吧？

賀　可能和他離開部隊，又去了偏遠的地方有關，和去的某類部門有關。以後我懂點事了，和別人爸爸的資歷、官位比，我也知道這個級別並不高，但我父親根本不把這些放在心上，至少我從小到大沒聽到過他的怨言。

困難時期，有些事情我記得比較清楚。我母親省吃儉用，總把我們見不到的一點點肉，熬成油存起來，好幾瓶子，直到1964年我們家從包頭搬進北京，我母親還把幾瓶豬油帶了過來。可見不知道存了多少時間。困難時期，我和弟弟在一起吃飯，經常發生衝突。有一次，一個小碟中有那麼一點點土豆絲，少得都可以數出有多少根。僅僅因為我一筷子夾了一根土豆絲，我弟弟一筷子夾了兩根土豆絲，我就朝弟弟一拳頭打了上去。這種事不止一次，而是多次出現這種情況。我母親當然總是罵我，因為我大。其實沒有別的原因，就是餓的。

邢　你們兄弟姐妹幾個？

賀　就我和弟弟兩個。母親1953年生了弟弟後就得了病。

困難時期，還有一件事。當時我讀小學，放學後到一個同班同學家去玩。他父親與我父親在一個單位，是位副局長。我在他們家廚房，見到核桃那麼大的一塊肉泡在小碗裏。我當時總是處在饑餓狀態，見到吃的東西更是頭昏眼花，一看周圍沒人，用手把肉抓住，趕緊放到嘴裏。一咬，咬不動，才知道肉是生的。生肉那麼難吃，又咬不動，但我絕不吐出來，硬要把它咽下去，憋得臉通紅。從此，這個同學家我再沒有去過，作賊心虛。也不知道人家知道不知道，想起來，心裏至今都有愧疚感。

困難時期，我父親的一個學生常來，他姓蕭，是我父親部隊在河北抗戰時組織的兒童團成員。這時，他是包頭代號XXX工廠——記不清是做大炮還是做坦克的保密廠的副廠長。他星期天經常到山裏打野兔，總是給我們家送來一隻，這時，是我們家最高興的時候。

我也經常到我父親的同事家串門，若看到人家桌子上有五元錢，就毫不猶豫地拿走，出門買糖吃。餓啊！

春節時，還是要過年的。我們家包的餃子，面又黑又硬不說，餡還是麩子做的，就放點鹽。我和弟弟狼吞虎嚥地吃，我媽就罵我們：不許再吃了！昨天哪兒撐死一個，前天哪兒又撐死一個。因為，過年能吃飽。你看，過年家長警告我們的是別撐死，可見平時餓成什麼樣了。

那時，我和同學到外面去玩，經常發現沙坑裏有死嬰兒，有男，有女。所謂外面，離我們家不遠就已經是荒郊野外。但是那時，我們不會去想，為什麼會有死嬰？死嬰兒是經常能見到的，以至於我們到郊外去玩的興趣，就是看誰先發現了死嬰兒。

上小學我在包頭青山區華建第一子弟小學讀書，我的成績不錯，尤其是語文。我的一篇作文，在青山區，還得了什麼獎。我還記得有一次上課，老師讓我們用「畢竟」這個詞造句，我寫的是：史達林同志雖然犯過錯誤，但他畢竟是一個偉大的馬克思主義

者。老師把這個句子作為範文在班上朗讀，大為誇獎，很多同學很佩服我。

邢　多有「思想」！

賀　可對我來說，這是很自然的。那時正在和「蘇修」論戰，父親是搞宣傳工作的。我對「九評」的文章，不自覺地聽，自覺地聽，還把聽到的東西拿到同學中去炫耀。記得九評中還說，鷹有時比雞飛得還低，但雞永遠不會飛得像鷹那麼高。那時，我父親有兩個當醫生的朋友，是夫妻，常到我家來。記得那位叔叔，來了就找《參考消息》看。人們關心時事，關心政治，而《參考消息》是有級別範圍的，一般人根本看不上，好像他們來我家就是為了看這樣的報紙。我怎麼會造出這樣的句子？就是看這樣的報紙，聽這樣的廣播，這就是家庭的生活環境，而同學中的工農子弟居多嘛。

1963年我父親從包頭的建工部二局調到北京的建工部華北建築工程局——又叫八局，局機關設在了北京，仍然當宣傳部長。到我們全家來北京時，他已經在北京工作半年了。父親打前站，也負責解決分配家屬住房問題。我們家分在永定門外的一處，離我父親單位很遠，騎車得70分鐘。房子是借建材部的，非常小，大的一間，12平米；小的一間，也就8平米。我們這一層有三套單元，兩邊的單元房子大些——三居室大的一間，就有30平米，小房子比我們的大房間都大。我們是中間一套兩居室的小單元，比包頭住的都小不少。後來我曾問父親，為什麼他們都比你級別低，住那麼大房子？他說，一，我管分房子，不能給自己分大的；二，咱們家孩子少，人家三個孩子。他說得很輕鬆，認為天經地義，沒覺得吃了什麼虧。這也是他們那一代老同志的品格，對我是有潛移默化影響的。

對我和弟弟來說，房子大小還在其次，重要的是我們搬到北京來了。這是我們多嚮往的地方啊，是住到了毛主席身邊了啊。

邢　我印象中永定門一帶很荒涼啊。

賀　我們那兒現在還那樣，幾十年變化不大。

　　我上學在92中，離我們家很近。但是外地來的孩子剛一進校，很受歧視。人家覺得我們外地教學水平不行。給我分的那個班又是蹲班生集中在一起的一個班。我在班上年齡最小，和同學相比不是小一歲，至少小兩歲。因為我還早上了一年學。我遇到一個非常嚴厲的班主任老師。記得，我到這個學校的第一次班會，他就很不客氣，說：「有的同學不懂禮貌，見到老師都不會說『您』，什麼你、你、你的？」我們在內蒙，說話是沒有「您」、「你」之分的，他把我嚇得夠嗆。我那會兒，也不刻苦，尤其學俄語、數學、音樂，真是讓我受罪啊。父親又嚴厲，總為學習的事打我。單為學不好珠算，不知道挨了父親多少打，可我就是學不進去。我在班上的學習成績屬於中下，而且還是在一個蹲班生當中。可見我的學習是什麼狀態。

　　我們那會兒上學，經常勞動。比如我們到農村參加秋收，到龍潭湖公園參加修建人工湖，挖泥推土。我個子小，但勞動表現非常好，學會了挑擔子、推獨輪車。上中學時，參加比較多的政治活動，就是到天安門遊行。為聲援古巴、越南、巴拿馬運河，一次一次地遊行，都是走著去走著回。但我高興去勞動去遊行，可以不上課，覺得是一種解脫。就這樣熱熱鬧鬧又戰戰兢兢地在這個學校讀到初三。我弟弟學習好，考上了男26中——現在的匯文中學。我能不能考上高中，家裏給我的壓力很大。就在我復習功課，準備考高中的時候，文革開始了。

我的文革

邢　文革開始停課鬧革命時，你是什麼心情？我當時是初中一年級，就有了一種解脫感，總可以不上課了。你呢？

賀　對！我就是一種解脫感，很興奮。我上學時，一放學就往家跑，

要聽袁闊城的評書——《平原槍聲》、《烈火金鋼》。覺得學習是個痛苦的事，課外總尋找釋放。所以文革初，感覺是一種解放，積極給老師貼大字報。比如，那個批評我不懂禮貌的老師是偽警官出身，而我們是革命幹部子弟，我就說他階級立場怎麼怎麼樣。但是，我們班主任馬宗啟，是個業務非常好的骨幹教師，他不太得志，一是家庭出身，一是嘴厲害。開始給他的大字報不少，工作組進來不久，他又成為大字報管理委員會主任，很快，他又靠邊站了。我們校長姓孟，是老北平地下黨，級別13級，平時身體不好，不大來學校，運動初期也被剃了光頭。

邢　你的成份，是填「革幹」嗎？運動初，參加了紅衛兵？

賀　開始也填過「革軍」，那時從心底裏覺得出身於革命軍人比出身於革命幹部家庭還值得驕傲。我最初是當然的「紅五類」，也是我們學校最早一批的紅衛兵。我們學校地處北京南城貧民區，幹部子弟很少。我們班幹部子弟就一兩個。後來轉學來了一個軍隊幹部子弟，他幹部子弟習氣更明顯，與同學們接觸不多。

　　北京市的「文革」，開始是批彭真，區裏開會我們也去，回來也寫大字報。「文革」給我們最明確的信號，是使我們心中有了「敵人」——市長也好，校長也好，都成了敵人。我覺得自己像是走上了和父輩同樣的道路。我父親17歲參加革命，文革時，我15歲，真是有一種莫名的興奮感，參加革命啦！

邢　文革初，批鬥老師，是不是你領頭呢？因為你是幹部子弟。

賀　不是。文革初，我雖然是我們班裏紅衛兵一個小隊的頭，但為什麼沒有領頭參與鬥老師呢？因為我對我們老師有一種敬畏感，我前面說了，我來到這個學校這個班，一是因為從外地轉到北京的，年紀又最小，有一種說不清的自卑感；二是因為自己功課不靈，一開始就怕我的班主任，也有一種畏懼感。紅衛兵開始興打人的時候，我是一個觀望者，既沒參與，也不知道去制止。為什麼不去制止？因為那是「革命行動」。比如鬥校長。他是地下黨

出身。傳說，地下黨中叛徒特別多。我們家是根據地來的，就對地下黨有一種天然的懷疑。你知道，那時在幹部子弟中，出身紅區、白區，經緯分明。黨史上也有這種山頭啊！

為什麼我沒有參與打鬥老師、校長呢？因為我父親曾在社會上剛亂的時候就警告過我，說：解放軍的三大紀律八項注意，有一條是不虐待俘虜。現在社會這麼亂，有的紅衛兵打人、甚至打死人，這是違反「三大紀律、八項注意」的。我父親對我講別的道理，可能沒有用，但講「三大紀律、八項注意」，是起作用的，因為我從小就把當兵作為自己的最高理想，而「三大紀律，八項注意」是對革命軍人的基本要求。所以打人的事我從沒參與過，這真的應該感謝我父親。

我曾經參與抄一個數學老師（姓張）的家，我去的時候，他家已被翻得亂七八糟。我記得他家有不少膠木的電唱片，那東西，我們家沒有，就印象很深。後來，我還跟著學校一批人到天津造反，晚上沒有地方住，就去澡堂子住。一進去，才發現那裏已經有不少北京來的紅衛兵了。當時我們帶的紅袖章，是沒有字的，而他們的袖章已經有了「紅衛兵」三個字。我們參加了砸天津的一個教堂，也弄不清是天主教堂，還基督教堂。記得打開一個櫃子，裏面擺滿了高腳酒杯。我拿起酒杯就往地上砸，那玻璃杯摔到地上的聲音很好聽，覺得很開心。當時砸教堂也不止我們一家紅衛兵，北京、天津，哪兒的都有。紅衛兵把神職人員趕出來，讓他們穿上神父的衣服，低下頭。又把神職人員們的宗教服裝，堆起來，一座小山包似的，用火燒。外面工人們敲鑼打鼓，支持紅衛兵「破四舊」的革命行動。另外，我們在街道居民的引導下，還去抄資本家的家。有的資本家不知是因為沒什麼家底，還是因為有了些準備，也沒抄出什麼驚人的像樣東西。我記得最深的，是我們終於在一個人家的箱子裏，發現了幾個核桃那麼大的金元寶，是用爛棉花什麼的

包裹著的。我們把這些戰利品清理造冊後，上交了。那時，紅衛兵多數是以革命行動自居，抄是抄，都上交。但不久，就聽到有紅衛兵貪污查抄物品的事了。

回到北京，已經有打死人的情況發生。比如，崇文區欄桿市街道打死了一個婦女。打死人的是女15中的紅衛兵。這是我第一次聽到的打死人的事。後來，還聽說大興縣有滿門抄斬的事，地富家庭，男女老幼，一個不留。

我們學校打人的事也升級了。開始是給所謂的黑幫們——校長、書記剔光頭，讓他們低頭在操場遊街示眾，唱黑幫歌，唱什麼：「我是牛鬼蛇神，我是牛鬼蛇神，我有罪，我有罪……」。後來，我親眼看到一起我們學校、可能也有別的學校紅衛兵參與打死人的事，是在校外。等我聽說了這事，趕到那兒時，那個老太太躺在地上已經奄奄一息了。她的兒子我認識，30多歲，是我們附近安樂林文化站的站長。那個文化站很小，我和幾個同學以前放學常去那兒打乒乓球，一次收幾毛錢。那個站長很少說話，臉上也很少有笑容，總是端個臉盆什麼的匆匆從我們身邊走過。而此時，被打的是他母親。罪名據說是這個地主婆給紅衛兵下了毒，說她招待紅衛兵的茶水，放了汞啊什麼的。我記得當時她兒子站在旁邊，一句話也不敢說，等於親眼看著自己的母親，被皮帶、亂棍一點點打死。這件事讓我心驚肉跳，印象太深了。回家告訴了我的父親，這時他還沒有靠邊站。他還是那句話，打人的事絕對不能參與！現在是運動高潮，運動一定是會過去的，打人一定是要償命的。又對我強調「三大紀律、八項注意」。

學校的運動，給教師寫大字報、貼大字報，已經人困馬乏，我們有時不回家，就睡在課桌上。後來，學校與學校的聯絡也多了，北京市紅衛兵組織合唱團，唱〈長征組歌〉，我也參加了，每星期去男26中排練兩個半天。

邢　你參加這些是大串聯之前還是之後？

賀　之後吧？大串聯，我和同班同學北到哈爾濱、南到井岡山、武漢、上海、韶山。

邢　你不是很怯唱歌嗎？

賀　我原來對音樂一點不感興趣。上初中時有音樂課，音樂老師考試。我把簡譜中的1、2、3用漢字標成：拉倒的「倒」、來去的「來」、大米的「米」，成績湊湊合合得了個「3-」。我對音樂怎麼突然感了興趣了呢？上初三時，有一次春節，班上要聯歡，我們組要出節目，可我不會唱，也不會跳。組裏一個姓陳的同學，就鼓動我唱歌。他嗓子不好，但唱得很好，音很准，什麼賈世俊、呂文科、郭頌的歌，沒有他不會唱的。聯歡前，他教我唱馬國光的〈我和班長〉。「班長拉琴我唱歌，歌聲朗朗像小河……」我不識譜，他教得費勁，我學得更費勁。但沒有想到，演唱時，全班熱烈鼓掌。我才知道，我嗓子不錯，有了自信。那一段就迷上了唱歌。後來自己到新華書店買來簡譜自學。迷到什麼程度？禮拜天從永定門騎車到平安裏，一次、兩次、多次到戰友文工團駐地，渴望有一天能見到馬國光、賈世俊、馬玉濤。但我去了多次，從來沒有見過。只是有一次見到了李遇秋。李遇秋是長征組歌四位作曲之一。

邢　你怎麼知道他是李遇秋？

賀　我聽到人家和他打招呼了。我還偷偷報考音樂學院附中。因為鼻竇炎沒有考上。那時，我鼻竇炎非常嚴重。生活條件不好，自己也不懂。後來治療時，穿刺抽膿，非常痛苦。直到參加了中學紅衛兵合唱團，才滿足了我的歌唱願望。好幾百人練唱〈長征組歌〉。這樣在「文革」中過去了兩年。

我在文革中第一次受挫，緣於血統論。按理說我是革命幹部、革命軍人家庭出身，但譚力夫的「血統論」出來後，我的心情又激動，又複雜。一方面，他的言詞很有「革命」煽動性；另一方面，對我來說，又覺得理不直氣不壯，自己不算根紅苗壯，一查

三代，我爺爺是地主啊！當時，就覺得自己像霜打的茄子一樣發蔫兒了。

邢　你爺爺這個「地主」，當時有多少地？

賀　我說不準，大概有200多畝吧？我沒有問過。

邢　你去老家能看出過去家裏格局架勢嗎？

賀　土地房屋早就被分了，印象中住的宅院還可以。所以，那時候參加紅衛兵，老怕人家問我家庭情況。不問我時，我可以炫耀自己是革命幹部子弟。最怕的是填表。一填到爺爺輩，就心慌得很。講究「血統論」時，我心情非常複雜。既想投身到革命洪流中去，又怕出身不乾淨，得不到充分信任。但是，過了一段時間傳達了周恩來的講話，周恩來不贊成「血統論」。他說：一個人的出身不能選擇，但是走革命道路是可以選擇的。我出身就不好嘛，陳老總出身也不好嘛，但我們都走上革命道路。赫魯雪夫倒是礦工出身，他不是一樣走修正主義道路了嘛。所以，革命不能不看出身，也不能僅看出身。出身不能選擇，道路是可以自己選擇的。周總理的講話，我太贊成了，覺得對我來說就是救命稻草。

邢　你爺爺家裏有人被鎮壓嗎？

賀　沒有，沒有什麼民憤，但被批鬥過。解放後，我父親的一個同父異母的弟弟，到內蒙投奔我父親，父親讓他當了工人。後來，六十年代困難時期搞精簡，父親又讓我叔叔回了老家。叔叔一度對我父親意見很大。後來，叔叔和我們家關係還不錯。我父親也經常給我奶奶寄點錢。雖然是他後母，但傳統的孝敬是有的。

邢　文革中要讓人知道還給做過「地主」的父母寄錢，可了不得。

賀　是啊。我爺爺50年代初就去世了。後來我回老家安葬母親，叔叔對我說，你爸爸曾經也想鬧離婚，讓你爺爺到部隊把你爸爸大罵了一頓，說我母親十幾年在家裏等他等得多麼不容易，就把我父親這個念頭給壓下去了。文革中雖然更講成份，但我父母一直沒

有和家裏斷了聯繫。文革中，他們還上交了一百多個銀元，這是我姥姥留給我母親的。我母親的出身，也讓她擔驚受怕，自己的父親雖是烈士，但家庭也是地主啊。

後來，鄧小平去世時，我一個叔叔在家裏哭了大半天，我就不理解，當時對鄧已經有分析了。他們告訴我，就是因為鄧給他們摘了地富的帽子。我這個叔叔的兒子，比我小一兩歲，農村人結婚又早，但他就解決不了婚姻問題，家裏成份高嘛，一直是光棍，直到最後倒插了門兒，跟了別人的姓，才算成了家。姓別人的姓，在農村是很屈辱的，他們一家覺得抬不起頭來。摘了地富帽子，對他們是徹底的解放，所以鄧小平去世，叔叔竟如此痛哭，這點，恐怕鄧小平生前都無法感受。因所謂出身不好被歧視、受壓抑，是表現在社會生活的細節中的，而這種現象竟在我們國家裏持續了30年。

1967年，學校軍管了。在軍宣隊的管理下，我當了紅衛兵的中隊幹部。那時軍代表，比較器重我，為什麼？我是幹部子弟呀！這時學校開始搞復課鬧革命，希望趕快走入正軌。但是人的心是收不回來的。社會上今天打倒這個，明天打倒那個，這種階級鬥爭現狀，對所謂復課，沒有起到什麼促進作用，只不過學生回到了學校，開始政治學習。我們是六六屆初中生，對我們來說早就應該畢業了。

1968年春天開始徵兵。我的第一志願，還是當兵。父親也為我活動。到我們學校徵兵的是38軍，林彪的王牌軍。但我是近視眼，有四百度。我針灸很長時間，沒有起多大作用。如果那時有俄羅斯那種鐳射治療近視眼不就好了？但那時沒有。為了當兵，我就死背視力表，同時，又去配隱形眼鏡。

邢　那時就有了隱形眼鏡嗎？

賀　有。但很厚，很難受。我是在臨到檢查眼睛時，去廁所把隱形眼鏡帶上。我沒有敢看1.5，怕露餡，只看1.0和0.8，眼睛過了關。

而且，部隊帶兵的人已經進行了家訪，認為沒有問題，革命老同志的子弟嘛。我認為已經板上釘釘子了。這時——1968年3月，中央打倒楊成武、余立金、傅崇碧，我父親竟也受到牽連，批他的大字報說他是「楊、余、傅」的爪牙。實際上，他的部隊曾屬於楊成武指揮的二十兵團而已。單位貼他的大字報，讓他交待和楊成武的關係，他家是地主成份，他又長期搞宣傳工作，也算一級領導幹部，自然是「反革命修正主義分子」、「走資派」了。他完全靠邊站了，我自然就沒有當兵的資格，政審過不了關了。在文革最亂的時候，我們家是父親一些老戰友的避風巷。他有一個老戰友，叫馬秀昆，是地質部長鄺伏兆的秘書，13級幹部。我對他印象極好，是他曾送過我一件舊軍衣，是人字呢的，當時特時髦。父親還有一個中學同學，也在地質部，文革前都來往密切。文革中到處武鬥、衝擊、抓人，父親的老戰友馬叔叔就帶著兩個人躲到我們家，不是一天兩天，一躲就是半個月20天。他們白天睡覺，晚上把燈拉得低低的，給周恩來總理寫申訴材料。我母親給他們做飯。有一次，弄得我們家驚心動魄。父親在地質部的那個同學和馬叔叔是兩派，這同學也來我們家了。我們一家四口正在小屋子裏包餃子，大屋裏的人也等著吃飯。我父親偶然發現窗外那老同學來了，大驚失色！知道他是到這兒來找人的。趕緊把大屋鎖上，把同學請到小屋，請他吃飯。那同學老是注意著另外那間屋子，因為，每次來都在那大屋會客啊。

邢　你父親怎麼解釋呢？

賀　怎麼說的我已記不清了。吃了飯還在這屋聊天，我父親就偷偷讓我弟弟溜出去，開了那屋門，把馬叔叔他們放跑了。那時，我弟弟還充當過多次「交通員」。父親的老戰友被抓被關，家裏沒了經濟來源，又有三四個孩子，父親就叫我弟弟每月送去三四十元錢。這是我眼中父輩之間的戰友關係。

去了建設兵團

賀　1968年父親受了衝擊，我當不了兵了，就決定去黑龍江的生產建設兵團。生產建設兵團歸瀋陽軍區管。全稱是「瀋陽軍區黑龍江生產建設兵團」，屬於部隊系列，對我們太有吸引力了。不是還有個「兵」字嗎？我就報了名。那時也有去工廠的名額，去農村插隊還沒有開始，我們屬於第一批上山下鄉知青。記得那天我和父母說，要遷戶口，父親什麼話都沒有說，我母親正在洗衣服，唉聲歎氣地眼淚就流下來了。我母親是一個非常堅強的人，很少掉眼淚。她說，戶口從北京遷出去，還能回來嗎？不可能回來了！那時，戶口在中國人心中是什麼概念？遷了戶口，這個家就算完了。母親雖然傷心，但她不阻止我，她也沒有辦法，但她是見過世面的人。我就遷戶口去了。真正走的時候，我和同學王強說，到時咱們誰都別掉眼淚！

邢　家裏人都送你去了嗎？

賀　都到北京火車站去了。我母親、父親、弟弟都沒有掉眼淚，但周圍是哭聲一片，嚎啕大哭啊。火車一開，我那位同學也繃不住了，大哭起來，我也哭了，但沒讓父母弟弟看見。那時候，為什麼要到北大荒去？除了所謂的歸屬瀋陽軍區這個原因外，還有讀過關於北大荒的課文啊！「棒打麅子，瓢舀魚，野雞飛到飯鍋裏。」多神秘、多誘人啊！

邢　那時，對去兵團的也查出身，出身不好，還不讓去呢！

賀　能去算是不錯了。我實際是第二批。第一批是6月份走的，比我們早1個月。我們到了建設兵團，已經是七月份，正是麥收的時候。

邢　剛去，你們過集體生活，可能還適應，但勞動能適應嗎？

賀　先別說勞動，第一個受不了的是蚊子。蚊子、小咬蜂擁而至，蚊帳裏也全是，每天被咬得一塌糊塗。住的條件也艱苦，都是睡大

炕。但是，從內心來講，沒有動搖過。毛主席揮手我前進，天經地義。從懂事以來，我對毛澤東的指示是沒有懷疑的；對林彪副統帥，也是無比景仰，他的故事也很多，對周恩來更是五體投地。對劉少奇，沒有什麼不好的印象，也沒有什麼特別的印象。因為劉少奇是白區的代表，我們是紅區、延安出來的幹部子弟。對劉少奇那樣的「白區代表」，心裏似乎有著天然的距離。所以，我上山下鄉，沒有人強迫，是自己自願去的。有沒有不願意去的？當然有。我們班一個同學，和我是非常好的朋友，八年不走。同學一撥一撥地走了，他就是不走。他出身工人家庭，是獨生子。八年當中他也沒有工作。我探親回家，他還找不到工作，他本來就比我大兩三歲，我父親笑著對他說：「你是堅持八年抗戰啊！」但我能感覺到，這話使他很尷尬，很彆扭，也許至今他沒有忘記。

邢　我覺得工人家庭，有較多的小市民氣。

賀　他的父母就是不讓他走。由父母養著。現在看來，他們工人家庭更注重團聚的親情，而不管政治上生活上有多少壓力。我們這些幹部家庭的就不一樣了，總是把「以革命的名義」看得比什麼都重要，甚至無視內心真實的感受。

邢　幹部家庭出身的子女，受自己父母年青時代精神的影響較多。

賀　是的，你不能不承認，幹部子弟有一種理想和激情。那時，如果工廠和兵團讓我選擇，我選擇兵團，也不選擇工廠。

邢　我當時也是這樣想的。你看老鬼的思想，也和你一樣。

賀　到建設兵團後，開始，我的表現是很不錯的，我屬於主動接受貧下中農再教育那類的。

邢　那裏有農民嗎？

賀　所謂的瀋陽軍區生產建設兵團，其實就是一個個的農場。我們所謂的25團，過去叫七星農場，在富錦縣。到了所在的11連，過去就是一個村落。比一般的村子顯得整齊一些，但還是土坯房多，

磚房少。割麥子，過去在中學支農，就是一個禮拜的事，到農場，是幾十天啊！最受不了的還是蚊子，白天都追著我們走。可有一個同學，皮膚很白，不知為什麼，蚊子就不咬他，太讓人羨慕了。

邢　你們是掙工資嗎？

賀　是工資。一個月32元5角。

邢　那總和農民不一樣。

賀　在兵團有一點好，吃的不好，但能吃飽。勞動強度特別大，夏天割麥子，秋天收大豆，冬天修水利。扛一袋麥子160斤，踩著踏板送到糧倉；秋天扛一袋豆子200斤，我體重才多少？不到120斤。冬天食堂往水利工地送的包子凍得和冰坨一樣。我可以吃8個，吃十幾個的也大有人在。我們幹活從不偷懶，而且從心裏看不起經常鬧病的人。

當時，文化革命還在搞。我們去了不久，晚上8點鐘還要聽有線廣播，聽場部──也是團部，如何鬥爭原來的黨委書記李再仁。有線廣播，是聽現場，我們可以聽到造反派用皮帶抽打他的響聲，還有別人疼得叫喚的聲音。但怎麼打他、鬥他，喇叭裏傳過來的，就是一句話，山東口音──「我是犯了嚴重錯誤的共產黨員」。「你是不是反革命？你是不是反黨分子？」他就這麼一句：「我是犯了嚴重錯誤的共產黨員」。我作為十五里以外的一個聽眾，覺得這老頭挺棒！雖然，我也反對走資派、特務。但兩年來的文革，也知道所謂的「走資派」──到我家避難的人，都是什麼樣的人，好人啊！我父親不是依然把他們當戰友嗎？所以，這時鬥爭所謂的「走資派」，我已經不把他們全當成「走資派」看了。那時我們知青還沒有參與到當地的階級鬥爭中去。後來，在我們的生產隊也開始鬥爭人了。變成兵團以後，生產隊裏有兩個軍代表，穿著軍裝，他們來這裏，就是搞階級鬥爭的，領著我們和當地的貧下中農奪權。奪原生產隊支部書記的權。支部

書記叫梁可學，是五八年轉業的軍人。但那時，只是開批判會，沒有武鬥。我其實挺敬重他的。但我們知青與軍代表是一派，與他不算一派。

我在一線幹了半年農活，就被抽調出來學開拖拉機，就是那種「東方紅」，54馬力的，也是因為我表現好，能吃苦。我的師傅姓潘，還有一個老師傅，是潘師傅的師傅。他們都是六十年代從山東支邊來的。潘師傅對我很嚴厲，也經常罵我，但還算有分寸。老師傅對我很好，很和氣。

開拖拉機最受不了的還是蚊蟲。尤其秋天，收割了莊稼，拖拉機就去翻地。東北的秋天非常冷，但拖拉機發動機是熱的，蚊蟲都往這裏聚集。我是一手握著操縱桿，一手打蚊蟲。在東北，我寧願過冬天，不願過夏天。就這麼，一天天地熬著。

這日子說是平淡，也經常有事，那時中蘇邊境非常緊張，我們動不動就搞軍事演習，大半夜緊急集合，在雪地裏跑步、臥倒、匍匐前進。知青之間也經常打架。北京和哈爾濱的、哈爾濱的和天津的，知青之間的派系還挺多，經常發生衝突，但總體來講，大家關係還不錯。

1969年，發生了珍寶島事件。兵團擔負修建「二撫」——從二龍山到烏蘇里江邊的撫遠——國防公路的任務，240多公里。兵團組建了很多連隊，地方上也組建了很多連隊，集中在一起修建這條公路。修路的人是從各個連隊選上來的，我在其中。我擔任排長，指導員叫鄧燦，湖南人，是60年代的轉業軍人，很有文化。他曾經給農墾總局局長、後來是黑龍江省的副省長當秘書。副省長打倒了，他就下放到我們這裏。我們的勞動強度更大了，完全是在沼澤地和叢林中開路。前面剛開出了路，後面又翻漿。耗費著人力和物力。蚊子咬到什麼程度？有的人為了躲蚊子，爬到樹上去大便。這太玄了，只因為上面有風，好受些。後來又想出什麼辦法？拉個汽油筒，挖個坑橫著放進去，筒上打個窟窿，

誰要解手，就往筒裏放一把乾草，點著，讓煙熏著自己的屁股，實際上整個人一起熏，這樣驅趕蚊蟲。

邢　不在現場，這種情景根本想不到。

賀　我們吃得很差，後勤跟不上。後來，指導員鄧燦跟我談話，讓我去當司務長，改善伙食。當了司務長，我開始學珠算。上學時，學珠算就像要我的命，不知道為什麼就學不進去。可這時，自己買了本珠算的書，幾天就學會了加減乘除。我們兩三個人經常要回到老團去拉菜、拉糧。路多是沼澤地，不好走。天氣又變化無常，一會太陽曬，一會下大雨。那雨下得整個原野霧氣騰騰，我們龜縮在卡車車廂上，澆得落湯雞不說，還很嚇人。有一回，我們走了七天，解放牌卡車才行進了30多公里，都是翻漿土路啊，滑進泥裏就推，推出來又滑進去。趕到駐地，菜早都臭了爛了。這種生活已經成為常態，靠著年輕，苦中有樂，就這麼過來了。修完國防公路，大約過了半年，又說準備在珍寶島和蘇聯打仗，黑龍江生產建設兵團下屬七八十個團，奉命組建兩個武裝值班團，一個炮兵團，一個步兵團。值班團全部要男知青，武器裝備和部隊一樣，只是沒有領章帽徽罷了。我報名要求去，修路前我已經是老連隊的副連長了。值班團營級幹部都是現役軍人，而老團，團級幹部才是軍人。當時農場老書記李再仁已經被結合當了老團的副政委，他把我叫去談話，說國際形勢緊張，毛主席要我們立足備戰、備荒，現在要組建武裝團，你表現一直不錯，就派你去，好好幹吧。我被選到了步兵值班團。對外叫26團，被任命為運輸連司務長。

我們選上的人在佳木斯報到，各團來的人都住在農機學院。組建好後，我們連被拉到佳木斯東南崗的一個廢棄兵營。我們運輸連配備了汽車，我當司務長還是搞後勤。我把後勤搞得不錯。一個四十幾個人的小連隊，養了二十幾頭豬。團裏各種會議，經常到我們連隊來開。為什麼？吃得好。

邢　你們這個值班團屬於兵團領導，還是屬於軍區領導？

賀　屬於瀋陽軍區和建設兵團雙重領導。軍事行動歸軍區管，日常訓練歸兵團管。我們的陳團長，是現役軍人，在所有團級幹部裏，是最年輕的，才39歲，是抗戰時期的幹部。我們運輸連是團裏的四好連隊，也就是政治思想、軍事訓練、工作作風、生活管理都不錯。我的表現也不錯，1970年，我在值班團入了黨。給家裏寫信，第一句先祝毛主席萬壽無疆，再祝林副統帥身體健康，然後才告訴爸媽我入了黨，他們自然得到很多慰藉。那時候，年輕人入不入黨，是個表現好不好的重要標誌。

我們團一方面搞訓練，準備打仗；一方面還有一個任務，就是在佳木斯的猴石山上打山洞，搞戰備，準備儲藏大炮和其他武器。我當了一年司務長後，就被調到團的特務連當副指導員。特務連下屬有警衛排、偵察排、通訊排——叫擔負特別任務連隊。我們駐紮在佳木斯糖廠，糖廠有專線鐵路。我們連除了處理國防施工用的盤條和鋼筋，還擔負著卸運物資的任務。有一次，緊急卸運37節車皮的水泥，一百三四十號人，除了炊事班留下一個人熬大碴子粥，連長指導員帶著全連都上去了。那會兒幹活，一點機械沒有，全靠人扛。那牛皮紙包裝的水泥袋，幾個來回就把人的肩膀磨破了皮，又是夏天，疼得可想而知。白天晚上連軸轉，一干就是一個禮拜，每個人都像泥猴似的，所有人的肩膀都是血糊糊的。很少有偷懶的，那時人都不要命了，因為我們的施工是為戰備，戰備是為和蘇修打仗，打仗是為保衛毛主席，所以，你的表現總是和政治態度聯繫在一起的。

邢　除了表現啊，艱苦啊，你還可以穿插地講一講你的初戀。

賀　那時候我們還太傳統，不光自己，整個環境都是那樣，而且我母親就擔心我在外面交朋友、結婚。如果我結婚，和家裏團聚的希望就一點都沒有了。父母嘴上不說，冠冕堂皇的理由是：要響應號召晚戀晚婚啊！實際上，他們最擔心的是我回不了北京。

談戀愛、搞對象這種概念，最初是在包頭四中剛上初一時聽到的，聽別人說這個學校的風氣不好，高中的學生有偷偷摸摸談對象的，我和同學在校園邊的麥秸垛那兒，也看見過兩個男女大同學坐得很近，很親密的樣子，在聊天。實際上，包四中是個教學質量很不錯的學校。

當我17歲坐上知青列車的時候，也有一個強烈的感覺，就是自己長大了。長大了的標誌就是離開北京離開父母離開家了，沒人管我了，同時，潛意識中還有一個，就是可以談戀愛了，儘管這種意識朦朦朧朧，確實有過。

從老團到值班團不久，我真的接到老連隊一個哈爾濱女知青給我寫的信，那時我19歲。這個女知青我認識，但在一起的時候，我沒有那種想法，也從沒感覺到她對我有那種意思。再說，在當時的環境下別說結婚，就是談戀愛，也不是一件光彩的事，總會讓人議論紛紛。那封信的原話記不清了，反正是要交朋友的表示，我卻不僅不領情，反而很反感，好像受了什麼侮辱一樣。過了一段時間，我們老連隊一個排長——哈爾濱知青，比我年齡大，到佳木斯辦事來看我。我就把這那封信拿出來給他看，還讓他拿回去交給老連隊的領導，說得好好幫助幫助她。

邢　太那個吧？

賀　我當時覺得好像自己受到什麼侮辱了一樣，降低了我的人格，這麼做是顯示自己的清白。其實，這本來是很私人化的東西。現在來看，你不同意，沒有必要傷害人家，更沒有必要向組織上交人家的信。可我當時，是用嘲諷別人的口吻，來表示自己的思想是如何「健康」的。年齡大了些，我才很後悔，對人家太不尊重了。也不知道信拿給組織了沒有？至少，把這封信在朋友中傳看，也是不妥的。排長是老高三的，比我大四歲，很穩重，那信也許他就沒有上交？我一直沒有問他。他後來是哈爾濱一家銀行副行長。反正，這件事至今讓我羞愧難當。

邢　你們打山洞出過人命嗎？

賀　出過。我們連隊沒有出過，別的連隊發生過好幾起塌方事件。打洞施工中大事小事常出，第一年就砸死了兩個知青。我們團出的最大一件事，是我們打完了山洞，移防到樺川縣住在老百姓的屯子裏。有一次一個連隊冬天燒炕失火，一下燒死11個人，有北京知青、上海知青、溫州知青……燒得人都沒法看，全國都通報了。死者的家長從各地趕來，人燒成那樣沒法交代，殘缺的屍體就用白布裹個人型裝進棺材裏。那次事故，對我們知青的打擊太大，死的知青戰友和我們年齡一樣大，本來生龍活虎的，怎麼說沒就沒了，還死得如此嚇人。這件事，讓我第一次真正感受了生活的慘烈。事故也斷送了我們團長的前程，他是抗戰幹部，又年輕，本來傳說他要升任兵團副司令的，出事之前他回山東探家去了，不在團裏，但還是受了處分。

　　插隊時，動不動就去救火。那時老鄉燒荒，引起大火。其實燒了就燒了吧，但那時知青把救火當成展示自己的英雄行為的一種方式，還不講代價，玩兒命。大多數失火，財產損失都不大，但經常死人，都是救火的。其實，人的生命是最重要的，可那時不懂啊！而且我們的宣傳總是把人的所有失誤都掩蓋在對英雄人物的褒獎之下。一旦有了先進人物出現，就可以掩蓋一切問題了。

　　我們武裝值班團組建了一年多，訓練、打坑道，老沒有打仗，珍寶島事件也過去了。

邢　那個時候的人都那樣，不開竅兒。你能想起你的思想是什麼時候開始有變化了嗎？

賀　「9‧13」。就是1971年「9‧13」林彪事件的發生。

　　我們大約是在9月14號突然接到了一級戰備的命令。我們不知道是林彪事件發生，實際上上面也不知道實情。我們都以為要和蘇修打仗，士氣非常高，把行李打成捆交給後勤，把綁腿拿來縫成乾糧袋裝滿炒好的高粱米，每天晚上睡覺也不准脫衣服，

懷裏還抱著槍。9月中的北大荒已很冷了，根本凍得睡不著覺，也沒有被子蓋，背包都不許解開。槍不離手。這種狀態保持了一個月左右。

後來，我們連以上幹部接到命令到佳木斯開會，神神秘秘的，我們仍然以為是要打仗，是要作戰前動員，沒有一個人能想到會有「林彪事件」這類大事發生。

又回到我們原來運輸連所在的廢棄兵營。那個舊磚房裏兩邊是木板大通鋪，100多名連以上幹部分別坐在大通鋪上。我們團長進來了，他披著軍大衣，坐在通道中間一張小課桌後邊的一把小椅子上，面色毫無表情。他二話不說就開始念文件：中共中央中發X號文件，9月13日，林彪叛黨叛國，倉皇出逃，摔死在溫都爾汗⋯⋯

全傻了！我們全傻了——副統帥啊？！他的四野從北打到南啊？！接班人啊?！永遠健康啊？！毛主席的親密戰友啊——如同五雷轟頂，就在大家那麼一激楞的當兒，我們坐的這一側通鋪嘩啦一下，塌了，幾十個人一屁股坐到了地上。要在過去，還不嘻嘻哈哈鬧騰半天？可是現在，這幾十個人一聲不吭，全場百十多人一聲不吭，可見人們嚇傻到什麼程度了？

接著七天，外面站著崗，讓我們學習、表態、發言、揭發、批判。我們能揭發什麼？只能說林彪在天安門上臉色蠟黃蠟黃的，而毛主席紅光滿面，聽說林彪吸毒。我們按中央的調子表態，誓死保衛毛主席、保衛黨中央唄。

後兩天鬆了一些，我們可以到市區看電影。這時，社會上還沒有傳達，街上櫥窗裏，還是江青給林彪照的學習毛主席著作、光著頭的照片；電影院的宣傳畫還是毛澤東和林彪檢閱紅衛兵。我看到這些感到渾身發麻，無法理解、害怕，這社會怎麼會是這樣？有一種這麼多年上了個大當初醒的感覺，但這個初醒，是不自覺的。當時我還和一個戰友——他原是北京四中的，偷偷議論，他

說：「不會吧？是不是林副主席被人劫持走了？」我們還半信半疑呢。但是，一邊是林彪，一邊是毛主席、黨中央，我們還是天然地相信黨中央，但不管怎麼說，林彪事件至少對我來說開始有了自己的疑問和想法，儘管這些想法還很朦朧。因為長期以來，對林彪所有的宣傳都是正面的，是毛欽定的，是進了黨章的。但嚴酷的現實，不得不讓人們去追究其真相，去質疑其緣由，儘管這種追究和質疑不是公開的，但「9‧13」事件確實開啟了人們內心深處思考的閘門。

我們這麼訓練，這麼苦幹，都是為了反帝反修，但和外部敵人卻沒什麼大事，珍寶島爭端對蘇聯克制得很，卻迎來了中國內部刀光劍影的大混戰。

邢　幹勁呢？不行了吧？

賀　洩氣了。知青的洩氣分幾個方面：你號召的東西，和我們看到的東西差別太大；實際生活的艱苦和徒勞無益，也讓人無法忍受；年齡也越來越大，和家人的團聚，自己個人問題的解決，甚至以後自己的子孫怎麼樣？想得越來越多，對現實的失望就越多。過去，我們以在部隊序列為驕傲，後來，知道的事情越來越多，尤其是女知青的遭遇。

我後來被借調到兵團司令部的直屬工作處，我的工作是在檔案室，地點在帶嶺地區的山林裏，那裏保存著營以上幹部檔案，他們都是現役軍人。我在那裏的多半年中，上面調過兩個人的檔案——一個是16團團長的，一個是參謀長的，後來他們都被槍斃了。據說，周恩來、葉劍英、李先念都拍了桌子——槍斃！為什麼？就是強姦女知青。

邢　你能看檔案嗎？

賀　我哪兒能看。這事沒有公開，但兵團人人皆知，槍斃是開了大會公審的。據我知道，建設兵團營以上幹部，在生活作風問題上受處分的有300多人。上至老紅軍，下至現役軍人幹部。

邢　受到處分的人欺侮女知青恐怕不只一次。

賀　要是一兩次，就睜一隻眼閉一隻眼，調動了工作完事。一般都是弄出了事，又有人告發。沒人告，也拉倒了。那時候，知識青年那麼思家，都在考慮提幹、入黨、上學、回家，改變自己命運。這慢慢形成了一種利益問題，使權力在兵團突顯出來。所以，有一批幹部憑藉權力為所欲為。那次槍斃團長和參謀長是公審大會啊！是要殺一警百了。儘管那時的媒體不報導，但對社會的震動、對知青的震動，對家長的震動，非常大！

　我到直工處不久，就開始招收工農兵學員上大學。幹部處的人推薦了我，他們覺得我表現不錯。但是，從推薦、政審、招收還得有幾個月時間。這時，我父親也給我辦成了可以「困退」回京的手續。

　當時，我們家確實困難。父親在山西幹校，弟弟當了兵，家裏只有殘疾的母親。所以，我父親的單位開證明，母親所在的街道開證明，父親還一次次找北京市委軍管會的戰友幫忙，終於使我能夠拿到辦回北京的准遷證了。

　我母親在家是嚴母，但在街道上左鄰右舍人緣非常好，從來沒有和任何人吵過架，包括文革中人家把大字報貼到我家說她是地主婆，她對寫大字報的人一樣大度。她記性特別好，誰家的孩子哪天探親回來，哪天走的；誰家男人哪天去的幹校；誰家孩子的生日是哪天，人家都忘了，她都記著，「老三篇」能倒背如流。

邢　她的出身，她的私塾，可能使她氣度就不同一般家庭婦女。

賀　她還和我父親走南闖北，見得也多啦。話說回來，一邊可能上工農兵大學，一邊是父親辦妥了回城的手續。我怕夜長夢多再發生變故，決定立即返城。返城前，我回了一趟老連隊，告訴了幾個朋友。當時我的心裏，不願意讓更多人知道，那種心態像是一個逃兵的心態。不管什麼理由，當面對曾發誓紮根北大荒的知青戰友、朋友時，都覺得內心有愧。

我在四五運動中

賀　1973年5月，我從黑龍江以特困為由，回到北京。

邢　你父親是北京建築工程部的人，為什麼在山西的幹校呢？

賀　建工部是屬國務院的國家單位，八局在山西有一所幹校。一部分
　　人文革中就在山西的幹校，以後他就被留在了山西。他曾在雁北
　　岢嵐縣建導彈基地，後來又到山西絳縣搞「五四一」工程，是備
　　戰備荒時中央搞的一個大型製造坦克的聯合企業，再以後他的單
　　位又歸屬於山西建委。直到離休才回北京，這當然是後話。
　　我回到北京後，開始好高騖遠，已經22歲了，當兵的心思不
　　死，還想當兵。22歲是最後的一年嘛。我找了街道上的武裝
　　部，人家也熱心幫助。因為眼睛近視，還是沒有當上。甚至我
　　還求父親的老戰友，想當武裝員警。想沾點兵味吧，也沒有實
　　現。當兵不成，把我分到崇文區一個器件廠，很小，我覺得像
　　我這樣在建設兵團入了黨提了幹的的人，應該被分配到更像樣
　　的企業。所以，沒有去。在家裏待了一年多，但也沒有閒著，
　　覺得自己是黨員，得找點事幹。就幫助派出所、街道辦事處搞
　　全國普查戶口工作。後來，就把我分到崇文區化學纖維廠。這
　　個廠是由一個老廠改建的。老廠叫永外紙繩廠，生產包點心盒
　　子的那種紙繩。它是1958年由一些街道的家庭婦女搞起來的。
　　從紙繩到化學纖維，是個多麼大的質的變化！我到這個廠後，
　　開始當工人。

邢　這個廠，當時有多少人？

賀　四五百人吧。當工人大約半年左右，搞老中青三結合，我就成了
　　革委會副主任。

邢　你的檔案在發揮作用。

賀　是啊，年青人當中，有幾個黨員？有幾個當過幹部啊？我們這個
　　小廠，復員軍人也不多。後來慢慢才有回京知青到我們廠。副主

任沒當多久，又把我調到水泥廠當支部書記。兩三個月後，那個水泥廠下馬，我就又回來了。

這時，已經到了1975年。那時的工廠，生產不是主要的，搞運動、搞政治學習才是主要的。所以像我，從業務上看，只是個學徒工，門外漢，但是在領導崗位上，我是政工和青年團方面的負責人。一天到晚，不是領導別人政治學習，就是被派到崇文區黨校一類的地方去學習，當然也借機會看了一些書。我後來想，如果你的思維方式不是開放性的，讀書也不能說明什麼問題。

1975鄧小平復出時，我是擁護鄧的。一方面，鄧是個傳奇式的人物，是根據地出身，劉鄧大軍有很多傳說，我是很崇拜的，認為他和劉少奇不一樣，我受家庭影響，內心是同情他的；另一方面，當時的工廠管理，一塌糊塗，沒有獎金，靠什麼政治思想領先，實際上根本不起作用。生產秩序，生產狀態，讓工廠管理層的幹部極其頭疼。而鄧小平一上來，就抓工、農、軍、包括科學界、教育界的整頓，非常得人心。這讓基層的幹部和工人骨幹們都叫好，大家覺得這個國家不能再亂下去了。那時老說工業為三千萬噸鋼奮鬥，三千萬講了多少年啊？很長時間，大家覺得就像在一個黑洞裏，根本找不到北。這時鄧小平復出，給了人們非常大的希望，而且鄧的整頓，在工業方面是非常見成效的。

不久鄧又挨整了。批電影《海霞》、《創業》，搞「批鄧反擊右傾翻案風」，這時，我感到，人們已經忍無可忍了。如果說林彪事件成為開啟人們思想之門的一把鑰匙，那麼到「批鄧反擊右傾翻案風」時，人們算是清醒了，已經不能容忍再走回頭路了。這時，人們無論是抵制還是抗爭，已經開始成為自覺的行動，儘管它不是有組織的。

「批鄧」雖然還是以毛的名義，以中央的名義去推動的，但是，毛澤東和中央的權威在這時已和過去大不一樣了。那時，我們一些朋友在一起非常憤恨江青。王洪文，我們不把他當一碟

菜，他不就是個工人嘛。我私下說，如果這時主席把江青揪出
來，他的威望只能高不會低。而且，在我認識的老同志當中，
提起江青，那真是千夫所指！那時經常追查謠言。所謂有謠
言，都是諷刺王、張、江、姚的。現在不是還有流言嗎？我的
經驗是所謂流言，一定得是有共鳴才會流傳。如是沒有共鳴，
謠言也是傳不開的。

邢　流言蜚語的傳播，可以說是一個事件的序幕。

賀　對，它是群眾基礎嘛。開始批鄧時，組織我們去看大字報。不看
還好，越看越覺得鄧講的對啊。說萬里、胡耀邦、張愛萍、周榮
鑫是鄧小平的「四條漢子」，這「四條漢子」真的個個很棒啊。
越批越覺得這麼多年張春橋這些「文人」把社會折騰得烏煙瘴
氣，社會秩序混亂、生產滑坡不說，感觸最直接的是人們的生活
現狀：我們吃不到什麼東西，買不到好東西，甚至結婚的買不起
一個幾十塊錢的大衣櫃，買一輛自行車還要排隊等號。

邢　當時結婚只發一張可以買兩個箱子的票證。

賀　買一包火柴、買一塊肥皂都要票，人們的生活是這麼一種狀態。
但官方媒體還在講，世界上還有三分之二的人生活在水深火熱之
中，好像人家在等我們去解放他們呢。所以說人們對鄧小平開始
的認定，完全是出於求生的本能。那麼批鄧的時候呢，我處在這
個位置，自然是在風口浪尖上。你要組織學習，你要對批鄧表
態，我怎麼表？我不能胡說八道啊。

邢　在風口浪尖，你怎麼辦？

賀　我就只能是一種非常直截了當的態度，實際上就是抵制，完全的
抵制。我在工廠內部，私下的場合，正式的會議上，大會上，都
講了很多想不通，甚至很「反動」的話。

邢　那你完了，要抓你了。

賀　那時候還沒有完。那時候還是有共鳴的。我講這些東西當時是有
市場的。什麼時候情況危機了？周恩來逝世。周的去世，在抵制

「批鄧、反擊右傾翻案風」的乾柴烈火上，澆了一把油。第一，在評價周恩來的時候，用「無產階級革命家」，沒有用「偉大的馬克思主義者」。當時我們就感覺：難道這種稱謂就是給毛一個人留的嗎？他那麼多的戰友都倒臺了，剩下的也都不是。再有，周恩來的喪事還沒有辦完呢，《人民日報》就在頭版發表重頭文章〈大辯論帶來大變化〉。在為周恩來的去世悲痛的時候，人們普遍認為，最大的變化是周的去世，你卻說是大辯論帶來的。這種政治影射，深深地刺傷、激怒了讀者和公眾。緊接著，三月五號紀念給雷鋒的題詞多少周年，報紙在報導的時候唯獨不提周恩來的題詞，其意思就太明顯了。還有一系列的東西，批林批孔批水滸，指向所謂的「投降派」，鬥爭矛頭不言而喻。這些舉動激起了人們的憤恨。

馬上就到清明節了。因為看到矛頭針對準了周恩來，人們被激怒了，要抗爭，要利用清明節去表達自己的情緒！但是，這個時候鎮壓開始了，不僅三天兩頭傳達中央不許人們到天安門廣場掃墓的指示，連《北京日報》也發表「清明是鬼節」的文章，壓制人們去悼念，這就更把人們的憤怒激了起來。

我帶著廠裏80多個團員和青年做了個花圈──手工做的花圈，剪的松枝，做的紙花，我寫的悼詞──4月1日送到了天安門廣場人民英雄紀念碑下。

邢　你們80多人一塊去，帶著你們自己做的花圈？

賀　對。我們去的時候，不是第一個，第一個寫悼詞的是兩天前北京總工會工人理論組的，貼在紀念碑上，裏面含沙射影地抨擊了「四人幫」的倒行逆施。那個時候的民間語言是相通的，你雖然沒有點名點姓，但一看就知道是說誰。我們去的時候，天安門悼念的人還不算多，但已經開始有了。我們可以算是頭一批裏的一群人。那時候廣場上的便衣就很多了。

邢　你們去的時候，花圈多嗎？

賀　有一些花圈，不多。

邢　你們的花圈是竹子的還是鐵的？

賀　竹子和木棍做的，不算大。送鐵花圈是後幾天的事了，一個大企業的工人用大老吊車裝吊過去的。

我們的花圈送到廣場時，便衣攔住我們，問是哪個單位的，我就告訴他是哪個單位的；問多少人，你叫什麼。當然這對我們心理上是一種壓力，一種威脅，但是已經有點不顧了。然後我們搞了一個悼念儀式，我念了悼詞。悼詞是我寫的，裏面有這樣的話：我們要揭露那些披著馬列主義外衣，實際上是穿著資產階級奇裝異服的野心家、陰謀家。這個「奇裝異服」在當時就是一個特指，特指江青，因為江青總愛穿連衣裙，當然現在不算什麼，但那個時候就是與眾不同嘛。所以讀這個東西，所有人都知道我在講什麼。我們要與穿著資產階級奇裝異服的野心家、陰謀家血戰到底。這個悼詞實際上是一個誓詞。所以我們唱《國際歌》的時候，不光我們80多人，周圍看熱鬧的人都一起唱。低沉雄壯的歌聲此起彼伏，一波一波，大家互相影響、互相鼓舞，那種氛圍非常悲壯。

但是回到單位後，我一次一次被叫到崇文區工業局開會，我是崇文區工業局黨委委員，是最年輕的黨委委員，是準備把我當作接班人培養的。一次一次傳達中央的禁令，不許送花圈，不許送悼詞。在工業局黨委會上，他們說要追查謠言，要和中央保持一致，不能違反紀律，不能送花圈悼詞，誰送了要負責。我發言的時候說：悼念周總理有什麼錯啊？為什麼要這麼壓制？我不能理解。如果要追查的話，《文匯報》出現貶低和攻擊周總理的言論，為什麼不追查？我認為《文匯報》的問題應該由上海市委第一書記負責。第一書記就是張春橋嘛！我記得我講這些話的時候，沒人吭氣，氣氛很緊張，誰都知道我在講張春橋，但誰都知道這和中央當時的精神是對著幹的。主持會的局長匆匆宣佈散

會，會後又把我留下說：如果你前一段想不通，還是認識問題，但是不要再堅持了，再堅持下去性質有可能就變了，領導上不忍心看到一個年輕幹部就這樣下去。

當時我判定，他們心裏的真實想法是和我一樣的，但是他們就是要對我說這些話嘛。我無非是說出了大家心裏的話，我並沒有什麼理論的高度、發明創造。我當時也不知道遇羅克是誰，張志新是誰，顧准是誰，我離這些理論上的先知先覺很遠，我不知道他們的名字，只是從直覺上從常識上感到自己做的是對的。當時我對領導和一些朋友的告誡——不管這些告誡是善意的還是別有用心的，都聽不進去。不是說我當時處於一種固執的狀態，而是我已經認定，需要有一批人站出來，堅決地鬥爭，否則江山就真要變色了，真可能讓江青這些人糟蹋了。必須有一批人堅決地站出來，不能再退了。我們送花圈的第二天，就發現官方把我們的花圈和悼詞連夜收走了。這就激發了我把悼詞又重新寫了一遍，然後裱上塑膠膜，是怕下雨，又偷偷貼上去。我和我們工廠的孫正一、陳瑞，三個人看法非常一致，我們經常去天安門，大家互相掩護。孫正一寫了一些罵江青、張春橋的詩；我提了一些問題：一、為什麼有人把毛主席的三項指示割裂開來，對立起來？矛頭究竟對著誰？二、把重新工作的老幹部統統說成是「還鄉團」、「走資派」上臺，這是對毛主席幹部路線的否定，這不是在為林彪的反動幹部路線翻案嗎？三、限制資產階級法權不要物質基礎，是對列寧所說的：我們是「沒有資產階級的資產階級國家」的否定。究竟哪些人在擴大資產階級法權？四、三個人的「共產主義」是全世界三十億人民的幸福嗎……記得我提了五六個問題，全是提的政治問題。

我們已經知道當時廣場上到處都是便衣，我們這樣做是有很大風險的，但是必須要做了。所以互相掩護著，把標語、詩詞一貼上

去就跑。那時候我一天去廣場兩三次，上午、下午、晚上，中午要回家吃飯。後來，還帶上了照相機。

邢　你照相是從什麼時候開始的？

賀　在天安門之前也照過相，比如串聯、插隊，但那時照相機對我來說還只是個玩具，像在韶山留個影，井岡山留個影，拍個紀念照……真正拍社會生活，「天安門事件」是第一次。為什麼拍呢？有感而發，情不自禁吧。我看到這樣的場面：人山人海；壓迫越厲害，反抗越激烈；大標語、周恩來遺像都放到紀念碑上面去了；他們把花圈晚上撤走，第二天人們又把鐵制的花圈用大吊車吊過來了……這種抗爭是史無前例的。鄧小平、周恩來，那時已經成為一個符號，成了人們對生活抱有希望的一個符號。當時從對周和鄧的態度上，就可以分出朋友和敵人了。我還從我們工業局保衛科的一個朋友處借了一台135相機，我們家的是120相機，是抗戰時期的戰利品。那幾天我一共拍了四個膠捲。

邢　你帶著兩個照相機，太顯眼了。有那麼多便衣，太危險了吧？

賀　確實。當時照相的沒有幾個人，不像現在。我是偷偷地拍，拍完了自己沖洗，不去照相館沖。

4月5日晚上，就開始鎮壓了。那天我在我父親的一個老戰友、當時軍委辦公廳的一個處長家裏吃晚飯，聊天。出來的時候已經是晚上9點鐘了，從三座門經過南池子大街往天安門去，發現一卡車一卡車的工人民兵在往那邊開。快到天安門的時候，聽到北京市委第一書記吳德的廣播講話，一遍一遍地播，要人們離開廣場，說什麼要警惕反革命分子的破壞搗亂。我知道肯定壞事了，要鎮壓了。

等我到了廣場，廣場上的人並不太多，但是紀念碑前還聚集著一兩千人。有人還在不斷地喊口號，在演講。我把自行車停在廣場，又到紀念碑聽了一會兒演講，看了新貼的傳單。當我正準備離開的時候，就發現周圍已經有行動了。我趕緊騎車往南跑，兩

側的員警、工人民兵合圍的時候，我剛好跑出包圍圈，只差十幾米就被圍進去了。這時紀念碑那裏開始抓人、打人了，我一口氣騎到家裏。回到家的時候，我們工廠裏的一些朋友、一些師傅都在等我，他們都很不平靜，不知道我到哪兒去了，怕我出事。後來我把看到的情況告訴他們，我認為肯定要宣佈天安門這個事件是反革命事件。當時大家情緒比較低落，這麼明目張膽地在光天化日之下鎮壓，這是第一次。它和1957年還不一樣，57年是內部一個一個地整，在街頭上還沒有發生過這樣的情況。這次真正感覺到了什麼是白色恐怖。我對他們幾個人說，下一步肯定還要抓人，我不相信只抓廣場上的人，因為這事是一步步地鬧起來的。

媽媽說，你要往開裏想

邢　當時工人民兵是怎麼個裝備？

賀　帶著頭盔，就是柳條帽，拿著大棒，實際上就是鎬把兒、鐵鍬把兒。過了一天，就宣佈天安門事件是反革命事件，開始追查，同時宣佈撤銷鄧小平的職務。第二天就組織人們遊行，歡慶「粉碎了右傾翻案風」，歡慶「鎮壓了天安門反革命事件」，人們照樣還得上街遊行。我們廠的隊伍也去了，但是我知道人們口號是喊不響的，雖然有人領著喊，但是它的音量、聲調都蠻不是那麼回事嘛。那時候上街是表示對毛的一種態度，誰敢不去？多少年來都是那樣。那時我總覺得，毛歲數太大了，根本不瞭解實際情況，上當受騙了。批鄧時，我還是頂。上面讓我報告寫大字報的張數，我就說，你是讓說真話還是說假話？要說真話，這些大字報都是抄的，什麼「小報抄大報，大報抄梁效」，而你們要的，一篇也沒有啊。他們問我寫了沒有，我說沒有，想不通怎麼寫啊？我寫了，你們能信嘛？當時頂得比較厲害。局裏和工廠的領導都一次一次的找我，我當時已經打定主意，寧肯不當這個官，也不去做違心的事了。我對文化大革命已經深惡痛絕，雖然對它

的起因、發展，我並不是十分清楚，但對它的結果已經看得很清楚了——一天到晚亂哄哄。

崇文區派了專案組來我們廠，宣佈對我實行隔離審查。把我關在樓梯下面的一個小屋——磨刀室，讓我反省，但那時候還可以回家。我知道上邊也未必真想把我整成什麼樣，因為這對他們也很難堪。我是他們提拔起來的，「三結合」進領導班子的，把我弄成個反革命，他們也尷尬，也下不來台。所以一開始，他們還是勸我「懸崖勒馬」，不能再往前走一步了，否則誰都無能為力了，對你的前途如何如何。但是，我的態度令他們無計可施。我最憤恨也最警惕的是，當局總覺得我們是有組織、有預謀、有後臺。所謂後臺，就是總覺得這些幹部子弟後面有老人，老人後面有中央一級的人，一級一級要揪出來。報上的這種輿論以及他們與我的這類談話，是使我與他們對立下去的一個重要原因。我們完全是自發的行為，我們哪有組織啊？但是他們不是僅對著我個人，總是要揪我後面的人，我後面哪有什麼人啊？這樣的抵制、抗衡，一直拖了一個月的時間。

到5月6日，星期四，是我們廠的廠休日，我在家。頭一天晚上，我已經把我拍的膠捲，選好的留下，不太好的就燒掉了。還有一些本來藏在鄰居的朋友家裏，後來感到自己肯定會被捕，到時候有可能拖累朋友，那天晚上，我又把照片要了回來，又燒掉一部分。第二天，我父親到王府井給我母親抓藥去了，我預感到自己的處境不好，就跟母親聊了一會兒。我說：媽，我要是真被他們抓進去，你也甭著急，最多兩年，他們就會垮臺，他們一垮臺，我就能出來。我就這麼勸慰我媽媽。我媽媽也勸慰我，她說了很多話，其中最重要的一句，我至今還記得，就是：不管到什麼時候、什麼情況下，你都要往開裏想。什麼意思？你別自殺。

過了一會兒，我們工廠專案組的副組長到家來了，說是局裏的領導來找你，在廠裏等你呢。我就知道事情不好了。

邢　你拍的照片後來怎麼樣啦？

賀　我燒了一部分，在書架裏藏了一部分，夾在書裏面。藏起來的照片後來抄家也抄走了。當天就抄了家。那會兒還是沒有鬥爭經驗，對形勢惡化的程度還是估計不足。

後來我就跟著他走，離開我們樓拐彎的時候，我回頭看我媽站在陽臺上還看著我呢。

我到了工廠，區工業局專案組的組長跟我談話，他問我父親對我的事怎麼看。我說：「我父親在幹校，他最近因我媽病重才回北京，我不跟他談這些事。」實際上我父親這些人對我還是很擔憂的。第一，他知道我做的沒有錯。第二，他不希望我去硬抗。他們有政治經驗，我父親曾對我說：有時候話可以說，但是千萬不能落在白紙黑字上。他還說：你不要給自己戴高帽，就是檢討也不要自己給自己扣帽子，尤其不能落在白紙黑字上，落在白紙黑字上就成了證據。我對他們說，我的事和我父親沒任何關係，你們不要扯到那兒去。這時，他們的口氣突然就變了：你現在對你的罪行怎麼認識？我說，在運動中我可能有缺點有錯誤，但我沒有罪。專案組的人就說：你如果還是這麼一個認識，換個房間談，他們在那兒等你呢。

進了廠辦公室，裏面煙氣繚繞，有十幾個人，好些人都不認識，有兩個穿員警制服的，其他的都穿便衣。我一進門就問我的名字，驗明正身後就對我說：我們現在代表北京市公安局向你宣佈，你已經被正式逮捕。我當時還沒反應過來，旁邊的一個人「喇」地一下就給我上了銬子。他們讓我簽名，我也沒看清是逮捕證還是拘留證。開始我想不簽，後來想，無所謂吧，不簽該抓還得抓，簽了該放也得放，就簽了。員警搜查我身上的東西，當時身上就兩毛多錢，自行車鑰匙，辦公室的一串鑰匙，還有一個小豆腐乾大的通訊錄，這個可能是最重要的。

那天是廠休日，院子裏只有十幾個值班的人，把我押進車子的時

候，其中一個圍觀的人突然喊了一句口號：「打倒賀延光！」可是也沒人呼應他。員警都坐在車裏的椅子上，讓我坐在吉普車的地板上，還按著我的頭，不許往外看。車子轉來轉去，就是不讓我知道往什麼地方開。事後我才知道是到了北京市第一監獄，在陶然亭公園旁邊的半步橋。本來從我們單位到半步橋監獄直線距離沒多遠，但是車子足足轉了大約40分鐘。

我的監獄生活

賀 再次搜身，解走皮帶、鞋帶後，把我關在了K字樓的三層，記得好像是10號牢房。這是一間不到二十平方米的房間，兩邊是地鋪，鋪面是木板的，離地面二十幾釐米，底下可以塞進一個臉盆。中間是一個窄窄的走道。加上我一共關了13個人，那12個大概都是刑事犯。

押我的員警剛走，就有一個傢伙朝我狠狠瞪了一眼，然後陰陽怪氣地問我：嗨，你他媽的身上有蝨子嗎？這是挑釁，也想給我個下馬威。我在外面的時候也聽說過監獄裏面的一些事，我不在乎地看他一眼，冷冷回答說：這話應該我問你吧？你看不出來我是剛進來的？他們看我的一身打扮——海軍灰的上衣，國防綠的褲子，三接頭的皮鞋，就判斷出我是因為天安門事件進來的政治犯。他們可能也知道，天安門鬧事的有不少幹部子弟，幹部子弟不好惹。以後，雖然這些人之間時常發生吵罵鬥毆，但沒人欺負過我。

第一頓飯印象太深了，一個窩窩頭，一碗白菜幫子湯，那湯上漂著一層膩蟲，噁心得要命。開始，我還用筷子往外挑揀膩蟲，可總是挑不乾淨，後來一想，去他媽的吧，今後就得吃這樣的飯了，乾脆一閉眼，一揚脖兒，幾口喝個精光。

吃了晚飯就提審。開始的時候，我只承認對運動不理解，當然不能承認對毛主席有什麼看法，也不想承認對江青等人有什麼想

法。當天，審到半夜；第二天，上午審、下午審，晚上又審，幾乎除了吃飯時間，連軸轉，夜裏審到一兩點、兩三點。我那段時間被審訊了49次，每審一次，回來我就在筷子上用指甲刻上一道印。審得我又累又疲勞。我要求坐一會兒，他們起初答應了，後來認為我態度頑固，坐著也不說什麼，就把凳子乾脆撤了。他們為什麼審我這麼長時間？是把我的案子看得太重了。最多的時候9個人審，那一次中間坐著一個頭髮花白的老軍人，五六十歲的樣子，我現在不能判定是不是劉傳新——當時的北京市公安局長，鎮壓天安門事件的得力幹將。「四人幫」一粉碎，不久就跳樓自殺了。

後來，隨著揭批運動的深入，我講的一些話，在朋友之間講的一些話，他們就掌握了。在這種情況下，凡是我講的我就承認。但是有一條，我只承認我對江青、張春橋、姚文元不滿，反對他們；不承認反對毛主席、反對黨。這是我的一個底線。不管我心裏面已經對毛產生多少不信任和懷疑，但是我嘴上是不能說出來的。

我說，我為什麼不能懷疑江青？主席不是好長時間都不和她在一起了嘛，你不能說我反對江青就是反對毛主席。一開始反對江青我也不承認，但是他們有了別人揭發的東西。還有一條底線是不能連累別人。比如他們最感興趣的，這段時間你父親從幹校回來，有哪些老人到你們家來？你已經掌握的，我承認；你不掌握的，我不會主動說。就是承認了，也不會說他們談了政治問題，他們就是老戰友，在一起聊天，還勸我要理智，不要衝動⋯⋯說些冠冕堂皇的話唄。但是他們認為我背後一定有組織，一定有老人。

後來我才知道他們為什麼把我的案子看得這麼重。原來是工廠裏有人揭發我，揭發我的信到了吳德那兒，北京當局的四巨頭——吳德、倪志福、丁國鈺、吳忠，同時都有批示。

這種審訊一直到7月6日。為什麼這一天我記得非常清楚呢？這一天是朱德逝世的日子，晚上就廣播了。

邢　你被抓的時候，與你同時參與運動的人有沒有被抓的？

賀　有，孫正一和陳瑞。過了一個月左右，他們倆也被抓了，後來把我們打成「賀孫陳反黨小集團」。但是我當時不知道，直到放出來的時候才知道。

7月6日下午審訊我的時候，情況有了變化，本來通常是要審我一個下午的，這天剛審了一個多鐘頭，有人進來遞了一個條子給審訊員，就結束了審訊，讓我回監房收拾東西。然後把我帶到另一座二層樓房──後來我們都叫它「王八樓」，中間是獄警呆的地方，四周有六條放射性的通道，通道便是一個挨一個的單間牢房。

關進單人牢房，預示你的問題又升級了。這牢房非常小，也有個地鋪，牆角擺個塑膠桶，大小便都在塑膠桶裏。但從那天起，提審我不是那麼頻繁了，幾天才審一次。後來這屋裏又關進來一個人。這個人有四五十歲，我們倆幾乎不說話。他肯定也是個政治犯，但不是這次進來的，臉色灰暗，什麼話也不說。後來又把他調走了。

我一個人關的時候，感到老沒人說話也不行，有一種恐懼感，便經常自言自語，嘴裏念念有詞。另外每天可以看一個多小時的《人民日報》，我就背新華社的電頭，什麼新華社布魯塞爾電，布宜諾賽勒斯電，當時能背一百多個國家的首都，不為別的，是怕老這麼關著把自己關傻了。能看的書就是《毛選》四卷，每個牢房裏都有，我通讀了好幾遍呢。

邢　你的家人不知道你在那兒吧？

賀　不知道。單位的人也不知道。7月28日凌晨唐山地震的時候，我床頭放的一盆水漾出來了，水把我給弄醒了。我一看臉盆裏的水還在晃悠呢，知道是地震了，當時有點緊張，整個監獄也亂了

套。其他牢房的人撞門，喊叫，要求出去。員警根本不理。一兩天後，我這牢房又關進一個小夥子，叫李樹春，18歲。他進來時，臉上、胳膊上都裹著紗布，渾身是傷。我當時還沒反應過來，問他怎麼回事，他說是從茶澱勞改農場過來下車時摔的傷。後來熟了以後他才告訴我，他的傷是打的，是地震逃跑時，被抓回來時打的。他一跑，犯的罪就升級了，從勞教改成逮捕，關到這邊來了。

地震那些天，很長時間就不審我了。我每天能聽到陶然亭公園的抗震救災的大喇叭廣播，如何如何，內容聽不清楚，但整天聽見有廣播的聲音。7月6日下午朱老總去世的哀樂也是從那兒傳過來的。

牢房通道裏也有有線廣播，每天晚上8點播半個小時的新聞聯播。當時不知道唐山地震具體的災情，但我從遠處街上白天晚上不斷傳來的汽車鳴笛聲，判定災情輕不了，連北京都這麼熱鬧。我見好多天沒人理我，我就敲門，喊「報告隊長」，員警開門問我有什麼事。我說：現在也不審我了，我還是共產黨員，也沒人開除我，地震災情這麼重，我願意為抗震做點工作，哪怕就在監獄裏面也行。結果遭到員警的一頓痛罵，說我是利用地震向無產階級專政挑釁。

李樹春可以寫條子向家裏要東西，我就利用他寫條子的機會，用他要來的鋼筆、墨水寫了一些讀書筆記，寫在手紙上和《紅旗》雜誌裏面的空白地方。後來我也可以向家裏要書了，什麼《怎麼辦》、《反杜林論》、《左派幼稚病》，這些書可以拿進來。我還從被子裏撕下一些棉花，從墨水瓶裏吸出一些墨水，偷偷留下來。我在監獄裏寫的東西不多，也就五六千字吧。

9月9日，毛澤東去世。我聽到這個消息的時候，說老實話，我心裏非常複雜，是又高興又擔心。

「勝利啦！」

邢　你是不是也是從喇叭裏聽到這個消息的？

賀　那天下午，我先是從外面老遠的喇叭裏聽到唱〈國際歌〉的聲音，估計還是陶然庭公園裏的喇叭，而且是三段歌詞從頭到尾地唱，一遍一遍地唱。我心說，怎麼回事啊，朱老總逝世的時候，〈國際歌〉只奏了一遍，然後就是哀樂。這次一遍一遍地唱〈國際歌〉，一遍一遍地奏哀樂，規格顯然比朱老總的高，只能是毛去世了，但沒地方去證實。

晚上新聞聯播的時候，就報了。我當時高興得是，江青這些人做的壞事，都是以毛的名義做的，現在毛去世了，事情有可能翻過來；擔心得是，她們這些人要是真上來，我們就完了，一點希望也沒有了。怎麼辦？萬一要有機會，我就要跑出去，那真要上山打游擊，走父輩走過的路了。心情非常複雜，但總的來講，還是覺得有了一點點希望。這時候，我就聽見了越來越近的獄警的皮鞋聲——在監獄裏對犯人來說，這聲音是最恐怖的，因為不知道他要開的是哪一扇門，要把哪一個人給弄出去——獄警是通過門上的觀察孔瞭解政治犯的動態來了。

聽到廣播，李樹春像個農村老太太似地嚎哭起來：「毛主席啊，我可對不起你啊！」……一句一句的，是哭，又像是在唱。他哭的這麼厲害，我可哭不出來。

邢　看守是不是來看你哭了沒有？

賀　他肯定是來看我的反應。後來1978年給我平反的時候，《人民日報》寫我的報導，惟獨這一段不屬實。它說毛澤東去世時，賀延光如何淚流滿面。那時報紙顧忌還很多，即便否定「文革」的人，也怕被扣上反毛的帽子。當然，我也不會對記者暴露當時我對毛的真實想法。

實際情況是，獄警過來的時候，我就蹲坐在地鋪上，雙手抱著頭

埋在雙膝間，身體還時不時抽搐一下，好像是在哭泣，反正他也不進來嘛。

那幾天，我看報紙最關心的就是江青這些人會不會上臺。治喪委員會的排序，每個人照片的規格，葉劍英、李先念的身體怎麼樣……我注意到照片上的許世友身板挺得直直的，好像氣哼哼的。我當時把所有的希望只能寄託在這些老帥和老將身上了。

10月6日，「四人幫」被抓起來了，我一點資訊也沒有。過了幾天，人民日報上登了一篇〈八月的鄉村〉，批判狄克。我心說這個狄克是誰啊？原來沒聽說過。肯定不會是這些老帥，狄克像是個文人吧。不會是江青，那時她已到延安了；姚文元也不像，他年齡夠不上，那時他還太年輕。因此我判斷這個狄克很可能是張春橋，我一下興奮起來了。再過幾天，報上「按既定方針辦」最高指示的黑體字沒有了，這肯定是出事了。因為「文化大革命」鍛煉了我們，對一句話、一種表述，甚至它的每一個細節，都敏感到無以復加的地步。

這樣到了大概是十八九號，晚上開始聽到敲鑼打鼓喊口號的聲音，此起彼伏，晝夜不停，可口號喊的是什麼，仍聽不清。我斷定是江青一夥垮臺了。我根據什麼呢？4月8日「批鄧」的大遊行，也喊口號，但完全不是現在這種氣氛。什麼能讓人這麼興奮？肯定是把這幾個倒臺啦。我的獄友李樹春也聽到了，他就問我：這是怎麼啦，好像敲鑼打鼓沒完沒了的？我說：大概是又把什麼人揪出來了吧。他說：把他媽誰揪出來，咱哥兒們也得在這兒啃窩頭啊！可不是嘛，他是一個18歲的刑事犯，但對我可就不一樣了。

第二天晚上聽新聞聯播，播音員嗓音宏亮：中央人民廣播電臺，現在是全國各地廣播電臺新聞聯播時間，下面廣播首都150萬軍民舉行盛大的集會，熱烈慶祝華國鋒同志任中共中央主席、中央軍委主席，熱烈慶祝我們黨一舉粉碎了以王洪文、張春秋、江

青……播音員播到這兒的時候，我已經全明白了。

那種感覺真是情不自禁──我本來是坐在地鋪上聽，突然一下子就蹦起來了，大喊大叫：「勝利啦！勝利啦！」我一下就竄到鐵窗戶那兒，那是挺高的一扇小窗，平常是夠不著的，更不允許抓著窗子往外看。這時我雙手狠命地抓著鐵欄桿，扯著嗓子衝著外面喊：「勝利啦！勝利啦！」這個時候，幾乎同時，樓上樓下一片歡呼聲，我也聽到有人喊：「讓我們和全國人民一起歡慶這偉大的時刻吧！」……我這時候已經處於一種癲瘋的狀態，渾身發抖，是上牙打著下牙的那種發抖。這時的李樹春被我給嚇傻了，他靠著牆坐在那兒，兩眼直愣愣地瞪著我，也不敢和我說話。他根本不能理解我的舉動，以為我真的瘋了。我當時是渾身哆嗦，控制不住的哆嗦，至於後邊廣播的是什麼，我已經聽不進去了。喊了一陣直到喊累了，身子才順著牆壁坐了下來。歇了一會兒，心情逐漸平靜了一些，又繼續聽廣播。這時又有一句話刺激了我──「我們要繼續批鄧，反擊右傾翻案風……」我原以為抓了「四人幫」就一了百了了呢，這句話又讓我清醒了許多，覺得這事還不會這麼簡單。我就慢慢地冷靜了下來。

在人們喊叫的時候，員警很快就來了，通過鐵門上的瞭望孔往牢房裏觀察。我們是顧不上他們了，他們也不知道該怎麼處置了，因為樓上樓下都是一片歡呼聲。我判斷，凡是敢喊敢叫的人，都是天安門事件的，或者是政治犯，我那時極受鼓舞，原來有這麼多的政治犯！獄警大概也沒見過這個陣勢，他們也拿我們沒轍。過了好一會兒，終於有兩個獄警走到我的牢房前，「哐鐺」打開門，對我說：「出來！」態度特別橫。我跟他們到了「王八樓」中間的辦公室，坐在辦公桌前面的一個小木蹲兒上。員警說：「你幹嗎呢你？」我說：「我高興啊！」「你高什麼興？」「我剛才聽廣播，『四人幫』揪出來啦。我這案子你們也知道，你們應該能理解我的心情。」「告訴你啊，『四人幫』是『四

人幫』，你們是你們。問你，你現在對天安門反革命事件怎麼看？」這還真把我問住了，因為中間一大段的廣播都沒聽進去，不知有什麼新說法。我沈默了一會兒，說：「天安門事件是什麼性質我不管，反正我沒參加反革命活動。」「告訴你啊，你帶頭大喊大叫，嚴重違反了監規，今天先饒你一次，明天你要是還這樣，所有後果你負責，別怪我們對你不客氣！」警告完，就讓我回去了。

第二天看報紙的時候，我左邊的監房裏還是有人大聲朗讀，這在監獄裏是絕對不允許的。員警去干涉的時候，讀報紙的兩個人據理力爭，說全國人們都在高興，我們為什麼不能高興！便和員警吵起來了。過了十幾分鐘，那員警又叫來一個同夥，他們從我左邊的監房叫出來一個人，在走廊裏就打，打的那個人又喊又叫，倒在地上，我從牢房門下面通氣的百葉窗往外看，看見員警的皮鞋踩在那個人的臉上，最後把他的右手和左腳用一個銬子銬在一起，拖走了，這人成了什麼樣了。再後來又把另一個人也帶走了。幾年以後，我知道，這兩個人，先挨打的叫楊曉東，後挨打的叫竇守芳。楊曉東是天安門事件著名的〈告別〉長詩的作者，後來上了中國人民大學，讀黨史系，十年前我在深圳見過他一次。竇守芳平反後曾擔任過團中央文體部長，後來又調到廣播事業局，這些年跟他斷了聯繫。我曾問過竇守芳，他們把你弄下去怎麼著了？他說把他耳朵後面的骨頭都打壞了。

邢　專政機關的這些人真可恨，粉碎了「四人幫」，難道不值得應該高興嗎？你們也是老百姓嘛，你完全可以對這些人好一點。

賀　專制社會就是製造愚昧嘛。而且那時候的看守大部分都是轉業軍人，和現在的看守還有區別。我前些天見到「六四」後被抓的陳子明，他說，「六四」以後的看守和「四五」時期是不一樣的了。「四人幫」垮臺後，北京市公安局長劉傳新為什麼自殺，他也知道自己罪孽深重。你想，對比張志新把喉嚨割了，打你算什

麼呀。既然已經粉碎「四人幫」了，我想，我就耐心等待吧，早晚會有那麼一天。

我被釋放

賀　釋放前的頭一個禮拜，我被通知，準備要釋放了。在此之前，已經釋放了一批人。釋放前把人集中起來，先辦了幾天學習班。所謂學習班就是一個意思：以前抓你是對的，現在放你也是對的。根據毛主席「懲前毖後，治病救人」的方針，把你們放出去，希望你們要吸取教訓，好好改造，重新做人。你們不是沒有問題，你賀延光，對毛主席產生了懷疑和動搖，再說，「四人幫」當時都是中央領導，你們反他們，矛頭還不是指向了黨中央。同時，一再警告我們：監獄裏的事，出去後不許說。如果誰不老實，就把誰再抓回來。上一批放的誰誰誰，就是因為在外面胡說八道，這不又抓回來了嗎？另外呢，審訊你們的全部材料，會當著你的面全部燒掉。這實際上是燒掉了很多有價值的歷史資料。我估計把從我家抄走的膠捲也都燒了。

1976年12月4日這天，單位來車接我，直接把我送回家。我媽見了我沒掉眼淚。我們的街坊鄰居事後對我說，你們老太太可不一般，從來不掉眼淚。唐山地震之後所有人都在地震棚住，你媽就是不下樓，想幫她搭個地震棚她也一律謝絕，不要人幫忙。後來我問我媽，她說：「搭什麼地震棚啊，都家破人亡了。」因為那時我是死是活家裏根本沒有消息。我媽還說：「讓別人幫忙搭地震棚，弄不好還連累人家。」那會兒和現在不一樣，現在你如果有「政治」問題，周圍的環境會好得多，甚至能明顯感受到人們的同情和溫暖。那時候可不一樣，所以我們老太太是不求別人的。

樓下的街坊還告訴我，抄你們家時候，我們都在門口，還有派出所的員警也在後面，抄家的是市局的員警。抄家時，你爸出去抓

藥還沒有回來。你媽問員警：「我這兒子怎麼啦？」員警訓你媽：「看你養的兒子，養了個反革命兒子，你怎麼當母親的？」你媽說：「我兒子是什麼反革命？」「天安門事件的反革命。」你媽這老太太太棒了，她說：「我只知道我兒子到天安門悼念周總理去了，如果周總理是反革命，我兒子就是反革命。」我父親回來後，看到家裏的情況，對員警說：「我兒子已經長大了。反正，我是相信群眾相信黨。」

我們那個三四百人的小廠，由專案組進駐，搞清查。因為我們這個案子，使一百多人受到牽連，三個人被抓，當時真是一片白色恐怖。從監獄裏面出來以後呢，我們廠原來的領導班子已經全變了，專案組的副組長留下來當了書記。雖然我還沒有平反，僅僅是釋放，但對他們來講，也是很尷尬的。工廠裏有些朋友為我鳴不平，說為什麼不能徹底平反？也有人對我講，誰誰誰原來和你挺好的，結果給你貼了大字報，感到很憤恨。我當時還比較清醒，勸大家，第一，現在還是繼續「批鄧，反擊右傾翻案風」，鄧的問題都沒有解決，我的問題要徹底平反，恐怕還得等一段時間。再一個，不要再說誰給我貼大字報了，我能理解，我是一個個人，「四人幫」是以黨的名義、毛主席的名義，讓他們怎麼辦啊？這樣不利於廠子裏面的團結。

我回廠後碰到的第一件事，是他們要扣我7個月的伙食費，按每月13塊5的標準。

邢　給監獄？

賀　對。我堅決不給。我說，不錯，國家規定犯人每月生活費是13塊5的標準，但是你告訴監獄，我是不交這錢的，因為他們知道我吃的是什麼，到底值多少錢。13塊5的伙食費，在當時就算可以了，可我們在監獄裏吃的遠遠達不到這個標準，頓頓是窩頭、白菜湯，黃瓜湯，那黃瓜皮又老又硬，以後再沒見過。再說，還頓頓吃不飽，那時我真正體會到了什麼叫「閒饑難

忍」。每天開飯時，盛窩頭的桶一送進來，犯人們湧上去伸手就搶，不為別的，就為能搶個個兒稍微大點的窩頭吃。所以，伙食費我是堅決不給，他們後來也就拉倒了。在我回廠前，他們開了全廠職工大會，認為我對毛主席產生過懷疑和動搖，還要在群眾中接受改造。調子是這麼定的，但是，他們很尷尬。因為政治趨勢會越來越清楚，大家心裏都明白。時間不長，局裏就找我談話，讓我到手錶殼廠去，過去的事就不提了，還是當革委會副主任。既沒有給我平反，又給我安排了工作，實際上是讓我離開化學纖維廠。我說：還沒有給我在政治上平反，就讓我走，我是不願意的，但是局裏既然這麼決定了，我也服從。我相信這個問題一定會解決。

到了手錶殼廠，我的任務是帶200名青年工人去昌平北京手錶廠實習。這一走就是兩年。

直到1978年三四月間，《人民日報》的兩位記者于國厚、谷家旺，《中國青年》雜誌社的一位記者張道誠來手錶殼廠找我聊天，聊天安門事件。他們向我透露，雖然天安門事件還沒有平反，但大家都在呼籲這件事，同時阻力也很大。在找我之前，他們已經在化學纖維廠開過幾個座談會了，公安局也去過了。

當上了團中央委員

邢　你的事當時在北京是很轟動的，案件也是很突出的？

賀　對，是北京市第一個平反的案子。在抓的時候也很轟動，崇文區開了大會。原來是準備要在大會上批鬥的，後來因為兩個原因：一個是地震；還有一個是我在監獄裏態度不老實嘛，覺得批鬥還不成熟。

後來，幾位記者和團中央十大籌備組的同志才告訴我事情的來龍去脈，以及為什麼在天安門事件還沒平反的時候，他們要做這個工作。

當時共青團就要恢復組織活動了，要開共青團第十次全國代表大會，團中央籌備組就向老團中央領導胡耀邦徵詢意見，求教。胡耀邦有個建議，他的意思是說，粉碎「四人幫」，共青團第一次恢復活動，這個「十大」，一定要有一批反「四人幫」的年青人參加進來。如果沒有這些人的參加，開團的「十大」就沒有什麼意義。我不知道這是不是胡耀邦原話，他們講的是大概的意思，胡耀邦當時還是黨中央組織部長。那麼到哪兒去找這批年輕人呢？團十大籌備組就找到了北京市公安局，公安局已經改朝換代了。他們推薦了幾個人，介紹這幾個人在監獄裏表現還是不錯的。所謂不錯，當然是粉碎「四人幫」後的政治標準了。

邢　當時頂得很硬的。

賀　對，頂得很厲害。而且在這個時候，公安局的領導班子已經全換了，那些受過迫害的老公安慢慢都恢復了工作，已經是反「四人幫」這派人上了台。後來聽他們說，在揭批劉傳新的大字報裏披露，劉傳新有一個第一批槍斃四十幾人的名單，其中我也在裏邊兒。這個名單我後來無法去證實，是他們告訴我的。在這樣一個背景下，《人民日報》當時是胡績偉、秦川主政，派記者對天安門事件真相進行秘密調查。平反「天安門事件」阻力很大，他們希望挑出一個案子來，作為撬開天安門事件的一個口子。

　　《人民日報》記者經常來找我，但是稿子遲遲不發。到8月份，北京市公安局和崇文區區委聯合召開大會，宣佈為我們三個人正式平反。這時，「天安門事件」還沒有平反呢。給我們平反的大會，《北京日報》發了一個簡單的消息，但中央人民廣播電臺立即就摘播了。聽眾讀者對此是非常敏感的，所以我們一夜之間就成了全國的新聞人物。

邢　《北京日報》把你們的名字都登上去了？

賀　嗯。但我記得不是登載在第一版，因為當時還有許多忌諱，我記得好像是在第二版發的消息。當時一下子就轟動了。為什麼呢？

「天安門事件」還沒有平反，我們這幾個人卻平反了，這是一個信號。

那個時候，我就一天到晚受邀去作報告，部隊、機關、企業、大學……在新華社，我講完後，朱穆之和穆青親自見我。到外交部，當時的團委書記是叢軍，陳毅的女兒，由他們邀請的。還有廣播學院，還有中央幾所藝術類的學校在中央音樂學院聯合開了一個大會。我記得有一次在廣和劇場講，下面遞條子，說我講在監獄裏摧殘人的情況，是否太偏激了，是否帶著個人的情緒，我們社會主義國家的監獄怎麼可能這樣呢？我說，我講的都是真實的，是我親眼看到的。至於是不是個人情緒，我舉一個例子就行了，賀龍這樣的開國元勳，不一樣被整死了嘛。我說多少老幹部都被整死了，我們算什麼呀？後來就再沒有人反駁我了。我一共作了70多場報告。當時只要時間安排得開，我是來者不拒，有時候一天上午、下午、晚上，每次起碼講兩個多小時。當時人們普遍要求平反天安門事件的願望非常強烈。

我為什麼願意講呢？我的問題解決了，可那麼多人沒有平反，整個事件還沒有平反，你給我提供這個平臺，我就不會拒絕。最大的一次是在首都體育館，有一萬多人，是北京市委召開的大會，當時的市委書記毛聯珏參加了。安排有幾個人講，我講20分鐘。念完了他們審過的稿子，我就脫開稿講：像天安門事件這樣的群眾運動，過去從來沒有見過。現在，我們可以諒解參與鎮壓的工人民兵，他們也是受害者，但對於鎮壓群眾的指揮者，你必須得站出來承擔法律責任。當時的市委書記是吳德呀，總指揮是倪志福啊，他們都是政治局委員，還在臺上啊。我講到這兒的時候，全場熱烈鼓掌。我說，必須追究「四人幫」和他們骨幹爪牙的責任，全場鼓掌，但主席臺上的毛聯珏他們都緊張壞了。

這期間，《人民日報》找過我幾次去，一遍一遍地改稿子。我見過幾次秦川，還有國內部的主任老王，還有他們的幾位記者。後

來我就納悶，這個稿子搞了好幾個月了，《人民日報》為什麼沒登？他們記者向我透露，上面的阻力很大，什麼時候登，要聽胡耀邦的指示。這是政治鬥爭中的一個棋子、一個砝碼。當時胡耀邦是中組部長，中宣部長是張平化，張比較保守，屬於「凡是派」。但是《人民日報》就不聽張平化的，而聽胡耀邦的。當時上下的關係就這麼複雜。

10月12日，《人民日報》和《中國青年報》同時刊登關於我的長篇通訊，題目叫做〈暴風雨中的海燕——記青年共產黨員賀延光同「四人幫」英勇鬥爭的事蹟〉。16日，團十大就召開了，我成了代表，又成了主席團成員，我左邊是大寨的團支部書記賈存鎖，右邊是當時「雷鋒班」的班長。然後被選為團中央委員。據說，是聽團中央組織部人說的，看了我的材料後，胡耀邦有批示，大意是像這樣的人應當選進團中央委員會。這樣，我就當了一屆團中央委員。

天安門事件正式平反後，還有許多人找我去講，我就一概拒絕了。我認為我的任務已經完成了，天安門事件已經平反了，我還講什麼。之後在工廠呆的時間不長，我就被調到團市委去了。

希望擺脫官僚機構的氛圍

賀　有一個細節，可以說明我當時思想中的局限性。雖然我參加了天安門事件，但是和思想界的先驅們還有相當的距離，像張志新、遇羅克、顧准，你和這些人還是沒辦法比的。我的這種自覺性並沒有從思想理論上到了什麼樣高度，當時只是一種感受，對生活的一種感受。我對「四人幫」的抗爭是從這種感受中來的。記得出獄的那天，回到家後，馬上到郵局給父親發了一個電報，我父親當時在山西。怎麼打電報說這個事呢，得用最少的字表達，我就措了一個詞：「華主席給了我新生命」。我父親一接到電報，就知道怎麼回事了。現在看起來，這種表述既不準確，還有點可

笑。但當時人們還是把自己的命運寄託在某個領導人身上，我也不例外，這是我們長期受到的教育的結果。到1989年以後，人們的思想就完全不一樣了，越來越多的人不再把自己的命運寄託在任何一個人、一個黨的身上，而寄希望一個民主、自由、公正和健康的社會制度的建設上。

邢　再簡單說說你後來的經歷。

賀　1979年我調到北京團市委。周圍的人都說，我很有仕途前景。但到了團市委後，我覺得自己非常不適合在機關工作。一是，我當時雖然算是個人物了，但我不願把自己當花瓶。再說，那些在文化大革命、鎮壓天安門事件中受益的一些人，仍然在臺上，我和他們怎麼能很好地相處？一年多後，1980年《北京青年報》復刊，我就要求到那兒去工作，去當記者。《北京青年報》當時還沒有攝影記者，我又會照像，大家也都認可我懂攝影。我希望能擺脫官僚機構的氛圍，希望去尋找一個適合我的崗位。恰巧新聞記者、攝影記者的工作也是我的愛好所在，而且新聞記者的特點是關注社會、關注別人，這和我幾十年受到的教育和影響是非常適宜的。所以我是高高興興地要求去那兒，也很快就如願了，當上了攝影記者。

邢　當時進去有考察嗎？比如看你的作品。

賀　沒有。周圍的人有幾個會照像啊？我給這個照，給那個照，即便我給他們照一個紀念照，他們都會覺得你懂攝影。當時有照相機的人寥寥無幾，照相機算是一種高檔消費品。如果說天安門事件時我拿起照相機是一種有感而發，情不自禁，那麼坐在《北京青年報》的位置，則是一種機遇的巧合。《北京青年報》是團市委主辦的，我又是團市委的人，我就成了《北京青年報》復刊籌備組的六名成員之一了。我當攝影記者，也順理成章了。

當我坐在了這個位置上，我才知道，光靠業餘的那點知識是根本不行的，必須從頭學起。我在《北京青年報》是先當記者，後學

攝影。原來我父親對我的影響無非是照一個紀念照嘛，光圈和快門的關係我都弄不懂。真正坐到這個位置上唬人就不行了，我就從頭學，到《北京日報》、《北京晚報》、中國人民大學去聽課，到文化宮去聽專家講課。

在這個過程中正好趕上國家的改革開放，新聞攝影這一塊，我們過去儘是些假大空式的照片，現在開始從那種照片模式中跳出來，眼界開闊了，看國外記者的照片，看外國人拍中國的照片，開始反思、清理文革甚至文革以前，我們為宣傳而搞的那些假大空的東西。我一從事新聞攝影工作，就趕上了一個比較好的時期，門戶開放，思想活躍。儘管剛開始的時候，我也走了一段彎路——領會精神，組織畫面，按過去比較傳統的搞宣傳的方式——但是這段彎路，走的時間不長，一旦領悟那是個彎路，你再讓我走，我就不會走了。

那時，我也沒想過回到我以前的企業工作。雖然我在工廠進過所謂的領導層，但那時工廠裏的管理水平很低，文革以後大學恢復，新培養的專業人才會逐步上來，不會再有你的位置。我離開團市委的時候，團市委的很多朋友為我惋惜，為什麼要去當個記者，本來調你來就是有說法的，你再等個一兩年就上去了，大家都看好我的仕途。但是十年以後，這些朋友見到我，都認為我當時的選擇是對的。

1983年我調到《中國青年報》，在中青報的20多年，對我來說最大的變化是，讓我變成了一個真正的新聞工作者。我不再認為記者是喉舌，我不能去鸚鵡學舌，我也不認為自己是誰的工具。道理很簡單，工具是不需要思想的，而媒體恰恰是人們最需要去展示思想的地方。做一個媒體人，自己沒有思想，就很難去理解、捕捉、傳遞事情的真相。從中國轉型期這三十年的社會變化，從我自己的經歷看，過去受到的那種教育，就是把對未來的希望寄託在一個黨、一個領袖身上，這是絕對不行的。

邢　後來你又是怎麼進入《中國青年報》的？

賀　最早1978年給我平反的時候，中青報的老記者洪克──很著名，
　　我的前任──去工廠採訪我，我把我在工廠給工人拍的照片給他
　　看，他馬上問我，你願不願到中青報來，當時中青報馬上就要復
　　刊了，10月份復刊。我說，老洪，我當然願意去，當一個新聞記
　　者。他當時說了一句話：「你要當記者，可就當不了官了。」因
　　為我已經是一個轟動全國的新聞人物嘛，所以老洪覺得，我當官
　　的機會大大的有。我說，我從來就不想當官，就想當記者。老洪
　　說，那好吧，我們攝影部剛組建，復刊正缺人，你等消息，我把
　　你的要求向報社領導彙報。但為什麼沒有下文了，後來我才知
　　道，緊接著共青團開「十大」，我成了團中央委員，報社的領導
　　就很為難，把這樣一個全國矚目的人物，安排在一個攝影記者的
　　位置上，對他是不是合適？報社的老記者已經表示願意要我，但
　　報社的頭頭一研究，這個人來了不好安排，就像今天楊利偉這樣
　　轟動的一個人物到你中青報來幹什麼？所以後來我說，一個虛
　　名，耽誤了我四年，這是我不能控制的。

邢　他們報社的頭都不一定是團中央委員。

賀　他們總覺得胡耀邦對此人有過批示，如何如何。他們的這種考慮
　　是受當時環境的限制。後來，我被調到團市委。那麼，再後來怎
　　樣又到中青報來了呢？這時中青報一個老記者潘英離休了，空出
　　了一個位置，而且我在北青報的時候，北青報還不像現在，它僅
　　僅是一個機關性的報紙，甚至就像一個內部簡報似的，根本沒法
　　和中青報比。中青報當時如日中天，發行量逼近300萬份，在所
　　有大報中是最好看的一個。所以我在團市委幹了一年，在北青報
　　幹了兩年，將近三年的時間，就調到中青報。當時我雖然還是團
　　中央委員，但是和頭幾年，情況已有了不同，畢竟新聞人物的
　　光環已逐漸退去。我又找到時任總編輯的王石，他是寫《為了
　　六十一個階級兄弟》的作者，前年去世了。我和他在1979年有十

幾天的接觸。粉碎「四人幫」後，上面組織了第一個青年訪日代表團，團中央書記高占祥是團長，王石是中青報的文藝部主任，我是基層工廠反「四人幫」的人物。我們十幾人的代表團，有十幾天的接觸，王石對我的印象很不錯。後來王石當了總編輯了，我來找王石，幾天就辦成了。

到中青報以後，我的最大體會是，攝影記者不是攝影匠，你的功夫不是在照相機上，而是在照相機之外。我們是通過照相機傳遞資訊，記錄事實，表達意願。作為一個攝影記者，你對生活認識到什麼程度，你的照片就能拍到什麼程度。我寧肯照片照得不好，決不去弄假照片。我以後要有時間，就弄一本《假照片的故事》，把最著名的假照片彙集起來，一定是一本暢銷書。

有一個電影攝影師前幾年撰文回憶，說拍攝北平和平解放的解放軍入城儀式，路旁的人群本來是冷冷清清的，熱情並不高，被蘇聯專家給否了，認為這個紀錄片不能體現人民翻身解放的主題，便事後組織群眾重拍。實際上，對老北平的普通市民來說，他們就跟《智取威虎山》的李勇奇一樣，誰知道你共產黨、解放軍究竟是什麼人，這再正常不過了。要是一開始就那麼瞭解你、擁戴你，解放戰爭用得了四年嗎？還不一年就解放全國啦。可見，無視客觀事實，一切從政治出發，並不是始自文化大革命。到大躍進的時候，孩子在麥穗上跳舞顯示「衛星上天」，這不都是胡來嗎？但是都在我們的報紙上登過。文革時期，彭真和毛修水庫的照片，彭真的頭就變成了普通群眾的頭了。周恩來從蘇聯回來，毛劉朱去機場歡迎，後來就沒有劉少奇了，其他背景全沒變；劉少奇平反了，他的形象又恢復了。八大的時候，《毛澤東和他的戰友們》這張照片，毛劉周朱陳林鄧，也是假的，在會議休息時照的照片，神態不錯，但常委並不齊全，就把不是常委的腦袋換成了常委的腦袋，以假亂真。中越邊界反擊戰、洪災、SARS，都出現過著名的假照片，動不動就評上全國獎，最佳新聞照片，

這裏頭故事很多。我覺得講假照片的故事，就是講中國政治宣傳的歷程，非常有意思的題材。

〈小平您好〉與〈民主進程〉

邢　你拍的哪些照片是比較有影響的？

賀　當年影響比較大的有1984年的〈小平您好〉，新華社30多個記者沒有一個人拍到，後來挨了批評。中央新聞紀錄片廠也沒拍到，後來補拍，弄了百十多個學生，找了一個地方，拍了一些特寫，加在裏面。這是前些年記者節的時候，北大的一個老師講出來的。我當時只知道好多記者沒拍上，不知道還有弄假的。《人民日報》有一個老記者拍到了，但位置和我拍的不一樣。

邢　現在經常用的是你拍的？

賀　包括《鄧小平畫冊》也用的是我那張。還有1988年的〈民主進程〉，人民代表黃順興在七屆人大的大會上發言，這是全國人民代表大會有史以來第一次公開出現的反對聲音。他站起來，走到代表席走廊裏的麥克風前發言。那時候代表席的走廊上十幾米就有一個麥克風，就是給代表發表意見用的，可是後來就取消了。那時政治環境不錯，這個事影響也很大。還有〈九八洪水〉，就是九江決口。我的報導成了獨家新聞，報社領導為此做了三天檢查。後來朱鎔基有個指示，不能向群眾隱瞞災情，這事才不了了之。開始挨批評，後來又評上了當年中國新聞獎的特別獎。我曾經寫過一篇文章，〈從違反紀律到特別獎〉，寫了這個過程。我覺得獎不得獎的不是最重要的，重要的是及時把真相傳播出去。還有SARS時的照片，我的〈面對生命〉獲得了2003年的全國最佳新聞照片獎，那是在非典病房，在一位死者面前，表現一位醫生的責任與無奈的一張照片。還有這次的胡連會，胡錦濤和連戰邁著大步，相互伸出了手，但手還沒握上，還差那麼一點，也是這次新聞照片中最好的。將近200位記者絕大多數拍的都是握在

一起的。邁步相靠，伸手相握，表達的是一種意願，但是你也不能說他們一見面所有的問題都一了百了，必須要給讀者一種想像的空間。

邢　你得過幾次全國新聞獎？

賀　我在1986年得過全國十佳攝影記者的稱號。然後四次獲全國「好新聞獎」，全國「好新聞獎」是六四以前中國新聞獎的前身。三次獲中國新聞獎。得獎並不能說明一切，對一個新聞工作者，能向讀者傳遞真實的資訊，能在呼喚中國的民主進程中做一個積極的鼓動著，才算名副其實。

30年過去了，儘管中國政治民主制度的建設至今徘徊不前，但我想，每一位嚮往文明社會的中國人，仍會進行不懈地求索。對此，我沒有絲毫的懷疑，雖然完成這個過程相當艱難，甚至會付出幾代人的代價，但面對的挑戰越嚴峻，每一個人的努力就越有價值和意義。

【7】我所瞭解的胡喬木——鄭惠訪談

鄭惠，原名劉觀恩，1928年生於湖南武岡縣，1947年入北京大學。曾任中共中央黨研究室副主任，參加過1982年《中華人民共和國憲法》、《建國以來黨的若干歷史問題的決議》的起草，是中共高層重要的筆桿子。1997年創辦《百年潮》，以記述重大歷史事件真相為特色，受到國內外讀者好評。2000年被迫辭去《百年潮》社長職務。2002年夏季發現肝癌，2003年2月23日逝世於北京。筆者曾與友人為他合撰輓聯：半生俯首做嫁衣，文牘等身書生累；晚年捐軀新啟蒙，青史流芳百年潮。

筆者在鄭惠先生住院後與他商議，將他與胡喬木的交往以口述歷史的形式記錄下來。這個計畫未及完成，鄭公已經仙逝。

時間：2002年8月23日──9月24日

地點：北京醫院

十一屆三中全會前後的胡喬木
（2002年8月23日採訪）

邢　您同意搞口述史，太好了。咱們就先談您所瞭解的胡喬木吧。

鄭　我對他很尊敬，但我還是服從真理！他做得不對的地方，我們還是要說的。

邢　他是歷史人物，是共產黨內重要人物，不是一般的人物，您談他是對歷史負責。

鄭　是的。這不是個人恩怨問題。應該說，他對我是很愛護的。

邢　李銳先生說，您談胡喬木很重要。尤其是對七八年以後的胡喬木研究，您應該是權威了。

鄭　其實也說不上。喬木這個人不怎麼說話。他心裏有什麼並不和下面的人多說的。並不像有些領導同志那樣能坦率地與下面人交談。如胡繩同志，就能坦率地講講他自己，講他的一生，講得很

詳細。但喬木就從來不講，他有些莫測高深，你不知道他心裏想什麼。所以，我也不是很瞭解他。這個人還是值得研究的。只是現在有些材料還沒有公開。他在一些會上的發言還沒有收集起來。很多人還在堅決地維護著他。

我就從「文革」後期，小平同志出來主持工作以後說起吧。「文革」前，我與喬木同志沒有太多接觸。他在中宣部當副部長時，我只是中宣部一個普通的年輕幹部。1975年，我還在石家莊幹校時，據說，小平同志在這年年初同胡喬木說要成立一個顧問班子，當時還不叫研究室。大約到了1975年的6月份，就正式提出成立一個政策研究室。成立這麼一個新機構，就要調集一些人。這個研究室領導層的同志有胡喬木、吳冷西、胡繩、熊復、于光遠、李鑫、鄧力群，他們形成一個顧問班子並分工負責；在七人領導小組下面，又從《紅旗》雜誌、中宣部、黨校調來一些同志。這個研究室分兩攤子工作：一個攤子是整理毛主席的著作、文章、作品，一篇篇整理好讓毛主席過目、確定，為以後出毛選五卷做準備，這攤子人裏有龔育之。還有一個攤子，是專門對當前思想文化界做調查研究，反映問題，提供意見。我是從紅旗雜誌的幹校直接調來的，就在這個攤子中。實際上大家心裏明白，我們的工作就是和「四人幫」搞的那些「左」的東西對著幹。我記得，1975年7月份，我們就調到中南海來上班了。當時中央調人，當然是雷厲風行。這段時間工作很緊張，小平同志交給的任務也很多。

兩攤子事都讓喬木同志掌握，整理好的毛主席文章，要一篇篇念給領導層的同志們聽。每次讀毛主席的文章，小平同志都到中南海的慶雲堂來，一邊聽讀，一邊他還插插話，有時還把從毛主席那裏聽到情況和意見傳達給大家。那時七人領導小組的人，有時都來，有時誰有事就不來，一個星期，一兩次。而後，他們也將小平同志的講話向我們下面的人傳達傳達。

我們分理論組、國際組、文化組。我在理論組，組長是王子野。王子野人很不錯。我們一個組就三四個人。還有滕文生等。

做了幾件震動較大的事

1975年7、8、9三個月，我們做了幾件震動較大的事：

一是「科學院的彙報提綱」。胡耀邦一到科學院，就整頓科學院，把科學院造反派搞的那些東西翻了過來，重新建立規章制度，提高科學家的地位和待遇，並組織人起草了一個科學院的彙報提綱。這個提綱經過小平同志看過，送給了毛主席。快要通過時，一批鄧，就停下來了。

邢　這是你們研究室搞的嗎？

鄭　提綱先是科學院的人搞的，然後交給喬木做最後修改，喬木就把胡繩、吳冷西、龔育之招集到一起搞這個東西。

還有一件大事，是搞了個「工業二十條」。針對當時工業戰線的混亂情況，我們請計委的同志起草了一個規章制度。那時工廠不是很混亂嗎？這些規章制度與「四人幫」搞的「反對管卡壓」是針鋒相對的。

在文藝方面，張天民的《創業》受到「四人幫」的阻擾不讓發行上演，我們就通過編劇張天民給毛主席寫了一封信，經過鄧小平，又捅到毛主席那裏。

邢　這件事，是張天民寫了送到你們這裏，還是你們策劃的？

鄭　還是有策劃。我們這裏的人有意識地找到文藝界各方面人士，調查文藝問題。大家公認《創業》在當時是不錯的電影，結果讓「四人幫」批了一通。於是通過文藝界的人讓張天民給主席寫信，由我們這裏往上送。而後有了主席那個重要批示。

我們還策劃舉辦了「冼星海與聶耳音樂會。」冼星海的夫人不在北京，在南方。我們想盡辦法把她接到北京，讓她給毛主席寫信，請毛主席同意舉辦「冼星海與聶耳音樂會」，以此來紀念他們。

邢　您知道研究室中具體是由誰來辦這些事的嗎？

鄭　有個同志為此寫了書，有記載。咱們可以查一下。

我當時還做了這麼一件事。報紙過去一提到雙百方針，總說：百花齊放、百家爭鳴；古為今用，洋為中用，推陳出新。但我翻報紙時，發現在談這段話時，已經沒有「百花齊放、百家爭鳴」了。我又專門注意翻了一些報紙，一連好多天的報紙都沒有。我就彙報給王子野。王子野認為這是大事情，于光遠也認為是大事情。於是我們就動手查了那段時期好幾個月的報紙，都沒有。說明「四人幫」已經公開不要「百花齊放、百家爭鳴」了。只提到「古為今用，洋為中用，推陳出新。」後來，我們就寫了一個材料呈給毛主席。弄得「四人幫」很緊張，專門發了一個通知，說以後對這段話一定要提全。（哈哈）「四人幫」也感覺到我們這些人厲害，老找他們的茬子。毛主席這時也在想調整文藝政策，一連發了幾個指示，對《創業》、對姚雪垠的《李自成》，對出《魯迅全集》。魯迅全集，很長時間一直沒有出，也是我們找到周海嬰，讓他給毛主席寫了信，通過鄧小平遞上去。毛主席對出魯迅全集還是比較重視的。

當時文藝界的同志，都知道，毛主席對「四人幫」的文藝政策不滿意，鄧小平正在整頓鐵路，整頓鋼鐵，文藝呢，不叫整頓，叫調整。有了這種輿論，就有人開始攻擊文化部的部長於會泳。李春光當時是文化部研究室的人吧？寫了一篇很大的文章，把於會泳批得體無完膚。文章寫得非常好，很有說服力，有氣勢，也有才氣。我們政研室拿到以後，喬木大加稱讚。專門列印，讓我們每人有一份，他說文章寫成這樣，就算是很不錯了。喬木讓我們學習李春光的文章。文革結束前大家的目標是一致的，都是對著「四人幫」。文革結束後有些問題就涉及到毛了，鄧力群還找李春光談過，他們私交不錯，但據說也有了分歧。

這一連串的事，搞得四人幫很惱火。政策研究室成了他們的死對

頭。那時，我們很願意和四人幫的勢力鬥一鬥，我覺得很興奮。但是，一方面也感到形勢很嚴峻，「四人幫」的勢力很大。

我們還想辦一個刊物《思想戰線》，放在哲學社會科學部（簡稱學部，社會科學院的前身）。那時學部劃歸我們政策研究室管。七人領導小組，指定胡繩管學部。我和鄭必堅作為與學部的聯絡人。我們常去他們那裏坐一坐，聊一聊，《思想戰線》編輯部的同志也願意我們多走動把上面的精神傳達給他們。希望這個刊物辦出來有些權威性。

《思想戰線》第一期稿子都齊了，也因為批鄧，沒有出來。所以說75年7、8、9三個月，我們的工作真是轟轟烈烈的。事情搞得很多，影響也很大。外面的人認為政策研究室是鄧小平的智囊團，參謀班子。因為我們領導組的人都是很有名的。「四人幫」對這個研究室很注意。但當時毛主席對鄧小平是支援的，「四人幫」對我們比較收斂，不敢對著幹。有時該退一下就退一下。

胡喬木靠邊站了

邢　當時政策研究室，各組加起來有多少人？

鄭　三十多個吧。我們行政上的事歸國務院管。

　　這就要提到胡喬木了。在創辦研究室時，胡喬木就向鄧小平建議，是不是找幾個造反派參加進來？他感到「四人幫」的勢力不能低估。鄧小平斷然否定，說：不要！不要！鄧小平很明白，就是要跟他們對著幹。從這件事看，喬木政治上不是很堅強。

　　後來，因為遲群的信，出了問題。有人告清華大學的黨委書記遲群，這封信是通過喬木交給鄧小平，鄧又送給了毛主席。毛主席生了氣，認為告遲群是針對他的。加上毛遠新在毛主席身邊講了很多話，毛主席態度就變了。到了75年10月，形勢就不行了。我們這些年輕人在一邊看形勢，一邊感到形勢很不妙了。

邢　那時您年紀多大？

鄭　47歲吧。我們同事之間彼此關係不錯，私下裏說，這時如果有人往上捅信兒，告我們政研室，肯定一告就一個准。沒想到，第二天，我們那裏真有一個年輕人給姚文元寫了一封信，說我們政研室怎麼怎麼樣。這個人原來是中宣部的一個普通幹部。到我們這裏來是搞資料的。資料也沒有搞出什麼來。這個人表面看起來很老實，不言不語的。大家沒有想到信是他寫的。姚文元馬上就批了。要政策研究室接受審查整頓。

邢　他告了哪些內容？

鄭　他知道的事並不很多。但「雙百方針」的事他知道；《創業》的事他知道。麻煩來了，打小報告的人成了政策研究室的負責人，取代了胡喬木。

邢　哎呦呵！

鄭　胡喬木就靠邊站了。以後上面開什麼會，都是由這個人去。現在這個人在近代史所的圖書館。當然跟他一起的也有幾個年輕人，有機可乘嘛。接下來就是批鄧，整個運動由他來主持。那時政研室被叫作「鄧紀謠言公司」。

邢　早就知道這句話，不知是專門指你們。

鄭　這是小平最大的一個班子了。當然，這時小平已經顧不上管了。喬木最後找到鄧小平，鄧小平說：「科學院的彙報提綱」就算了，毛主席也沒有批評。言外之意，毛主席批示過的事，咱們都不要和「四人幫」糾纏。

　　運動就這樣開始了，在研究室就是不斷地批判鄧小平，批胡喬木，其實也是明批暗保。

邢　當時喬木是真的不管事了？

鄭　他確實不管了。他的精神完全垮了。我們都沒想到他這樣經受不住。因為七人小組中有幾個都是老運動員了，于光遠、吳冷西、熊復啊，都是經過文革初期、幹校的批鬥，面對這些事情都能應付，但是喬木在文革初期就受到保護，沒有去過幹校，沒有在群

眾會上受過批鬥，他沒有經受過運動的挫折。他這個人呀，整個神經沮喪得不得了！讓人看了也很同情。當時七人之中也有人勸他，不要緊，不要看得太重。

邢　他最怕的還是毛澤東對他的態度。

鄭　其實是江青對他最有看法。老說他干擾毛主席呀，等等。我現在分析他為什麼會精神崩潰呢？

一是他沒有運動經驗，不像于光遠這樣的老運動員。于光遠在批鬥他的會上可以東拉西扯，天南海北，交待一個多小時，什麼也沒有交待出來。他們很有一套。喬木沒有這種本領。

另一個原因是，有一個老同志對喬木說，這次運動不同尋常，跟過去不一樣，非常嚴重，讓他認真對待。這個老同志是誰呢？喬木對胡繩講過，胡繩猜是喬冠華。喬冠華那時比較得勢。「四人幫」也比較看重他，喬冠華與喬木關係也不錯，所以胡繩認為是喬冠華影響他了。

還有一個原因，是吳冷西。他們不是和小平一起讀毛主席的著作嗎？小平不是常講些話嗎？吳冷西都一一記了下來了。到開大會揭發鄧小平時，吳冷西就一條一條揭發：幾月幾日鄧小平講的是什麼。本來，喬木可能還想粗略地揭揭，混過去，吳冷西這麼一來，他崩不住了，因為鄧小平講話，喬木都在場。後來，喬木也一條一條地揭發起來。這樣一來，他的表現就不夠好了。最糟糕的是，他寫了一個詳細的揭發鄧小平的材料。這個材料，除了一些事實以外，還有他自己對鄧小平的一些評價。這個評價也很不好。我記得有這樣的話：「這個人（鄧小平）頑固虛偽。」這話就很厲害了。材料還直接送給了毛主席。我們當時沒有看到。後來，在研究室裏發下來了。隔了多少年，香港《鏡報》不知是從哪裡搞到的，全文發表了。這就使喬木的面目很難看了。這是喬木的一個很大的污點。

邢　《鏡報》刊登的時候，鄧小平還在臺上嗎？

鄭　還在臺上。這件事于光遠他們都清楚。

　　還有一件事，毛主席去世，喬木想參加追悼會。江青他們不讓他參加。他心裏很難過，他和毛主席感情很深。喬木就寫了一封信給江青。這封信，別人都不知道。「四人幫」被抓時，在江青的辦公桌裏搜出了這封信。這就成了大事。有人認為這是喬木向江青獻忠心的表示。因為，你想參加追悼會，用不著寫信給江青，可以寫給中央辦公廳。這就形成華國鋒上來以後對喬木的看法，認為他政治上太不堅定了。我們那時看他被批判時，走路都走不動，人都垮了。

邢　我聽人講，喬木這個人動不動就愛給人寫個紙條，讓人感覺他性格上不太俐落。

鄭　他做事比較嚴密，處理事情對下面很嚴厲，不留情面，這時你會感覺他很強硬。這個人有他的複雜性。有時下面做事，不可能像他想得那麼順利，他批評起來也言過其實；有時他看到我們工作有成績，也很高興。但一遇到他自己的逆境，人就癱了。記得有一次，他挨批鬥完了，我扶著他回辦公室，我怕他心情太壞了，我就說：五十年代，我讀過你一篇文章，專門談怎樣寫文章。他聽了還是挺高興的。

邢　當時您還不是他的秘書？

鄭　我一直都不是他的秘書，就是替他做點事，沒有名義的。可能他覺得患難中我對他比較同情。我一直在想，他在黨內生活這麼多年，他不應該是這個樣子。個人的得失，還是他的根本思考。毛主席是他依靠的支柱，這時毛主席對他不信任了，他覺得身敗名裂，看不到前途了，認為他可能翻不過來了。

邢　翻過來他就兩頭都不討好了。

鄭　是的，是的。他不能像于光遠那樣敷衍，就是不交待深層的東西。于光遠那次是表現最好的！沒有亂說，而且是很會應付的。批著，批著，有一天，我到中南海去上班，看到中南海加了很

多崗哨。朱佳木（當時領導我們批鄧，那時也是明批暗保。他是高幹子弟，朱理治的兒子。朱佳木和高幹子弟都有來往，資訊靈通。）一來就告訴我們，「四人幫」被抓起來了。「四人幫」10月6日被抓，朱佳木7號早晨就告訴了我們。我們高興得不得了，坐在後面看造反派還在那兒使勁地批胡喬木呢！我們就不說話了。

這時吳冷西也知道了「四人幫」被抓的消息，所以他批鄧的調子和過去完全不一樣了。造反派還很吃驚，怎麼不像批鬥的樣子了？到了中午，情況更明朗了。

接著是全市各行各業大遊行。喬木，情緒也大不一樣了。我記得他參加了兩次遊行。從中南海的北門，一直走到王府井，經過天安門，他都是步行，好遠那！他興奮得不得了。中直機關的遊行他參加，北京市的遊行他也參加。

新班子不用他

那時我們不知道他給江青寫信的事。按說，新班子應該對我們這個研究室很重視，我們一直在和「四人幫」對著幹嘛。但是，我們感到華國鋒上來以後，情況並沒有好轉，對我們並不重視。只是調幾個人走了，如吳冷西，胡繩，熊復，李鑫調到文獻研究室去了。那時也不叫文獻研究室，叫毛主席著作編譯辦公室，簡稱毛辦。由汪東興、李鑫直接控制。華國鋒當時很倚重李鑫。毛辦成為新的起草檔的班子。把于光遠、鄧力群、胡喬木還有我們一些人就撇在一邊，沒有事幹。只好天天批「四人幫」。我們心裏也納悶，怎麼回事？後來傳出來，說我們這個單位要撤銷。因為他們發現了喬木的效忠信。

李鑫想把整理毛主席著作的事由他接管起來，不讓胡喬木來搞。胡喬木一直認為自己是整理毛著方面的權威嘛。李鑫就到處說胡喬木的壞話。李鑫是康生的秘書。所以，有李鑫這樣的人加油添

醋，胡喬木的處境就更不好了。上面讓我們辦善後的事。這時鄧
小平還沒有出來。

于光遠這個人很聰明，他看出來了，如果我們拖一下，不急於讓
人家接收，也許政研室這個單位還可以保留下來。所以，我們就
打了一個報告，說我們有些事還沒有辦完，還要去大慶、大寨搞
一些調查。那時政研室不是黨中央的機關，是國務院的機關，鄧
小平是國務院的副總理。有個人叫吳慶彤，當時管我們的事，比
如接收，他都管。那時，我們的單位，是保留還是撤銷，由李先
念、吳慶彤等人來定。打完報告，我們全體人馬到大慶視察去
了。就在我們剛剛從大慶回來，下火車時，有消息傳來，說鄧小
平講話了，政研室不能撤。接下來一段時間，一些批「四人幫」
有分量的文章，都由我們政研室、黨校等單位來寫。這時，《人
民日報》發表的特約評論員，也是我們來寫。

喬木還是不高興的，對他，待遇沒有變，沒有任何安排，把他閒
在那裏了。

後來中宣部準備召開全國宣傳工作會議，要找筆桿子去起草文
件，把我弄去了，還有王若水和社會科院的幾個同志，住在賓
館。最初，喬木還算是起草小組的顧問，文件起草的提綱，提出
什麼問題，解決什麼問題，都要聽聽他的意見。突然之間，不讓
他參加了。我想，在這些地方，反映了上面對他還是有看法的。
我當時也搞不懂，還比較天真地對喬木說，有些事情我們還是要
請您來的指導。這僅表達了我和他的私人之交。

轉機來了

到了什麼時候有了轉機了呢？1977年9月份，毛主席逝世一周
年，要寫一系列紀念文章。

有一篇很大的文章，要寫毛主席關於「三個世界」的論說，這篇
文章原定由外交部組織班子起草。外交部他們不大會弄這種理論

性的文章，他們善於搞解說政策的東西。他們調集了新華社、聯絡部，還把駐外的幾個大使都調來了，如宦鄉等，就在台基廠頭條外交部的一個招待所裏搞。搞出來以後，不太行，不知什麼原因，就找到喬木了。喬木就把我和蘇沛同志帶去改他們的稿子。喬木當然是有水平的了，一去，把他們的稿子都否了，重起爐灶。讓我和蘇沛兩人來寫，搞得我們挺苦的。每天上午他來議一議，擬出意見，晚上我們倆人加班加點，出一部分就去排印，搞了幾天，初稿寫出來了。而後又不斷地加工，請社科院專門搞這方面研究的同志提意見，把各種專家學者請來提供資料。花了很大功夫！毛主席提出「三個世界」的理論，主要矛頭是對準蘇聯，希望建立反蘇的統一戰線。這等於給美國一個資訊：我們要和美國和好了。所以，這篇文章很重要！而且喬木也想把它搞成非常有學術性的大文章。後來《人民日報》以特約評論員的名義登了好幾版。接下來出了小冊子。

邢　通過這篇文章把毛澤東「三個世界」的理論進一步闡述了？

鄭　它最大的意義體現在政治上，我們要和美國緩和關係。所以李慎之對這篇文章很重視。這篇文章發出來，國際國內影響很大，這是紀念毛主席逝世一周年最重要的文章。對喬木境遇的改變也很重要。據說華國鋒看了這篇文章後還很感慨地說：「這要讀多少書啊！」他覺得喬木還是很有學問的，還是可以用的嘛。後來，喬木給華國鋒寫了一封信。本來是讓我起草，後來，他改得幾乎剩得沒有幾個字。這封信的大意是，對接受了這項重要任務，很高興。完成任務後有一些建議，如對蘇聯、東歐等國際問題的研究還需要加強。其實是對華國鋒的一種感激。

我估計，這篇文章對華國鋒改變喬木的印象作用比較大。很快喬木就被任命為社會科學院院長。

邢　也就是說從胡喬木任院長開始，中國科學院哲學社會科學部，改稱為中國社會科學院？

鄭　是的。後來，國務院政研室改為中央辦公廳研究室，人員也有調整，有的同志調走了，我和有的同志一起轉到中央辦公廳研究室。而且我們把過去一段時間的運動做了一個總結上報中央。讓我起草。總結對喬木做了比較好的評價，沒有說他的不是之詞，說他在運動中都是講的事實。

　　在紀念毛主席逝世一周年時候，他還為陳雲同志，聶榮臻同志寫文章，也是找到我起草，然後他再改。精神都是針對「兩個凡是」，強調實事求是。

他想讓我當秘書，我沒有去

邢　他用您很多，與您在他困難的時候同情他有關係嗎？

鄭　有。感情不錯。另外我這個人，自己沒有多少創見，但是能把他的意思比較準確地表達出來。寫出來，他一般比較滿意，覺得我寫的正好是他想要表達的意思。對這一點他比較欣賞。哪怕是有時寫一封信，他把意思講一講，我起草完了，他很滿意，有時就不怎麼改動了，用了。他是想讓我給他當秘書，但我沒有去，我覺得麻煩。我一直在研究室，他用我隨時就去。

　　寫「三個世界」文章是77年9月份。我們政研究室沒有什麼任務，喬木、鄧力群和上面的同志聯繫較多。可能是陳雲同志向喬木提出，要寫一篇紀念毛主席的文章，喬木有個星期天就到我家裏來，讓我馬上就寫，當天就要寫完，非常急。題目是〈堅持黨的實事求是的作風〉，意思是針對「兩個凡是」。我一天就寫完，第二天喬木拿去，陳雲還比較滿意。在是否還用「堅持無產階級專政下繼續革命」的套話，喬木還同陳雲商量。我聽喬木講，陳雲同志說，「再照顧他們一次，寫上吧。」說明陳雲同志那時對這些也是很有看法的。文章拿到《人民日報》去，他們還不大想發，覺得有些話和華國鋒的不一樣。後來，為這事陳雲還挺生氣，說如果所有的文章都說一樣的話，

還辦什麼報紙？後來，在77年9月份《人民日報》還是發表了。但是這篇文章陳雲同志沒有收到他自己的文集中。估計是他覺得與自己的文字風格不大一樣。陳雲的文章句子短促，比較明快，當時文章要得急，我也沒有時間按照他的文章風格去改寫。

還有一篇文章，是為小平同志準備的一篇發言。後來，不用了，就改成了聶榮臻的文章。那時紀念毛主席去世一周年，好幾個老同志都寫了文章。這些文章是要形成了一種輿論，堅持黨的實事求是的精神，不能搞「兩個凡是」。

這是他在文革後期重要的一段。以後他就到社會科學院開闢新局面去了。

邢　咱們下次就接著談他到了社科院吧？

鄭　好。就碰到「兩個凡是」和一些複雜情況。

胡喬木到中國社科院上任
（2002年9月10日採訪）

邢　今天您是不是來談談胡喬木到社科院以後的情況？

鄭　好，現在，我們來談胡喬木到社科院上任後的情況。喬木剛到社科院上任，就讓我和幾個同志組成一個調查小組，我是組長，一個一個所召集會議，聽意見。我們跑了好幾十個所，開了座談會，並將大家的意見向喬木做了詳細的彙報。喬木立刻做出兩條決定，一是：所有的軍宣隊、工宣隊立刻撤出，一個人不留；二是：立刻恢復業務，專做研究，一切派仗再不能打了。這兩條決定是不錯的，恢復了社科院的學術研究工作，使之面貌大變，氣氛大變。

喬木同志提倡搞學術研究的時候，還讓我去發現社科院有成績的研究人才。通過瞭解，我知道李澤厚在別人打派仗時，一直埋頭搞學術研究，寫出了很多有分量的研究文章。我收集了他的文

章，給喬木看，喬木感到這個人的研究成果的確不錯。有一次，開全院大會，喬木讓李澤厚到主席臺上就坐，下面的人都很吃驚。李澤厚曾因私生活問題受過處分。當時很多人看不起他，覺得他人品不好，在與同事們的交往中又不合流，所以下面的人很奇怪，怎麼這個人突然這麼受重視？顯然，喬木是想通過這件事，提倡一種搞業務、搞研究的空氣。他一直對李澤厚很愛護。李澤厚的《美的歷程》，他也看了，很欣賞。一直到「六四」時，李澤厚有些活動，喬木還把他找去，勸他別陷進去。從喬木的角度看，他是愛護李澤厚的，說明喬木愛才，想保護人。當時像李澤厚這樣的學者還是不多的。

喬木剛一去，也敢於啟用一些人，比如溫濟澤。溫濟澤在《百年潮》登的文章中提到了他被打成右派的經過。溫濟澤當年是廣播事業局副局長，對外廣播方面的負責人。1957年由於溫濟澤領導反右鬥爭比較謹慎，對外廣播部門劃的右派沒有達到5％，結果1958年反右鬥爭基本結束之後，廣播局補課，把他補成了「右派」。喬木聽到這個消息還與廖承志一同到中宣部去詢問，想為他說情。他們在延安時就熟悉。但這時他也沒有辦法保護溫濟澤。所以，「文革」後社科院一成立，他馬上就把溫濟澤從廣播事業局調來。一邊調他，一邊寫報告，幫助他「改正」右派問題。所以，溫濟澤成了中國幾十萬「右派」中，第一個被平反的人。

喬木還把周揚請到社科院當副院長。周揚在「文革」中已經被批得一塌糊塗，但他馬上就啟用。

邢　我記得您和我說過，在周揚和丁玲的矛盾上，胡喬木是同情丁玲的，他對周揚有看法。

鄭　以前的事，是以前的事；後來的事，是後來的事（指他領導批判周揚的有關異化問題的文章），他調周揚到社科院，在當時，是愛護周揚，關心周揚的。這也反映了喬木這個人的複雜性格。

真理標準問題討論時，他發生了新的問題。

但是到了真理標準問題討論時，他又發生了新的問題。

在1978年5月份，大家都在議論《光明日報》上那篇〈實踐是檢驗真理的唯一標準〉的文章時，喬木在社科院的大會上講：有人說中央對這個問題有分歧，這是造謠！造謠！他說得很嚴重，還扣了很大的帽子。事實上，中央內部明明是有分歧的，很多人都知道，這已不是什麼秘密了。他這麼一說，搞得大家很不理解。幹嘛要這麼說呢？還這麼凶，很多人都不以為然。這次他給大家的印象很不好。我前面講到黨校有個同志叫沈寶祥，寫了一本關於真理標準問題討論始末的書。材料很豐富。書中講到，胡喬木有一天到胡耀邦家裏去，對胡耀邦說，真理標準問題討論不要再搞下去了，否則會造成黨的分裂。事情說得這麼嚴重，給胡耀邦壓力很大，不得不考慮下一步怎麼辦。那時，管思想宣傳工作的汪東興等人都反對，批評得很重，鄧小平也還沒有表態。過了不久，小平同志表態了，支持討論。這時胡耀邦膽子也壯了。這件事情到底有沒有？還有待核實。但從邏輯上推是可能的。因為喬木在社科院的講話態度就是不想把這個討論搞下去的。這件事也反映了他在重大的政治鬥爭上的搖搖擺擺。他不能像耀邦他們那樣，是非常清楚，看准了，就很堅定。

喬木有的講話，交給我作整理工作。上面說的關於造謠等扣帽子的一段講話，我覺得太不對頭，就給他刪去了。

不許單幹！不許包產到戶！

1978年真理標準問題的討論，喬木開始表現不太好，很快，鄧小平表了態，支持討論，反對「兩個凡是」，喬木態度也變了。據當時解放軍報總編華楠說，小平明確表態是在全軍政治工作會議上，講話是喬木起草的。這時，他是跟著小平轉了。

而後召開的中央工作會議，是一次少有的、發揚民主的會，指名姓批評汪東興、紀登奎、吳德等人，一點情面都不講。當然，這是由於小平、陳雲同志在做後臺。當時活躍的是華楠（解放軍報總編）、于光遠（國務院政策研究室）、曾濤（新華社社長）、楊西光（光明日報總編），胡績偉（人民日報總編），這幾個人互相串聯，「煽風點火」。于光遠有一本書專門談了這次會議情況。原來，這個會議沒有準備批判「兩個凡是」的問題，而是要談經濟問題，搞個農業方面的檔。但是會議的大勢所趨，下面各組都在集中批「兩個凡是」。要想阻止，也阻止不住，但是農業檔還得搞呀！喬木當時的主要精力，是搞一個農業方面的檔。農業方面，各地省委書記和農業部門意見很多，認為多年來的農業學大寨，搞得很糟，希望這次寫的農業文件，在政策上放寬一些，對農業不要干涉太多，應該讓農民有些自主權。但喬木在寫這篇文章中控制得還很嚴，有個地方特別寫了兩句話：不許單幹！不許包產到戶！事實上中國有些地方已經開始搞了包產到戶，他這麼一寫，就成了不合法。這些于光遠他們都有回憶。當然這也不能怪喬木，因為當時整個黨內思想都不怎麼開放。但他作為起草檔的人，在這些地方雖然沒有定論的權力，至少可以把話說得靈活一些，他這樣一來，搞得下面不好做工作了。這些地方反映喬木思想是不夠開放的。那些懂農業的人都認為要想改變農業狀況，應該讓農民多一些自主權。所以中央工作會議上批判「兩個凡是」，喬木雖然也發了言，但他不如于光遠他們思想解放。

一直到十一屆三中全會後，才把汪東興手裏的權拿過來了。當時汪的權力比較大，8341部隊歸他管，幾個大的專案組歸他管，老幹部的冤假錯案，平反不平反歸他管；意識歸他管，比如毛辦也歸他管。他是中央副主席。不可一世！

誰起草的鄧小平講話

關於十一屆三中全會前中央工作會議上的鄧小平講話，是誰起草的，也有很大的爭論。朱佳木等人說是胡喬木起草的；于光遠說根本沒有他（喬木）。于光遠說，最早是鄧小平把胡耀邦、于光遠找去，交給了他們一個提綱，還作了詳細的講解，讓他們去起草。（這個提綱，于光遠一直保存著。後來他還找出來，我們在《百年潮》上發表了。）

據于光遠回憶，從交提綱到寫成，都沒有喬木參加。但是說喬木完全沒有參與？也不是。我推測，稿子基本定稿後，鄧小平還是要請喬木看一看，看有些文字是不是要修飾一下，枝枝節節是否需要再修補一下。這種可能是有的。鄧小平為什麼會不讓喬木起草這個講話了呢？後來有人找到三中全會之前，喬木為中央工作會議給鄧小平起草的一份講話稿，在報告中他還寫到「走資派」、「階級鬥爭」之類的話。這些東西，鄧小平看了當然不高興啦。在歷史轉折的重要關鍵時期，真正解決問題是中央工作會議，三中全會不過是在組織程式上通過一下，所以中央工作會議很重要。鄧小平的講話實際上就成了三中全會非常重要的主題發言。從提綱上看，鄧小平那時就已經有了一些超前的改革意向。後來，有人在《北京青年報》搞了一大版，說明喬木如何起草鄧小平的講話，為喬木造聲勢。而那個講話稿的確不是他寫的。

還有一件事，這又牽扯到「文革」後期政研室那個《論總綱》。最早是喬木讓鄧力群主持這件事，胡績偉、余家彥他們寫了一稿，胡喬木覺得不行，又讓胡績偉和龔育之兩人搞。胡績偉、龔育之他們搞了一個提綱後，有了別的任務，喬木又交給了吳冷西，吳冷西的稿子寫出來後，喬木覺得還不滿意。後來作為「大毒草」批判的，大體上是胡績偉他們起草的第一稿。我的印象，

鄧力群吸收了幾人的好的觀點，但更多的還是鄧力群的思考。馮蘭瑞寫文章說鄧力群是剽竊別人的東西，這個說法不太公道。後來我還和馮蘭瑞說，不能說鄧力群是剽竊，她雖然也接受了我的意見作了一點修改，但對鄧力群將這篇文章編入他的文集，又不作任何說明還是很不滿意的。

我不當《百年潮》社長以後，鄧力群說：馮蘭瑞的文章發表時，鄭惠沒有看，不怪他，但發表以後，他會看到的。他看到以後，不說什麼話，是不可原諒的。其實我是為他做了工作的，但我也不能封住別人的嘴。

《論總綱》是在政研室為同「四人幫」鬥爭寫的。最早想在《人民日報》上發表。那時小平的思想是很清楚的，就是要把經濟搞上去。後來說的三株大毒草：一是《論總綱》，一是《科學院彙報提綱》，再一個就是《工業二十條》。在「批鄧，反擊右傾翻案風」時，「四人幫」還把這三篇文章印成小冊子，讓群眾批。但是大家越批越覺得，文章說的都是對的嘛，越批小平的威望越高。這一段內容，我們寫進了《中國共產黨的七十年》。

邢　《中國共產黨的七十年》您參加起草了？

鄭　是的。「文革」那章是我起草的。

邢　那是哪一年？

鄭　是1991年。去年有人找我寫回憶〈關於建國以來若干歷史問題的決議〉起草二十周年。我想了想，覺得有些問題公開講還是不行，還有麻煩，我就沒有寫。

我們應該談理論虛會了

在中央工作會上雖然批判了「兩個凡是」，但是大家覺得「文化革命」搞得人們思想混亂，是非不清，許多理論問題，來不及深入談。所以葉帥建議，是不是開個理論務虛會？在這之前已經開了經濟務虛會（中央工作會議之前開的）。

「文革」結束後,到三中全會,到理論務虛會,強調解放思想,有一個比較好的氣氛。耀邦是很贊成理論務虛會對理論問題深入探討的。

在耀邦印象中,吳冷西、熊復、李鑫、胡繩都是會寫文章的。但是,他們在「兩個凡是」問題上是錯了,特別是吳冷西,打電話到《人民日報》訓斥人家。而耀邦對人比較寬容,理論務虛會都讓他們參加了,但佔優勢的還是胡績偉、于光遠他們這些闖將。吳冷西他們作為「凡是派」也不能總在那裏堅持,多多少少要做些檢討。在理論務虛會上,王若水大講「個人崇拜的問題」,還有人批判「五‧一六通知」,他們把「文革」中很重要的問題都提出來了,有些討論很有深度,很有氣勢。這本來是很好的事情。但是,那些老同志,那些「左」派,受不了,因為王若水他們的發言,動搖了根本問題。像「無產階級專政下繼續革命」這種根本性問題,已經被動搖了嘛!這是三中全會的一個繼續,是理論上的很大突破。三中全會著重解決的是「真理標準問題」,批了「兩個凡是」,把這個問題搞得比較清楚了。對康生、謝富治也都有涉及。但對「左」的基本理論──從「五一六通知」起,或者更早的八屆十中全會所堅持的階級鬥爭,防止資本主義復辟⋯⋯這些東西,三中全會並沒有涉及到。真正涉及,是到了理論務虛會。耀邦很欣賞這一點,認為理論界做出了很大貢獻。耀邦很欣賞王若水、李洪林、胡績偉、于光遠、華楠、曾濤、楊西光等人的發言。理論務虛會開得很活躍。

在「四個堅持」問題上,喬木起了作用。

後來,突然一轉,出現了鄧小平關於「四個堅持」的講話。在「四個堅持」問題上,喬木起了作用。這當然與外面的形勢有關係。當時,西單民主牆上出現了大字報、小字報,魏京生也是這時出現的。李洪林同我講,魏京生真是成事不足,敗事有餘,那個時候捅鄧小平幹嘛嗎?!他寫大字報,說鄧小平如何專制啊,

這樣就把問題複雜化了。據有人講，胡喬木晚上帶上口罩到西單民主牆去看了大字報，感到形勢嚴峻。這時上海也有人鬧事。本來，在1978年的中央工作會議上小平還準備講一段民主的，還讓于光遠給他起草。

邢　讓于光遠起草一段支持民主的話？

鄭　是這個意思，葉帥也是如此。他已經講出來了。他說在黨內，我們三中全會，發揚了民主，是從來沒有過的，社會上也有了西單民主牆……。口氣是很贊成的。但是到了理論務虛會上，對毛澤東的「左」傾基本理論越攻越厲害，喬木對毛是非常維護的，所以把形勢估計得很嚴重。對這段時期的看法，我沒有親身聽他講過，不知道他是怎麼去和鄧小平說的。只知道形勢突然變了。

邢　鄧小平的「四個堅持」的講話是胡喬木起草的嗎？

鄭　是胡喬木起草的。

邢　有沒有別人參與起草？

鄭　可能有，我不知道內幕，只知道當時的形勢突然來了個180度大轉彎。

邢　是鄧小平先轉，讓胡喬木去辦，還是胡起作用讓鄧小平轉了？

鄭　很可能是喬木起的作用。他到西單去看過大字報，另外還有人給他送去了一些材料。喬木在遇到什麼大事情時，就趕快去報告。他的書信裏，常有這種表現。

　　理論務虛會後來又被「四項基本原則」給卡住了。喬木是起了很大作用的，他不應該這樣搞。

邢　關於理論務虛會，您知道一些花絮吧？

鄭　花絮是不少的。我辦《百年潮》期間，曾約王若水寫篇關於理論務虛會的文章。王若水建議李洪林來寫，李洪林經常去美國，跑來跑去沒有寫成。當然也不好寫。因為有人說這個會是右派翻天；有人說這麼好的會被扼殺了。總之傷了元氣了。對知識份子打擊很大。有人說「四項基本原則」就是四條棍子。

他說所謂「四個堅持」，無非是要打人嘛、整人、壓制知識份子。喬木還不高興，讓追查。有人說是邢賁思講的。邢這個人比較正統，不太可能講這話。從這以後，耀邦的處境就不好了，心情也不好了。

邢　等於從這時起，支持真理標準討論的人就和另一些人分道揚鑣了。

鄭　是的。有幾個人就被盯上了。北大的郭羅基，中宣部的李洪林啊，王若水稍微好一點。我記得，搞〈若干歷史問題的決議〉時，要找一些人參加起草，我向喬木建議找王若水，喬木也同意了。王若水提出建議寫的一段「毛澤東晚期思想」（後又改為毛澤東晚年錯誤），喬木接受了，交給王寫，寫得很不錯，但喬木覺得不合意沒有用。這時喬木對王若水的態度，還沒有像對待李洪林、郭羅基那麼厲害。結果非讓郭離開北京不可。李洪林也受到很大壓力，後來他被項南要到福建去了。

「理論務虛會」以後，是個很大的倒退

「理論務虛會」以後，是個很大的倒退。我慢慢悟到，我們起草的〈若干歷史問題的決議〉，對毛澤東的批評，其實很多是吸取了「理論務虛會」的討論成果，仔細看看那些人的發言就明白。喬木這個人，腦子是清楚的，他能把這些東西彙集起來並加以條理化。〈決議〉的成功起草，在一定程度上得益於「理論務虛會」。所以說很不公平，那些同志為批判「左」的理論，是做出了貢獻的。

現在，和這些重大問題毫無關係的人都坐到臺上去了。原來為推動歷史前進的一些人，在現在的政治舞臺上一個也沒有了。真是歷史的諷刺。

邢　這些事，在紀念三中全會二十周年時，咱們《百年潮》也算說過一點意見。孫長江的手稿都公之於眾了。

鄭　對。對。後來胡錦濤的講話，還特別提到了胡耀邦。

邢　讓胡耀邦辭職時，還是承認他發動「真理標準問題的討論」的功績的。

鄭　胡耀邦這個人對知識份子和理論界的人是很愛護的。

邢　他也愛護得不夠。他心裏明白，但到他應該出來保人的時候，他不強硬。中央黨校把他用過的幾個人整得一塌糊塗。他當時還是總書記呀！

鄭　連吳江這樣的老同志都整了。其實保護下面的人他不如鄧力群，趙紫陽解散了書記處研究室，鄧力群還把他手下的人分別作了很好的安排。所以那麼多人死心塌地跟他走。

邢　胡耀邦在這方面比較軟弱。他怕人家說他拉幫結夥。

鄭　他對王若水、胡績偉還是保護了一下。那時胡喬木恨不得很快把他們撤下去。但胡耀邦不同意，為此胡喬木還到《人民日報》做檢討，說我對他們的成績估計不夠，不像耀邦同志，「宰相肚裏能撐船」。意思是，我沒有胡這樣度量。耀邦有些事是頂不住。不光是要頂王震，還有陳雲。當時中央黨校有一篇文章提到，有些同志自以為懂得經濟，實際上不懂經濟，陳雲懷疑指的是他自己。其實寫作者是指華國鋒。但有人對陳雲打了小報告，陳雲大為光火。有一次當著胡耀邦的面，陳雲就說，你們黨校幾個秀才為什麼寫文章批我？使得耀邦難以自辯，對王震去黨校驅趕幾個秀才，耀邦當然不敢頂。說明有些事對於耀邦，是極其困難的，是完全冤枉的。有些人就是愛幹收集材料告刁狀的事。

今天，我們就談到這裏吧。

喬木同志確實是有私心
（2002年9月24日採訪）

鄭　今天，我們先談一兩件事。1977年李先念同志主持召開了一個全國財貿會議，是讓喬木給他起草的報告。這個報告寫得很好，提出了一些新的觀點，糾正了一些文革中的左的財經思想。先念同

志很滿意。差不多同時，喬木還寫了一篇〈按客觀經濟規律辦事〉的文章。這篇文章影響更大了。是為先念同志主持召開的國務院經濟工作務虛會議寫的報告。那個務虛會開了差不多一、兩個月，對過去的經濟工作做了一些討論，也有所檢討。為了寫這篇報告，喬木已經是社科院院長，帶了一批人到上海去調查，其中包括于光遠等。可能那次朱鎔基也參加了。我聽朱鎔基講過，他和喬木一起出去搞過調查研究。那時朱鎔基剛從石油管道局調到馬洪主持的社科院工業經濟研究所。後來袁寶華又把他調到經委。喬木他們調查後寫了一篇很詳細的經濟工作報告。其中說到過去我們沒有按經濟規律辦事，總是按照主觀意志行事。價值規律、商品經濟等，過去我們不屑於談的問題，在這篇報告中都談到了。當時，美國有家刊物特別注意到這篇報告，說從中可以看到中共在經濟上會有很大的變動和改革。但是這篇文章不是喬木一個人寫的，于光遠和馬洪都花了很多精力，這篇文章應該說是集體寫作的。我編《胡喬木文集》時，不知道情況，以為是胡喬木自己的文章，就編到他的文集中。後來于光遠告訴我，這篇文章不是喬木一個人寫的，是我們大家寫的。我不知道，否則應該加個注。或者建議不收進他的文集。

類似的情況，還有兩次。一次是，他把五十年代在中宣部幾個筆桿子起草的〈過渡時期的總路線提綱〉，要編到他的集子中。這是許立群、于光遠、王惠德等幾個人寫的一個很大的東西，當然喬木也參加了。後來毛主席親自修改了多次。這是為搞「三大改造」過渡時期準備的綱領。這個〈提綱〉像我們這個年齡的人都印象很深。我和龔育之五十年代也在中宣部，知道一些起草的情況。後來，我和龔育之就建議他不要放進去，他接受了。

還有一次，「四人幫」剛倒臺，小平同志出題目讓我們政治研究室寫一篇〈按勞分配是社會主義原則〉的文章。過去「四人幫」稱按勞分配是資產階級法權，是產生資產階級的基礎。小平同志

撥亂反正，說按勞分配這種重要問題也是你們應該寫的文章。這篇文章主要是馮蘭瑞寫的，小平同志親自看過同意了，在《人民日報》上發表。文章發表後，影響很大。因為當時人們都不大懂得按勞分配的理念是什麼。喬木在編文集時，又要把這篇文章收進去。我和龔育之又建議這篇文章最好不要收，他接受了。他當然是修改過，但修改並不是起草的。這幾件事，反映了喬木同志確實是有私心。所以夏衍曾經說周揚那篇談有關異化問題的文章，沒有錯，錯就錯在不該以周揚的名義發表，如果以胡喬木的名義發表，就什麼問題都沒有了。這話自然是很挖苦的了（注：胡喬木曾領導狠批了周揚這篇文章，至使周揚死不瞑目。）可見夏衍是比較瞭解胡喬木的。

邢　這兩件事，讓我感到，對於有開創性見解的文章，胡喬木很重視，願意變成自己的東西？

鄭　特別是影響大的文章。比如〈過渡時期的總路線提綱〉，這是了不起的歷史事件。還有按勞分配的文章，都影響很大。

　　還有上次我們講到「無產階級專政下繼續革命」是不是還放在他寫的文章中，陳雲同志說再照顧他們一次。我看到近代史所的副所長李新寫的一篇文章，他與黎澍很好。李新說有一次他們和喬木坐在一個小車上，黎澍說「無產階級專政下繼續革命」的理論是不對的，不能這樣說。然後就說如何不對。據李新說，這話最初的提出是黎澍，但喬木把這話接過去，而後到處講話，談「無產階級專政下繼續革命」的理論的錯誤性。我們搞思想工作的人吸收別人的好的思想完全可以理解，問題是思想的發明或發現不應該攫為已有，還是要實事求地說，這是某某同志說的。

　　關於「三個世界」那篇文章發表後，影響大議論也多。那篇文章中有很多資料，包括蘇聯作為社會帝國主義在國內如何剝削工人農民，當時把他們的剝削率都計算出來了。這是我找了世界經濟研究所的所長浦昌，由他提供的。最近李慎之有篇文章說，他曾

問喬木說：你們真厲害啊，連剝削率都算出來了！喬木說：「那都是胡扯！」可見當時他並不把這些看成是科學的東西，完全是政治需要。

邢　但是他卻把它寫在那麼重要的文章中。

鄭　是啊！現在李慎之把這事公開了。有時我也想，當時我跟著他寫文章，真是一字一句地推敲，找專家核對，沒有想到他內心是這麼一種態度。

邢　您和胡耀邦有過接觸嗎？

鄭　有過接觸。但不是很多，也不是很深。有一次起草文件，涉及到對陳獨秀的評價。他就談了自己的看法。耀邦是很好的一個人。後邊我們再談。

給葉劍英起草文章

1979年國慶日，為了慶祝國慶三十周年，中央決定由葉帥出面講話。那時葉帥德高望重。起草講話稿，就落在我們書記處研究室頭上。喬木就找到我。我們又是找地方，又是找人。在一個地方起草，搞了大約兩個月。這時幹部群眾對文化革命的禍害，已經議論紛紛，特別是經過三中全會以後的解放思想，批四人幫，人們覺得好多事情，都和毛澤東是分不開的。批來批去，都是從毛那裏來的。而這時，上面規定，凡是和「四人幫」有關的就能批，和毛有關的就不能批。這就涉及到對毛的錯誤怎麼認識的問題了。到了30周年慶祝會上，一方面要給人民鼓勁，一方面要對過去的錯誤有個交待。這麼重要的節日，對過去的錯誤不談一下，對國內對國際都不好交待。中央就決定三十周年國慶講話還是要涉及以前的錯誤，以至於文革前的錯誤。這其實是很難辦的，那時候還沒有做出後來的〈若干歷史問題的決議〉。而這個講話正是做「歷史決議」前的準備。可以說，在這篇文章上，喬木花了他的全部的心血。那時我在他身邊，我幫他請來了一些

人，比如：袁木、滕文生、龔育之、黎澍等，分成了幾個組。這個講話費了我們很大的精力。包括引用什麼成語、詩啊，都費盡了心思。

邢　那麼這篇文章的開創性在什麼的地方呢？

鄭　最大的特點，是指出了過去左的錯誤，即過去對形勢估計的錯誤，方針的錯誤，結果當然是非常不好的。文章的批判雖然沒有系統的理論性，但還是比較深刻的，著重批的是林彪、四人幫的「極左」，附帶也批評了黨歷史上「左」的錯誤。這篇文章有意思的是，所有涉及到毛澤東的問題，都沒有主語，似乎是無頭案。是誰對形勢估計錯了呢？是誰把方針定錯了呢？沒有「人」。（哈哈）這種寫法很有意思。喬木是動了心思的。當時的環境，又要批評主席，又不能批得厲害。所以就採取這種辦法。這樣做的結果，反映還是不錯的。至少說明上面已經公開承認錯誤了，沒有像過去那樣，錯了也是對的。葉帥對這個報告也是很滿意的。他對喬木說：我對你佩服得五體投地了。說這話時，我就在旁邊。意思是指文章寫得好。那篇文章確實不錯，很有文采。什麼「山重水復疑無路，柳岸花明又一村」……喬木是嘔心瀝血的。

邢　在篇《胡喬木文集》把這篇文章編進去了嗎？

鄭　編進去了。但有一個具體說明。文章發表前，曾發給各省徵求過意見。

通過寫這篇文章，我覺得喬確實是寫這類文章的行家裏手，沒有人能比得上他。政治，文采，都能兼顧。有時他就像做詩似的，一句是一句，擲地有聲。思路又那麼清楚。文章起草到這個程度，真是到了很高的境界。現在的講話，都是些老套子，根本不能像他搞得那麼準確有力。不愧是我黨的第一支筆！東西到了他手裏，弄一遍，就是不一樣。

1979年到1981年「七五」前又讓我組織班子搞〈決議〉。搞了

十八個月，我們另外談。

我附帶講些1980年的事。

費盡心機，還是要維護毛澤東

從喬木的書信集中，我想到這麼幾件事。一是80年5月16日，給少奇同志開追悼會，要寫一篇社論，鄭重說明過去批判劉少奇是叛徒、工賊，都是污蔑的不實之詞。這明明是毛澤東搞的，又不能這麼寫，所以說這篇社論很難寫。這時喬木出了主意叫〈恢復毛澤東思想的本來面目〉。這真是費盡心機，還是要維護毛澤東。這樣一寫，發表後，反映非常不好。很多人說，明明是毛澤東錯了嘛，還要恢復什麼本來面目。為什麼不能乾脆說毛澤東錯了呢？

喬木給為此還給胡耀邦一封信。

最近《人民日報》參加寫這篇文章的范榮康副總編輯，通過《人民日報》的一篇社論，回顧了這段歷史。

邢　當時「若干歷史問題決議」還沒有出來，怎麼批評毛澤東還拿不准。

鄭　對。喬木還有一封信寫於1980年6月23日。

當時，李維漢向鄧小平同志提出，我們受封建主義的影響太深了，我們一直沒有好好批判，建議作為一個大的問題來對待。本來是很好的建議，小平也同意。結果喬木寫了一封信給耀邦，說批封建主義不能一轟而上，一定要研究，哪些要批哪些不能批，怎麼提；批封建主義，不批資本主義也不行，還說我們要組織研究一下。結果後來也沒有組織研究，等於這件事就黃了。後來，很多人在這個問題上對喬木意見很大，本來是很重要的一件事，李維漢專門和鄧小平談，小平同意了，中央準備這麼做了，你來這麼一下，你又沒有去研究，你還強調批封建主義不能不批資本主義！實際上我們國內主要是封建主義，

資本主義的好多東西我們還不瞭解，根本不是批的問題。這封信是很不好的。

他還有一些信給胡績偉等人民日報的同志，老說你們還有很多錯誤的思想沒有批判，現在有一種思潮，否定毛澤東思想，很不好。他有一封信，自己出了一個題目，什麼「從資本主義的民主到社會主義的民主」。看他1980年的信，他總的傾向就是要控制輿論，不讓批毛。老說：沒有說明當時的背景啊，在當時條件下還是對的呀……。他就是想，這些問題不能動。根本不是錯誤的文章，他硬要組織人去批判。

最明顯的是對于光遠他們搞的對生產目的的討論。生產還是為了群眾物質生活水平的提高，不是為生產而生產啊？有些過去大慶、大寨的做法，「先生產後生活」；「先治坡、後治窩」，這些口號，不全面。為什麼不能一邊生產，一邊生活？于光遠他們要從理論上搞清楚，不能光搞口號。喬木不讓討論，又給扼殺了。《人民日報》理論部主任的汪子嵩和王若水關係很好，他寫了一篇文章，就談了這件事，當時喬木給他們很多限制，搞得他們很不好辦。這篇文章是我約他給《百年潮》寫的。

三中全會後，喬木當了副秘書長，就開始管意識形態，所以他開始管《人民日報》。

　　　　　　　　　　　　　　　此文經過鄭惠先生審定

【8】章詒和的散文

第二十六輯《老照片》首篇寫史良的文章〈正在有情無思間——史良側影〉刊出後，多少人相互傳告：看了那篇關於史良的文章了嗎？好文章啊！

「誰寫的？」

「章詒和。」

「章詒和是誰？」

如果有人告訴你，章詒和是章伯鈞的女兒。四十歲以下的人聽了會接著問：「章伯鈞是誰？」

「章伯鈞是毛澤東1957年欽定的第一號大右派。」

話說到這份兒上，不知道章伯鈞的人也就不會關注章詒和的存在和出現了。只有對中國政治歷史文化仍然關注，仍然有興趣的人，哪怕是三十歲以下，也會意識到章詒和將會給我們帶來什麼。

近幾年來，國內學人對二十世紀中國歷史的變遷、中國歷史人物、特別是一些文化人的命運與人格現象，已經有了一步步深入的瞭解和反思。章詒和的父親早已經過世，和他父親交往的那些中國第一流的政治家、哲學家、文學家、報人、畫家、文物收藏家、戲曲家人也多數不在人世了。如果曾經真實地面對過當事人，如果不僅僅是面對，而且還耳聞目睹到一些鮮為人知的內情，且具有世紀的思考眼光，來談那些往事，我們的閱讀感受會是怎樣的呢？

歷史人物像羅隆基、史良、儲安平、張伯駒、康同璧、聶紺弩等我們從一些研究著作、文史資料和回憶錄中，並不感到陌生。但是在父親身邊的章詒和，帶著自己的直觀感受，觀察著父親與這些人的恩恩怨怨，呈現出常人難以想像的歷史時代生態現象，真是讓人大開眼界！那些年代最風流的文化人，他們的思想、見地、談吐、氣質、個性、神采在章詒和眼裏是怎樣的呢？如果不是由章詒和親自披露，可能就再沒有人知道了。有位學者說，沒有想到歷史人物還可以這麼寫！

也只有像章詒和如此的人生際遇，和她特有的文化浸染，才會有她筆下如此異彩紛呈的人物。

關於史良

比如，我們知道「七君子」之一史良反對國民黨獨裁時多麼勇猛，也知道「反右」時，她也不曾落後。卻不知道，對私交甚篤的朋友章伯鈞反戈一擊之前，她曾專程抱著一打毛巾給朋友送來，並告訴老友，「一條毛巾頂多只能用兩週，不能用到發硬」。文革時，民盟的幹部批鬥史良，問她與羅隆基這個大右派是什麼關係，史良直起腰回答：「我愛他」！當我們眼前出現曾參與把朋友推下深淵而後又能說出這三個字的史良時，不是也看到她內心頑強維護的東西，並伴隨著情感的傷痛與執著嗎？你瞧，史良在章詒和的筆下是不是呼之欲出？

關於羅隆基

當年批判「章、羅」大右派時，億萬人民曾順著引導者的思路，調動一切想像力，想像著章伯鈞和羅隆基怎樣「有組織、有計劃、有綱領、有路線的」結成同盟，向共產黨倡狂進攻。而事實是怎樣的呢？章詒和寫道：

> 羅隆基「兩次跑到我家，質問父親：『伯鈞，憑什麼說我倆搞聯盟？——』第二次去我家的時候，特別帶上一根細木手杖，進門便怒顏相對，厲言相加，——臨走時，髮指眥裂的羅隆基，高喊：『章伯鈞，我告訴你，從前，我沒有和你聯盟，現在，我沒有和你聯盟！今後，也永遠不會與你聯盟！』遂以手杖擊地，折成三段，拋在父親的面前，拂袖而去。』打成右派數月後，一天羅隆基打電話說：「伯鈞，我想到你家坐坐，歡不歡迎呀？」「伯鈞哪，可以說我們是為真理而淪為賤民的。」章伯鈞這時也看明白了，他說：「民革因為都是降將，本就抬不起頭。三五反收拾了民建。比較敢講話的只剩下民盟和農工，而反右的重點就

是民盟和農工。通過反右完全控制了民主黨派，也就完全控制了中國知識份子了。」這是當事者在家裏的洞析。

如果不是章詒和說出來，我們知道嗎？不知道！歷史開的是什麼玩笑呢？說永遠不會同盟的羅隆基和章伯鈞都成為孤家寡人時，他們才在精神上同盟了。

在章詒和繪聲繪色描寫中，我們還能看到一種時代反思的高度。

當我們對國家民主化體制越來越能夠認同的時候，會看到三十年代的羅隆基當年出於對西方民主政體的深入理解，作為民主黨派的代表人物，一針見血的言論。他認為：在這個世界上，第一個試驗「一黨獨裁」是俄國共產黨，「國民黨可以抄寫共產黨的策略，把黨放在國上，別的黨又何嘗不可抄國民黨的文章，把黨放在國上。——」「世界上，沒有一個政黨的黨綱注明接受另一個政黨的領導。盟章有了這一條，民盟的生命就結束了。」1949年政協會議召開之前，周恩來與羅隆基會面交談。周說：民主黨派代表民族資產階級和小資產階級，中共代表無產階級。羅當即表示說：「你是南開出身，毛澤東是北大出身，我是清華出身。為什麼你們代表無產階級，而我們代表資產階級和小資產階級？我們成立人民陣線，你們代表一部分人民，我們代表一部分人民，這樣來共同協商合作組織聯合政府。」顯然羅隆基說的才是真正意義上的聯合政府。在精通政治學和法學的羅隆基看來：「世界上任何一個文明國家，決無動用憲法肯定一個黨派領導地位的先例和規矩。」「民盟成員與共產黨員彼此不要交叉」；「民盟要有自己的政治綱領，要和中共訂立協議，如中共不接受，民盟可以退出聯合政府，成為在野黨」；「胡風問題搞錯了，得罪了三百萬知識份子了，使知識份子的積極性發揮不出來。」這些言論大多存在於他清醒的獨立性的政治頭腦裏，自然散落在他的文章議論中。但他公開的罪行還是建議成立平反委員會，給在三反五反中被鬥得很苦的潘光旦等人平反。

章詒和寫到這樣一件事：

> 「羅隆基來了──精神含蓄的羅隆基，讓父親猜猜他帶來一條
> 什麼樣的好消息。
>
> 父親說：統戰部對我們有什麼新的處理？
>
> 他搖搖頭，說：比這個重要。
>
> 是不是周恩來找你談話？要你做事。
>
> 他又搖頭，說：比這個重要。
>
> 父親不猜了，說：當今的民主黨派，再沒有比中共的召見更重
> 要的事了。
>
> 羅隆基說：伯鈞，我倆上了大英百科全書啦！
>
> 父親霍地從沙發上站起來，走來踱去，情緒很不平靜──當
> 晚，他們談得很久。」

這段描寫，讓我們看到什麼？章、羅多少年的焦慮，多少年的等
待，傾心為國的才華和抱負，需要有個評說。他們不願意最終窒息於
專制的禁錮中。他們的思想得到了外界的承認。

> 「最新大英百科全書已經上了中國1957年反右運動的條目。他
> 們的基本解釋為：章伯鈞，羅隆基是在社會主義國家制度下，要
> 求實行民主政治。」就這樣一個簡單條目，讓章伯鈞激動徹夜。
> 他告訴女兒：「這話現在聽起來很反動，你不必害怕，女兒，將
> 來你會曉得它是正確的。1957年5月在統戰部的座談會上，我提
> 出國家體制改革，關鍵是從中央到地方的分權問題。因為從集權
> 到分權，是社會發展的進步，任何國家都如此。努生（羅隆基的
> 字）欣賞西方的三權分立是分權，我說的兩院制實際也是分權。
> ──總之，集權在當今世界是行不通的。」

羅隆基人格上的動人和缺陷，也在章詒和的文章中飽滿地滲透著。比如：反右時，民盟的人罵羅隆基是「一日不可無女人的流氓」，可他劃成右派以後，依然故我。章詒和問父親：「你說羅伯伯是流氓嗎？」章伯鈞說：「你要知道，努生是獨身，他有權談情說愛。他的這種頗為浪漫的生活態度，與其說是品格沉淪，不如說是在壓抑、委瑣的現實中，唯一可以表現自己、表現活力的方式。當然，他也用這個方式擺脫精神孤獨。再說，交往的女友都知道羅身邊還有其他女友存在，但仍願意保持交往。——這是因為女人們覺得他率真，不是玩弄感情。所以，有人是流氓，但努生不是。」「父親在說這句話的時候，口氣是惡狠狠的。」

這段話，讓我好感動。讓我看到政治家章伯鈞看人論事的人性深度。章詒和在父親身邊受到的文化影響是全方位的。

關於儲安平

如果不是戴晴寫過《儲安平與黨天下》一書，如果不是謝泳多年前研究《觀察》雜誌的生成始末，我並不知道儲安平其人。但是儲安平是怎麼走上《光明日報》總編輯的位置，儲安平的性格與做人，儲安平怎麼打成右派，而後的生活又怎樣,我們還是能從章詒和的文章中瞭解很多。

章詒和是這樣開的頭：

> 父親最對不住的，確要算儲安平了。原因很簡單——把他請到《光明日報》總編室，連板凳都來不及坐熱，就頂著一個大大的右派帽子，獨自走去，一直走到生命的盡頭。

1949年5月中共中央統戰部函請民盟接收偽《世界日報》的事宜，在沈鈞儒的主持下，經22人討論後，通過決議如下：（一）由章伯鈞、胡愈之、薩空了、林仲易、嚴信民、謝公望、孫承佩等7人組

織盟報籌辦委員會；（二）盟報名稱定為《光明日報》。

後來因上面說《光明日報》既為一個民主黨派的機關報，除社長章伯鈞掛名外，負責具體報務工作的總編輯也應由民主人士擔任。不久，章伯鈞提議儲安平接替胡愈之任《光明日報》總編輯；這時上海《文匯報》復刊，經與羅隆基商議，決定由羅隆基負責，徐鑄成出任總編輯。

章伯鈞看上儲安平，是因為他四十年代辦過《觀察》。《觀察》是在「解放前兩、三年在國統區出盡風頭的一個政論性刊物。因為它是純民營的，所以保持著超黨派的立場，有一種在野論政的特色。在國民黨一黨專政的條件下，儲安平能以批評政府為業，為言論界開闢出一條道路，是非常不易的。說他是中國自由思想的代表，毫不過份。這也是我最看中的地方。」

儲安平也因為極贊同章伯鈞的觀點，加盟了進來。他說：「《光明日報》要成為民主黨派和高級知識份子的講壇，就要創造條件主動組織、並推動他們對共產黨發言，從政治上監督。」

章詒和說：「如果說，羅隆基、徐鑄成、浦熙修辦的《文匯報》，是要從新聞領域去實踐毛澤東提倡的『百花齊放、百家爭鳴』的話；那麼，章伯鈞、儲安平主持的《光明日報》則是想從民主黨派機關報的角度，來貫徹和嘗試毛澤東所講的『長期共存、互相監督』了。記得粉碎『四人幫』後，中共重提統戰政策，於是，在恢復了活動的八個民主黨派內部，流行著這樣的話：「長期共存？榮幸，榮幸。互相監督？豈敢，豈敢。——它幽默而微妙地傳達出民主人士在經歷了（19）57年以後一系列政治運動的畏懼心理。然而，一切畏懼都是先從不畏懼開始的。那時的章（伯鈞）儲（安平）就毫無畏懼地按照毛澤東的方針，要從民主黨派對共產黨的監督上為《光明日報》作文章。他倆覺得這是又一次與中共合作，是又一次在關鍵時刻與中共風雨同舟。」

在新聞觀念方面，章伯鈞的想法當可顯示那時的先銳：「老儲，

不要只守個塔斯社，你要努力增加資本主義國家的電訊，如合眾社、路透社的電訊，都可以發。總之，『光明』是我們的報紙，我打算建議由八個黨派的精華人物，組織成一個顧問團。報社的大政方針，由社務會議和顧問團定。」

儲安平的落網是必然的。章詒和的介紹很詳細。她說：「如果說，父親與會是中了毛澤東『引蛇出洞』之計，那麼，儲安平6月1日在中央統戰部的發言，則被許多人視為是『自投羅網』。古人云：『志士不忘在溝壑，勇士不忘喪其元。』大概早有一種不怕腦袋落地、棄屍溝壑的氣性貫注於儲安平的骨血，使他這樣一個無權者連前後左右看也不看，利害得失想也不想，便直撲最高權力設就的陷阱。」

都知道儲安平有個「黨天下」言論，這「黨天下」含蓋著什麼樣的內容？章詒和全引了那篇講話稿，題目是〈向毛主席和周總理提些意見〉：

「解放以後，知識份子都熱烈地擁護黨，接受黨的領導。但是這幾年來黨群關係不好，而且成為目前我國政治生活中急需調整的一個問題。這個問題的關鍵究竟何在？據我看來，關鍵在『黨天下』的這個思想問題上。我認為黨領導國家並不等於這個國家即為黨所有；大家擁護黨，但並沒有忘記了自己也還是國家的主人。政黨取得政權的重要目的是實現它的理想，推行它的政策。為了保證政策的貫徹，鞏固已得的政權，黨需要使自己經常保持強大，需要掌握國家機關中的某些樞紐，這一切都是很自然的。但是在全國範圍內，不論大小單位，甚至一個科一個組，都要安排一個黨員做頭兒，事無巨細，都要看黨員的顏色行事，都要黨員點了頭才算數。這樣的做法，是不是太過分了一點？在國家大政上黨外人士都心心願願跟黨走，但跟黨走，是因為黨的理想偉大、政策正確，並不表示黨外人士就沒有自己的見解，就沒有自

尊心和對國家的責任感。這幾年來，很多黨員的才能和他們所擔任的職務很不相稱。既沒有做好工作，而使國家受到損害，又不能使人心服，加劇了黨群關係的緊張，但其過不在那些黨員。而在黨為什麼要把不相稱的黨員安置在各種崗位上，黨這樣做，是不是『莫非王土』那樣的思想，從而形成了現在這樣一個一家天下的清一色的局面。我認為，這個『黨天下』的思想問題是一切宗派主義現象的最終根源。是黨和非黨之間矛盾的基本所在。」

儲安平的「黨天下」之諫，如石破天驚，動撼朝野，民主黨派們遵照共產黨的精神鬥爭自己的同志並不手軟，甚至更加賣力，以求自保。而後儲安平的生活只剩下兩件事：「讀書，餵羊。」

儲安平失蹤是個謎。但是章詒和的最後的抒寫卻更表明章家人對他的瞭解。

章詒和是這樣寫的：

「儲安平之死，是我在1966年冬季從成都偷跑回家後，由父母親講述的。聽著，聽著，我的靈魂彷彿已飄出了體外，和亡者站到了一起。

我獨自來到後面的庭院。偌大的院子，到處是殘磚碎瓦，敗葉枯枝，只有那株馬尾松依舊挺立。走在曲折的小徑，便想起第一次在這裏見到的儲安平：面白，身修，美豐儀。但是，我卻無論如何想像不出儲安平的死境。四顧無援、遍體鱗傷的他，會不會像個苦僧，獨坐水邊？在參透了世道人心，生死榮辱，斷絕一切塵念之後，用手抹去不知何時流下的涼涼的一滴淚，投向了湖水，河水，塘水，井水或海水？心靜如水地離開了這個血色人間。總之，他的死是最後的修煉。他的死法與水有關。絕世的莊嚴，是在權力加暴力的雙重威脅的背景下進行的。因而，頑強中也有脆弱。但他赴死的動因，決非像某些人口袋裏揣著手書『毛

主席萬歲」的字條，以死澄清其非罪或以死自明其忠忱。我是同
意父親看法的：死之於他是摧折，也是解放；是展示意志的方
式，也是證明其存在和力量的方法。通過「死亡」的鏡子，我欣
賞到生命的另一種存在。」

儲安平一加入《光明日報》就陷入了「整風」、「反右」的旋渦。
儲安平的人文背景及他辦報的瘋狂和執著，在章詒和筆下有詳細的介
紹。但我覺得更有意義更深刻的還是章詒和耳聞目睹的感受和認識。

關於張伯駒

章詒和是從事戲曲理論教學與研究的。有關這方面的知識啟蒙，
竟然是著名票友張伯駒。從章詒和向張伯駒夫婦學畫、學戲曲知識的
過程中，我們可以進一步認識大收藏家張伯駒的性情與灼見。

張伯駒被人稱為民國四大公子之一，是「詩詞歌賦，無所不曉；
琴棋書畫，無所不通」的才子。章伯鈞說，自己家的字畫五千多件，
即使賣掉，也未必抵得上張伯駒一件。他收藏的罕見之物，是他用大
洋、金條、首飾乃至房產換來的。具體情況，已有報刊介紹。

這些著名人物僅僅因為愛好和有錢大量收藏字畫文物嗎？從章伯
鈞與張伯駒的交談中，我們瞭解了一些內情。章伯鈞說：「我主要是
藏書，其次才是藏畫。買書畫的目的，也很偶然。因為（19）49年
從香港初到北京，就在馬路上看到一車車線裝書送往造紙廠，心疼
得不得了。於是乎，趕快把情況告訴鄭振鐸，請他制止這種行為。
西諦（鄭振鐸）回答說：『文物局要辦的事太多。這樣的事，一時
顧不過來。伯老，你發動黨外朋友，大家都來收藏一些吧。』這樣，
我除了日常開支，所有的錢就都用來買書、買畫。健生（章夫人）也
支持。」張伯駒也喟歎道：「不知情者，謂我搜羅唐宋精品，不惜一
擲千金，魄力過人。其實，我是歷盡辛苦，也不能盡如人意。因為黃
金易得，國寶無二。我買它們不是為了錢，是怕它們流入外國。唐代

韓幹的〈照夜白圖〉，就是溥心畬在（19）36年賣給了外國人。當時我在上海，想辦法阻止都來不及。七‧七事變以後，日本人搜刮中國文物就更厲害了。所以，我從30歲到60歲，一直收藏字畫名跡。目的也一直明確，那就是我在自己的書畫錄裏寫下的一句話：──予所收藏，不必終予身，為予有，但永存吾土，世傳有緒。」

這是怎樣一等愛國情懷？品味著他們交往中令人羨慕的文化「財富」，實在是一種享受。

像張伯駒這樣富也見過，窮也見過，在「新社會」裏無欲無求、閒雲野鶴似的愛國者，仍脫逃不了「右派」命運。晚年，張伯駒住院治病，因不夠級別，住不了單人或雙人房間，感冒轉成肺炎，匆促去世。這就是把數億元的私人財富給了國家的張伯駒的晚境。有人跑到北大醫院，站在大門口叫：「你們醫院知道張伯駒是誰嗎？他是國寶！他一個人捐獻給國家的東西，足夠買下你們這座醫院！」其實豈只是買下一座醫院！

章詒和對張伯駒的看法很獨到，她說：「張伯駒自然屬於最難消化的人。而他的硬度則來自那優遊態度、閒逸情調、仗義作風、散淡精神所合成的飽滿個性與獨立意志。他以此抗拒著革命對人的品質和心靈的銷蝕。」

關於康同璧

章詒和與朋友聊天兒時，說到那些非常「專家」的老先生，總是告誡她：「詒和啊，你可要讀書啊！」說完就哈哈大笑，說自己沒有功底，在老先生面前覺得慚愧。而在我看來，章詒和不但家學非淺，而且曾在「多重文化環境」中薰陶過。她向著名書法家（她母親李健生）學書法；向著名國畫家潘素（張伯駒的夫人）學國畫；向著名政治家的父親學政治；向著名票友、戲曲研究家張伯駒學戲曲；她還在康有為的女兒康同璧這個中西文化合璧的家庭中暫住過。

康同璧，是康有為的二女兒。她英文好，詩詞好，繪畫好。毛澤東曾說她是「支那第一人」。而她以三朝見過，滄桑歷盡之識見，對那些「大右派」們深表敬重與同情，主動和這些人交往。「文革」動亂中，為了女兒的安全，章伯鈞讓章詒和住到了康同璧家，並且深知除了「康同璧，再沒有第二個人敢留我們家的人了」。與康同璧家人相處的日子，使章詒和對生活對歷史有了新的認識。她細緻地敘述描寫了在康家看到的一切，也為我們打開了生活的另一面窗子。

有一次康同璧過生日，客廳裏坐滿了客人，令章詒和驚詫不已的是：

> 「所有的女賓居然都是足蹬高跟鞋，身著錦緞旗袍，而且個個唇紅齒白，嫵媚動人。──轉瞬之間，我彷彿回到了『萬惡的舊社會』。
>
> 「我問在座的一個上海小姐：現在，連花衣服都被當做『四舊』取締了，她們怎敢如此穿著打扮？
>
> 「上海小姐說，她們來的時候每人手提大口袋，內裝旗袍，高跟鞋，鏡子，梳子，粉霜，口紅，胭脂，眉筆。走到康家大門四顧無人，就立即換裝，化裝，而丈夫則在旁邊站崗放哨，好在那時的居民不算多。
>
> 「我問：『她們幹嘛不到家裏去裝扮，非要在外面？』
>
> 「這是規矩，也是對老太太的尊重。你想呀，進門就要行禮祝壽，穿著那套革命化制服怎麼行？』」

這塊土地雖然革命了這麼多年，還有這麼一些人偶爾一露地展現一下他們所崇尚的生活方式。這僅僅是對文明傳統的一種眷戀嗎？不，其實是掙扎。在掙扎中，表明他們對文化一統專制的態度。

盡其可能地保留審美的人生態度和精緻生活的康家，在「文革」的刀光劍影中安排了章伯鈞與章乃器的一次會面。

「父親和章乃器在康同璧家的客廳得以見面。這是他們「文革」中的唯一一次見面，也是他們相交一生的最後會晤。

「章乃器穿的是潔白的西式襯衫、灰色毛衣和西裝褲，外罩藏藍呢子大衣。我說：『章伯伯，你怎麼還是一副首長的樣子？』

「章乃器邊說邊站起來，舉著煙斗說：『小愚（章詒和）呀，這不是首長的樣子，這是人的樣子。』

「會晤中，作為陪客的康同璧，穿得最講究──那精細繡工所描繪的蝶舞花叢，把生命的旺盛與春天的活潑都從袖口、領邊流瀉出來。──中國人為什麼以美麗的繡紋所表現的動人題材，偏偏都要裝飾在容易破損和撕裂的地方？這簡直就和中國文人的命一模一樣。」

多麼意味深長的文字！
章詒和還觀察了與康氏母女交往中的教授們。

「他們之間的往來，不涉『關係』，也無利益原則，完全是傳統社會的人情信託。他們之間的相處親切，信賴，安閒，是極俗常的人生享受，又是極難得的心靈和諧。他們之間的談話，因文化積累的豐富而有一種特別的情調，因有了情調而韻味悠長，像白雲，細雨，和風。」

到這時，我們讀章詒和的文章，更有大文化散文的神韻了。

章詒和總與朋友說，自己沒有受多少古典文化薰陶，古詩文底子幾乎沒有。張伯駒談天說地都是學問，盡說些經典，聽不懂；父親又是搞哲學的，出口就是康德，還是不懂；那會兒雖然總坐在他們旁邊聽，但和傻大姐似的，很多都聽不懂。深感自己寫這些老人，只能是九牛一毛。儘管如此，讀章詒和的這些有關文化人物的散文，我們還

是能瞭解到一些曾不明堂奧、不知就裏的人和事。

也許章詒和披露的事情並不都是鮮為人知，但進一步豐滿著這些已經留在歷史記憶中的人物，以一個目擊者的感受和認識展現歷史滄桑變幻中——人的精神、靈魂、面目那動人的景象，恐怕沒有人能與她相比了。一路寫下來，快要成書了。有學者預言章詒和將是當今的散文一大家。可惜知道的人還是太少。但據我所知，凡在傳看中讀了她的文章的人，都叫好！我不是有意為她造勢，實在是陸續讀了她的幾篇大文章之後，覺得她的人物散文，太有內容，太美麗了。

（此文寫作時，章詒和的《往事並不如煙》尚未出版。她這本書出版以後不久，便赴香港中文大學訪問。接著，我也來到這所大學短期逗留。一見到章詒和，就告訴她，你的書在內地銷得很熱。她說，咱們不談這本書好不好？她又說：「編輯告訴我，對不起，章大姐，稿子被砍得遍體鱗傷，你就別看了。所以書出來後，我到現在也沒有看。」我趕緊翻書，看那些我印象最深的地方，果然有的不在了！

比如章詒和寫到一件1962年的事：羅隆基告訴她父親：「伯鈞，我倆上了大英百科全書啦！」第二天章伯鈞精神很好，對章詒和說：「我想，有些事情現在可以跟你講一講了。——前兩年，爸爸還期待著摘帽子，現在戴不戴、摘不摘均無所謂。只是連累了你們。小愚，我向你鄭重宣佈——反右時的爸爸並沒有錯。——昨天努生講，最新的大英百科全書已經上了中國一九五七年反右運動的條目。他們的基本解釋為：章伯鈞，羅隆基是在社會主義國家制度下，要求實行民主政治。——這樣一個簡單的條目內容，讓爸爸激動徹夜，覺得自己一輩子從事愛國民主運動，能獲得這樣一個歸納，也很滿足了。爸爸能被歷史記上一筆，還要感謝毛。要不是他搞反右，把我倆當作一、二號右派份子，我們始終不過是個內閣部長或黨派負責人罷了。」

這段描寫，讓我們知道了章、羅二人六十年代初的真實思想。如果僅僅憑他們在反右後的公開檢討，判斷他們當時的真實思想，顯然是有問題的。可惜，編輯出於可以理解的原因，沒有讓這個細節和一般讀者見面。有人從網上看過全稿，說原稿既有文學史的價值，也有思想史的價值。現在的版本，僅剩下文學史的價值。我覺得，刪去一些，仍不掩其思想的光芒，否則就不會有那麼多人爭相購閱了。香港一位書評家說：「章詒和的文章將我們導向那些被遺忘被忽視的珍寶。我就是在了這些文章後，才去圖書館尋找羅隆基和張伯駒的著作來讀的。我才發現，羅隆基上個世紀三、四十年代寫作的關於中國憲政的文章其觀點的前導性，即使今天國內也無人超越。」章詒和在書中對那些政治家的觀點論述也介紹了一些，自然也是被刪節的物件。不過，不少人都說，書能出來就是好的。章詒和對編輯和出版社是很感激的。她知道，他們已經付出很大的努力了。

最初，接受不接受香港這所大學的邀請，章詒和還在猶豫，香港的朋友勸她說：章詒和，你的書出來後會不得了，你還是來我們這裏躲避一下為好。章詒和這才決定來香港。果然，人民文學出版社的編輯打電話給章詒和說：書出來後，我們一天什麼事都不能做了，一直在接尋訪您的電話。電臺、電視臺、報紙、刊物都找上門，電話被打爆了。編輯擋不住，諸多媒體要採訪她，有些電話被追蹤到了香港。章詒和對我說：「如果你要幫我解釋，可以說三點：一，我年齡大了，已逾六旬；二、精力不足了，身體不好；水平有限，不懂外語，不通古文。」我說如此去說，我就無地自容了。她說：「一定要這樣說。我只有一個心思，就是集中精力寫作。所以，對我的書說好說壞的我都不看，我不想受干擾。我覺得心裏的痛感和孤獨是不能化解的。否則，人和字兒就會飄起來。那些能做學問的人，都是有定力的。我也有自己的定力。」說不受干擾，還是有的。最近我們都在香港，她書中提到的某個人的家屬，突然託人打電話要求把書中有關此人的事情，全部刪掉。對這樣的事，她非常生氣。她對提到的那個

人是很尊敬的。行文中亦無任何不敬之處。只不過作為歷史人物，在她的筆下是有情有態的人，不是神，更不是有些人所希望的正面概念的集合。某些名人的後代習慣於那種概念的評價，一見到把長輩當作活人來寫就不能適應。那天章詒和的情緒十分不好，原來心臟就有毛病，又一次發作，躺在沙發上許久才平靜下來。那天正好我去澳門，第二天回來才知道經歷了這樣的事情。

　　章詒和是學者，她的這本書雖然是一本回憶性的長篇散文，但涉及到的人和事，她都有嚴謹的考證。如果看到書後面的對人對事的詳細注釋，就會明瞭她的嚴肅和苦心。她對涉及到的主要人物都有生平小傳，這種注釋已經詳盡於一般學術規範，你讀了它會更深切理解章詒和所談到的事情的意味；對問題判斷的依據，她也不以一條引文或一面之談為定論，比如儲安平之死。她說，除了我自己直接聽到的，我一定做到所提到的事情必有出處。即使是聽到的，也得有第三人的證明，我才敢寫進去。其實，她的文章出手並不快，每寫一篇要翻閱資料，儘量核對事實。她幾乎提筆即流淚，難過得幾天寫不下去。她說，最終是要寫她的父母，但還不知什麼時候可以動筆。我曾問她，您那時年齡不大，父親和您的談話，您能記得很清楚嗎？她說，民主黨派的人家，大約沾了「民主」二字，很多話是可以和子女說的；不像一些共產黨幹部，自律性那麼強，很少和子女談國是極其認識。據我所知，她1978年出獄，1979年即開始記錄自己前半生的記憶和經歷。此事已持續了20餘年。羅隆基、儲安平的兩篇文章是在80年代初，就動筆了。此外，她還搜集了相關的文字資料和口頭錄音。她與我們聊天，經常會一句一句地復述某人對她觸動很深的談話，我相信她的這種記憶。她說，一些人與她父親有幾十年的交往，那些人物多側面，非常複雜，她本來是可以披露一些，可是不敢動筆。因為當事人活著，或者子女不願意直面歷史，弄不好麻煩纏身。和章詒和聊天，感到她知道的人和事，真是非常之多。其中，不少細節都能刷新我對歷史的因襲看

法。她寫作的資源如此豐厚，如果要求她像走鋼絲般小心地前行，那真是難為她了！

章詒和是性情中人，有自己判斷人和事的基本價值尺度。她快人快語，總是立即做出自己的判斷。吳思是章詒和新近認識的朋友。她讀了吳思的「潛規則」系列，評價很高。當她知道吳思最近輸了官司，十分氣憤。她立即給吳思發去郵件，這樣寫到：「昨日從丁東那裏得知你打官司一事，大驚。這是個原則問題，我是堅決支持、同情你的。我能為你做些什麼？你需要我做些什麼？有陸鍵東敗訴於昨，有你敗訴於今，誰將敗訴於明？可能是我或者是其他的人。法律界和知識界應該聯合起來，抵抗這種濫施的權力。」在她看來，吳思有寫陳永貴的權利，陸鍵東也有寫陳寅恪或別的什麼的權利。現在家屬一告狀，法院就判作者敗訴，又是賠款，又是登報致歉，學者出示的大量證據，法院輕率地棄之一旁，更談不上聽取學術界內行的意見，這是對史學的極大傷害。我也覺得這個問題很嚴重。前幾年，發生過一些作家敗訴的案子，已經影響了公民從事文學創作的權利。現在又發生吳思敗訴案，影響到公民從事學術研究和新聞報導的權利。事關公共利益，章詒和是不願意袖手旁觀的。

我在香港遇到章詒和的時候，正好余杰也在這裏。章、余二人年齡差一倍，原來並不認識。雖然章以前也看過余杰的文章，見面卻是初次。余杰這幾年經常招來非議。我們在香港這所大學十幾天的訪問中正好聽到龍應台的一次沙龍性質的講演，談她從政的體會。余杰對龍應台期許較高，覺得她對臺灣、對香港都有尖銳批評，唯獨對大陸過於溫柔。就向她提出了這樣的看法。主持人怕有麻煩，有意不想讓龍應台回答余杰的提問，當然龍應台還是比較誠懇地做了一些解釋。余杰有感而發，第二天就寫了一篇評論龍應台的文章，還沒有公開發表，僅僅以手稿示人，就受到周圍一些人更猛烈的批評。有的批評者雖無惡意，但總想把余杰規範一下。章詒和卻十分看重余杰的不規範，給他的發的電子信中說：「遠看近瞅，你都很美。你選擇的路，

是正確的。無論你走到哪裡，行至何處，我都會注視著你。」後來她對我說，中國現在有幾個余杰？不能要求年輕人講話都是四平八穩。余杰這樣的青年中國太少了！

我在這所學校也做過一次講演，談我做的口述史工作和體會。其中，我提到有些部門對口述史的學術意義認識不足。章詒和的發言對我啟發、激勵很大。她說口述史對採訪者的文化歷史知識要求很高，應該是「棋逢對手，將遇良才」，甚至要高於被採訪人。唐德剛採訪胡適，可以說自己把胡適研究了一遍，列出200多個問題。他提的問題之尖銳、深刻，讓胡適極其震驚，幾乎招架不住。這樣的對話與記錄，才能將口述史所具有的學術價值和思想意義保持在很高水準，其作用非一般回憶錄和一般的採訪所能替代的。口述史要求雙方是對話式的，要有思想的、智慧的碰撞，生出火花，引導問題的深入。她的話更堅定了我對口述史研究價值的認識。也深感自己做這項工作的水平有限，提醒我更多地充實自己。但我想，只要努力去做，還是有意義的。

與章詒和近距離的接觸，她無論作為學者、長者、朋友，總使我感到有新意。

2002年

【9】束星北的命運

在閱讀《束星北檔案》（作家出版社2005年1月）之前，我沒有聽說過束星北這個名字。我太孤陋寡聞了。這本書給我帶來的震動，不亞於當年閱讀《陳寅恪的最後二十年》。

（一）

天賦之高，束星北在中國科學界當屬鳳毛麟角；性格之強，束星北在中國知識界也無出其右。

束星北早年考進堪薩斯州拜克大學物理系，又入加州大學學習物理。他的人生選擇是非常認真的。革命時代，他也曾激情澎湃過，加入美國共產黨，到蘇聯考察；但走了十幾個國家後，他確定了自己的位置和方向，到英國愛丁堡大學隨世界著名理論物理學家惠特克和達爾文學習基礎物理與數學。僅一年時間，他以〈論數學物理的基礎〉一文獲得愛丁堡大學碩士學位。1930年2月，由惠特克和達爾文的引薦，他又到劍橋大學師從著名理論天體物理學家愛丁頓博士（愛丁頓利用全日食驗證了愛因斯坦的廣義相對論，愛因斯坦的地位才從此確定下來）。束星北參與了愛丁頓對狄拉克方程全過程的推導，而這個方程被物理學界稱為：用最簡練的文字概括出一幅最美麗的世界圖畫方程。1930年8月，已漸顯才華的束星北被推薦到美國麻省理工學院做研究生和數學助教，師從著名數學家斯特羅克教授。1931年5月他以《超複數系統及其在幾何中應用的初步研究》獲麻省理工學院的理學碩士學位。這時他已經走到學術前沿，時年25歲。

1931年9月束星北回國結婚，再沒有能出去。如果他不回來，得諾貝爾獎也未可知。

當然，束星北在祖國故土，也有一段屬於他的陽光燦爛的日子。

竺可楨主持浙江大學時，聘了很多國內一流的教授，數學家：蘇步青、陳建功、錢寶琮；物理學家：王淦昌、束星北、盧鶴紱、王謨顯、何增祿、朱福炘；生物、植物學家；貝時璋、羅宗洛、張其楷等。1944年，李約瑟到抗戰時遵義湄潭的浙江大學訪問，將該校譽為

「東方劍橋」。這些科學家的研究已經處於國際科學前沿。其中束星北、王淦昌等人的5篇論文給李約瑟留下很深印象，他帶回英國，在《自然》雜誌上發表。

他的學生許良英說，束星北講課，既不用講義、也不指定參考書，黑板上也沒有可供學生抄錄的工整提綱。他是用質樸生動的語言、從大家所熟知的現象，來闡明物理理論和思想。束星北講課的最大特點是：「以啟發、引人沉思的方式，著重、深入地講透基本物理概念和基本原理，使學生能融會貫通地理解整個理論框架。」書中介紹了束星北不同時期的學生上課的感受：束星北講課能把學生帶到神秘的宇宙穹隆中，是那樣輝煌。包括他與王淦昌在學術報告會上真槍實彈地爭論，都給學生們留下了深刻印象。以至於和李政道一樣，不少學生因為聽了他的一兩節課，就改變了自己的專業方向。竺可楨時代，浙江大學群星璀璨，束星北是當時公認的最為傑出的代表。他的學生程開甲院士（中國第一顆原子彈研製開拓者之一、中國核武器試驗事業的創始人之一）認為：那個時代，像束星北這樣集才華、天賦、激情於一身的教育家、科學家，在科學界是罕見的。

這時才知道，束星北與王淦昌已經成為那個時代的理論物理與實驗物理學的大師，同時，他們也造就了一大批日後享譽世界的一流人才：吳健雄、李政道。1937年世界物理學家玻爾受竺可楨之邀，到浙江大學作學術報告。玻爾回國後不斷有中國的師生寫信向他請教如何學物理、如何出國深造。玻爾說，你們有束星北、王淦昌這麼好的物理學家，為什麼還要跑到外邊學習物理呢？

但是束星北治學太認真，認真到一點不給他人留情面。在學術報告會上，無論主講人名氣有多大，學問有多深，一旦發現束星北在下面坐著，就禁不住心驚膽戰。他常常會提出很多問題，讓報告人招架不住。因為他從國外不僅僅學到了科學理論，也學到了科學研究的方法，他的導師愛丁頓博士就是一個喜歡爭論，欣賞爭吵的人。

他的學生、同事認為他身上有一種霸氣。50年代初，也是英國物理學博士王竹溪教授（楊振寧在西南聯大時的老師），到山東大學講學，講座中途，束星北走到講臺上說：「我有必要打斷一下，因為我認為王先生的報告錯誤百出，他沒有搞懂熱力學的本質。」他捏起粉筆一邊在王先生寫滿黑板的公式和概念上打叉，一邊解釋錯在那裏，一口氣講了大約40分鐘。王竹溪一直尷尬地站在一邊。校領導為此找束星北談話，束星北說：過去大學都是這麼做的。

束星北眼中的「過去的大學」，當然是20世紀上半葉的中國大學，是竺可楨時代的大學。那時的大學，能包涵像束星北這種個性鮮明、稜角鋒利的人，使他黑白分明、剛直不阿、心口一致，見不得不公與黑暗的品質，在那個社會也有生存的空間。比如，他不支持學生政治運動，但學生被國民黨當局殺害，他第一個起來號召浙江大學全體教授罷教，抗議殺害學生。1940年代，當學校總務主任在設備材料上設障刁難時，他竟然能出手打腫總務主任的臉。

他的正直，源於自己的判斷。他不願參與政治和政黨打交道。但抗戰時，受愛國心驅使，他一度放棄自己的課題，研究軍工，如無人駕駛飛機、無人駕駛艦艇和鐳射、雷達等武器。抗戰後，又拒絕國民黨迫他入黨的要脅，讓學生將已安裝好的雷達再拆卸，遭遇到囚禁。他說：「我不認為，除了革命的就是反革命的，在革命和不革命之外，還有另外一條路，第三條道路。」在1950年浙江大學的思想改造運動中，因為蘇步青教授受到污辱，束星北氣憤之極，把節約委員會主任像揪小雞似的揪起來，一拳打過去，大罵：「你知道蘇步青是什麼人嗎？你們算什麼東西？」結果蘇步青解脫了，他卻因毆打革命幹部，抗拒運動，成為浙江大學鬥爭批判的罪魁。當有人污陷他有經濟問題時，他寫挑戰書，讓對方向自己道歉或公開辯論。鎮反時，他的學生被捕，別人不敢說話，他又為自己的學生「鳴冤叫屈。寧可傷及自己，也要救人於難。以致他的仗義成為「肅反」、「擴大化」時人們的SOS呼救信號。這時，他還沒有意識應該收斂他的個性稜角。

（二）

但是，一個具有剛性人格的人，遭遇到了一個剛性更強的體制。

1952年院系調整時，如果束星北接受王淦昌的邀請到中國科學院搞研究，在那個科學家成堆的地方，他也許不那麼扎眼；或者說，在科學研究氣氛濃一些的地方，他能逃過一些劫難？1957年，張勁夫冒險進諫，使中科院一批海外歸來的自然科學家沒有被打成右派。對束星北來說，科學院那地方也不容樂觀。束星北之所以沒有去，是覺得中國科學院有些人屬於「政治學者」，非科學家氣質多一些，讓他看著不舒服。以他的個性看，束星北也許不會在保護之內。1952年他選擇了在山東大學任教。此時的山大已不是文科有老舍、洪深、沈從文、游國恩；理科有黃際遇、任之恭、童第周的「過去的學校」——老山東大學了。

很快，束星北在山東大學肅反運動中被定為歷史反革命分子，一度被停職反省。 盡管束星北在自己家大門上貼著他用毛筆書寫的告示：「請勿進門。公民住宅不受侵犯——中華人民共和國憲法第70條。」也擋不住1955年的抄家搜查。他的全家被趕到院子裏，束星北手裏拿著一本1954年頒佈的《中華人民共和國憲法》搖動著。有什麼用？這次抄家的收穫是束星北自己安裝的半導體收音機，作為他收聽敵臺的證據。

在山東大學，他遇到了有信念的共產黨人華崗，華崗使他與生物學家童第周、教育學家吳有恆、文學家陸侃如、馮沅君有著同樣好的教授待遇。但他，並不買賬，一開始就與華崗的辯證唯物論幹了起來。華崗認為辯證唯物論是一切科學的科學，束星北不認為那是科學，充其量也就是哲學之一種。儘管如此，華崗還是對他關照有加，直到華崗成為「胡風集團」成員入獄。

1950年代初在山東大學，束星北還反對「一邊倒」學蘇聯；你們教辯證唯物主義，我就教牛頓、愛因斯坦。對好好學習的學生耐心有

加，工農幹部學員王景明就是聽了他的課，感覺如夢初醒，進入了一個令人神迷的世界；對熱衷搞運動的學生，「笨蛋」、「草包」、「狗屁不通」，難聽的話他也是說得出來的。結局是，不讓他上講臺講課了。

他不得已改行研究氣象學，一年多發了十幾篇氣象學方面的論文，小試牛刀，就引起氣象學轟動。他不是天才是什麼呢？

肅反，束星北被定為反革命分子、重點鬥爭對象。1956年「小陽春」時有個糾正，他認真研究憲法，以〈用生命維護憲法尊嚴〉為題發言，建議「對受冤的速予平反」，聽眾在下面鼓掌20多次。1957年就成了翻案，當了「極右分子」。工資降到只給20元生活費，而他妻子無工作，還有七個孩子。1958年定為反革命分子管制3年，編入勞改大軍修水庫。饑餓的年代，他一直在工地的死亡線上掙扎。

1960年秋，水庫工程結束，他被調到青島醫學院接受改造，打掃教學樓的廁所，清洗實驗室的器皿，有時還被遣到太平間製作屍體標本。後來，因為修好了醫學院從丹麥引進的腦電圖儀，待遇才有所好轉，又能上一點專業課了。

1960年代，感到中國有核子試驗的跡象，他希望參加到這個隊伍中。他想到摘帽，便頑強地「改造」，無望。文革了，繼續涮茅房。自覺地涮，創造性地涮。同時修遍了山東省地方和部隊所有的大中型醫院的設備：X光機、心電圖儀、腦電圖儀、超聲波、同位素掃描器、冰箱、保溫箱、電子興奮器、電子生理麻醉儀、胃鏡等，無法計算。但這一切都換不來他想用一個物理學家的實力報效祖國的機會。

1972年李政道回國，周恩來希望李政道能為中國科學界「斷層」問題做些工作，如介紹海外學者到中國講學。李政道說，中國有人才，只是你們沒有使用他們，比如我的老師束星北。雖然李政道想見自己的老師未能如願，但給束星北的待遇帶來了轉機。

（三）

束星北又拿起了教鞭，他還是從前的教授嗎？

他的老友同事發現，他的優秀品質保存完好；他的「壞脾氣」也未從根本上改動。仍然羞辱學生「豬腦子」、「狗屁不通」；仍然對行政人員咆哮發怒。他再無所旁顧，一心要抓緊時間著述。但是他的家人看到，半夜裏他的靈感來了，似睡非睡中寫下的東西，卻是檢討與自我批判。這時他的人格已經無奈地分裂。表面上他還是那麼地「頑固」，通過發洩想掙斷過去對他的摧殘，想不到20多年的「改造」已經滲入神經骨髓，他無法走出陰影。

1979年，中國第一枚洲際導彈需要計算彈頭資料艙的接收和打撈最佳時限。有人推薦了束星北。上面為此撥款100萬元，束星北分文沒要，一枝筆，一摞紙，準確無誤完成任務。當年他73歲。航天學界轟動一時。天才還是天才！

1983年束星北去世。去世前，他把自己的遺體捐獻給青島醫學院。他說，他多年患慢性氣管炎和肺氣腫，一直注射腎上腺素，但血壓心臟卻一直正常，可以解剖他的屍體研究；他稱自己的大腦超乎尋常的聰明好用，連他自己都奇怪，70多歲，腦袋卻還和二三十歲一樣清晰活力無限，他讓解剖他的大腦，希望對醫學提供最後的貢獻。但是他去世時，正趕上青島醫學院大換班子，他的遺體被遺忘了。半年之後，想起來，屍體已經腐爛。本來還說要將他的骨骼做成標本供教學用，結果讓兩個學生草草埋葬在學校籃球場旁邊的雙杠下面。

作者劉海軍說：「如果把束星北與王淦昌作個對比的話，我們會發現同為科學家，王淦昌幾乎獲得了完美的人生：提出了《關於探測中微子的建議》、發現反西格馬負超子、研製原子彈氫彈、率導核能特別是核聚變能的研製與發展……從這一串科學經歷看，王淦昌始終站在世界前沿科學的制高點上。對一個科學家來說，還有比擁有如此豐富的科學經歷更為飽滿的人生嗎？」可是束星北，在他命運的顛躓與縫隙中雖說也出了些成果，但在他看來，卻是些

「雕蟲小技」。

同樣的才學智慧，在相同的土壤下，有著不同的命運，決定的因素恐怕就是性格了。這時說「性格即命運」似乎更有道理。可是，縱觀人類傑出的科學家、藝術家，但凡才氣逼人，往往性格與眾不同。才氣與性格如同利劍的雙刃，怎麼可能鈍其一面而鋒其另一面？最近看2005年2月23日《中國青年報》「冰點·探索」週刊一篇文章：

> 「與諾貝爾獎得主共事」。其中寫到：幾乎所有認識美國哥倫比亞大學生物神經學家理查·阿克塞的人都能感覺到他那超人的智力。但他的古怪也是出了名的。⋯⋯他每天穿過走廊衝著人們大叫「資料？有資料嗎」有時他會盯著你問：「難道你沒有什麼有意思的事情要告訴我嗎？」「他從不注意社交禮節。他不會放過任何一個奚落、嘲笑和貶低別人的機會。他經常會在和別人交談時陷入沉思，然後毫無歉意地走開。他會對一些問題做出這樣的回答：『這是我所聽到過的最愚蠢的想法。』」

這樣的科學家為什麼能最終獲得為世界承認的成就？因為他可以自由地按照自己的方式生活和研究。說實在的，如果我成為他奚落、嘲笑的對象，我也會受不了。但是，你可以不喜歡他，卻沒有不讓他自由存在的理由。

試想如果束星北能在同一片土地上與理查·阿克塞比肩而為，豈能沒有同樣的輝煌？可惜，中年以後的束星北不能擁有這樣一片土地。而他所生活的土地上，至今也沒有產生一個諾貝爾科學獎。一個實行法治、以保障個人權利為基點的社會，能充分發揮個人的才能，結果是成就了社會的發展；打著整體的旗號，扼殺了個性，最後被窒息的必將是社會本身。

所以，束星北是一條大河，三十年代在浙江大學是他澎湃的源頭。

但他沒有了理查腳下的土地，就只能一路而下，日趨萎縮乾涸了。

2005年

【10】我的父親

父親的忌日又快到了。他是2004年8月16日去世的。那是一段高溫的日子，他沒有躲過熱浪的襲擊。發燒、肺部感染，退燒、消炎、降壓，輪番大量地輸液，臥床兩年，已經很衰弱的腎功能，無法盡職了。他死於腎衰竭。

眼睜睜地看著父親一口一口地喘著喘著，最後氣若遊絲地離開了這個世界。他去世前痛苦難耐的表情，總是在我眼前浮動。想起來，淚水就抑制不住。

可是，他去世時，我幾乎沒有落淚。

我在心裏對他說，我一定要寫下你，寫下我心中不解的痛。否則，我永遠放不下你。

父親走得非常寂寞，如同他臥床兩年多的寂寞。家裏人早就預料是這樣的結局，但是當情況真如設想的一樣時，還是很意外。他生病期間，除了我們幾個子女輪流回家看他，幾乎沒有什麼人來。河北省作協和保定市文聯分別在八月十五和某個節日，例行公事地看過一趟。就再沒有人過問過他的情況。個別老同志也有問候的，但他們都高齡多病，也只能相互問候了。

為了給父親一個更真實更圓滿的結局，我們子女與母親商議，不搞遺體告別，不設靈堂，不收受任何形式的禮物。火化前，保定市委宣傳部來了個副部長，在父親遺體前與我們握手；保定市文聯來了兩個同志，陪我們到火葬場，將他火化完畢，骨灰放到保定烈士陵園中的靈堂。烈士靈堂已經公眾化，只是按照級別對待。父親被安放在高幹靈堂室。我們說，先讓那些老紅軍、老八路陪陪你吧。

2005年，我們在保定烈士陵園，給父親買了一處墓地，黑色大理石墓碑，用他的書法手跡、代表作目錄和照片，設計了前後的碑文。不管今天、明天的人們怎樣看待他，我們覺得，似乎只有這樣，對他的一生才算有個交代。

按照民間傳統，他去世後的七個祭日，我們姐妹都有人給他燒

紙。如同擦洗屎尿時，一樣地認真，一樣地盡責。那時，我們總是設法給他舒服一點的感受，希望盡最大可能，讓他多活些時日。這是血脈相連中永恆的情感。

2005年，在紀念抗日戰爭60周年之際，河北電視臺要拍一部有關他的專題片，曾經問我這樣的問題：

作為子女，你怎麼看待父親對你的影響；作為文學研究者，你怎麼看待他作為作家的成就？

我已經記不住當時說了些什麼。

但邢野究竟是怎樣一個人。他到這個世上走了一遭，給我們留下了什麼？

我要說的父親，是新中國後沒有大坎坷也不走運的作家；一個常人都視為很好的同志；一個讓兒女們心寒的父親；一個妻子不希望與其同穴的丈夫。

一、沒有大坎坷也不走運的作家

從沒落家庭到革命劇團

也許，邢野算得上是一個有點名氣的作家。與其說是人有名，不如說是作品有名，那就是1955年上演的電影《平原游擊隊》。共和國成立後到文革結束的二十幾年中，國產電影的數量本來不多。到了文革，很多電影又成為「毒草」，《平原游擊隊》、《地道戰》、《地雷戰》等幾部的片子，就被輪番地放，讓億萬觀眾不論主動還是被動，不知道看了多少遍。很多人說是看著《平原游擊隊》長大的，幾乎能把影片中每一句臺詞背下來。這部電影是根據父親1950寫的話劇《游擊隊長》改編的，合作者是劇作家羽山。

父親的作家生涯，我是後來才瞭解了一些。他比較內向。他的身世，他的寫作，他的工作和交友，極少與家人談。不要說與孩子們

談，就連對母親，他也談得很少。有些事，問到母親，她總是說：「不知道，他從不和我說。」我上大學中文系後，向他討教過一些文藝界的人和事，他的回答多是三言兩語，並總是「唉」上一聲，歎息道：「複雜啊！複雜……」然後陷入冥想。他說這話時，我根本不能理解。本來他就不愛說話，也許害怕禍從口出，說得就更少了。對於父親，除了過去例行填表的那些內容，我們知道得很少。父親去世後，整理他的遺物，發現了他的小傳和為了出文集他自己寫的年譜。

父親1918年生於天津城郊鄉村。他的祖父和叔祖父都是木匠。一家人靠木匠和務農為生。七歲那年，他的大伯當了河北省井陘礦務局局長，並在天津市開灤礦務局任要職，家裏興旺起來，隨後他祖父一大家人遷到了天津市區。父親上過四年私塾，在天津第三十小學畢業，成績名列第一。我的爺爺一生沒有做過什麼事，是靠當礦務局長的哥哥掙下的錢，蓋了幾十間房，吃房租過活，後來因為父親的二哥抽大煙，家境敗落。聽親戚們說，解放前夕，我的爺爺奶奶是餓死的。父親在他們四兄弟中年齡最小，不愛說話，就喜歡看書。他自己說過，上私塾時，常常蹺課去聽評書；上中學時，每天晚上都是在圖書館度過。那時，他讀了不少古今中外的文學作品。有一次我問他：為什麼你不寫小說，而喜歡寫劇作？他說，上中學時，我就喜歡戲劇，莫里哀、梅里美、莎士比亞的劇本，翻譯過來的我都看過。聯想到周恩來、曹禺他們在天津上中學時都喜歡演劇，可能這種愛好是當時天津中學裏的一種風氣。

1937年天津淪陷，他和一些同學相隨，到大後方流亡。1938年在桂林參加了國民政府軍事委員會政治部第三廳下屬的抗敵演劇隊第十一隊。1939年入陝北公學。不久參加了陝北公學劇團。1939年5月，抗日軍政大學、陝北公學、魯迅藝術學院部分師生（占當時魯藝師生的70%多）、安吳堡戰時青年訓練班、延安工人學校組成了「華北聯合大學」。由成仿吾率領並任校長由延安開赴敵後，開展國防教育。1939年7月華北聯大學校又決定由陝北公學劇團和

魯藝部分學員組成了華北聯大文工團，開赴到了晉察冀邊區。父親被分在戲劇組，從此開始了他的編劇、導劇、演劇的生涯。從1940年至1949年，他獨創或與戰友合作寫了不少劇作。如：秧歌劇《反掃蕩》、《過新年》、《兩個英雄》；話劇《糧食》、《村長》；獨幕劇《出發之前》、《開會》、《無孔不入》、《東莊之夜》、《典型報告》、《塞北紅旗》、《父子倆》等；歌劇《大生產》、《不上地主當》、《天下第一軍》；梆子劇《無人區》。他的長詩《大山傳》和短詩集《鼓聲》中的多數篇章也是這時寫的。他還寫了一些歌詞，如：〈國民黨一團糟〉、〈上有青天〉、〈翻身謠〉、〈水流千遭歸大海〉、〈縣選歌〉、〈軍民對口唱〉、〈八‧一五）〉、〈野戰兵團歌〉、〈前進，人民解放軍〉、〈歌唱古北口〉等。邵燕祥先生曾對我說：〈國民黨一團糟〉這首歌，他很熟悉，「1949年前後在老區與新區極其流行。」這首歌我也會唱，是上小學時在校合唱團學會的，劫夫將曲子的音調、節奏作得很特別。可見一直流行到共和國成立後。

也許由於寫作能力，父親由晉察冀軍區第三軍分區衝鋒劇社社長，任至冀晉軍區文工團團長，後改為察哈爾軍區文工團。戰爭年代，戲劇演出可以直接宣傳群眾、鼓動群眾，不需要舞臺，利用現成的院落、房屋、場地；不需要道具，穿老百姓的衣服就行。有時，當天排練當天演出。雖說粗糙些，也很有生氣。父親在一篇文章中介紹：他們劇社演完了《劉二姐勸夫》，敵人炮樓上的偽軍就有不少人反正；上演了《張大嫂巧計救幹部》，各村就出現了很多掩護幹部的事情。父親也演過戲，在《白毛女》中出演過楊白勞；在高爾基的《母親》、果戈理的《巡按使》中充當過角色。據《敵後的文藝隊伍》記載，1940年的「三八」婦女節，上演《三八節婦女活報》：「封建魔王由邢野扮演，身披鎧甲，手執長鞭。日本帝國主義（侵略軍）由陳強扮演，軍服軍帽，腰橫倭刀。」文革中他教過我們一首好聽的外國歌曲〈沙漠之路〉，才知道他唱歌也不錯。

身在多事之秋

新中國建立之初，父親的寫作還是很勤奮。1950年，他創作了多幕話劇《游擊隊長》。當時在文學研究所，他既是所務委員、管理幹部，也是學員。1954年為了將《游擊隊長》改成電影《平原游擊隊》，他被調到文化部電影局創作所。1955年電影上演後，他又被調到中國作家協會對外聯絡委員會任副主任。上世紀從1956年到60年代初，他還有多幕劇《青年偵察員》出版；與和谷岩（執筆）、孫福田合作的電影《狼牙山五壯士》上演；三個老戰友合作的多幕兒童話劇《兒童團》出版；與詩人田間合寫多幕歌劇《石不爛》、及他自己寫的兒童詩劇《王二小放牛郎》出版；給中央實驗話劇院創作的話劇《春燕》（又名《女革命者》，未演出，也未發表），粉碎四人幫後寫作並上演了話劇《古城十月》。從此，他的創作生涯基本上結束了。聽父親說，好像電影《平原游擊隊》獲過獎，一個獨幕話劇獲文化部戲劇創作三等獎；兒童詩劇《王二小放牛郎》獲1954～1979全國少年兒童文藝創作二等獎。但他的遺物中已不見憑證。他的名字，戲劇界的人還知道一點吧？1980年代初，我到《劇本》雜誌社辦事，遇到負責人顏振奮，他還說起，認識邢野同志。其實，電影《平原游擊隊》，既是父親的創作高峰，也是他創作式微的開始。從1963年以後，除了零星發表一兩首詩外，他基本上沒有什麼作品了。當時他才45歲。我10多歲。記得那時看到的他，除了練習書法，就是整天沈默不語地抽煙。

父親與多數同時代作家一樣，對毛澤東的〈在延安文藝術座談會上的講話〉虔誠遵奉。經驗告訴他們，稍微有些獨立思考，肯定會出問題。記得文革中，他為了讓我們放心，曾認真向我們保證：「我在歷次運動中，都沒有問題。」現在來看，他的能做到無問題，可能就是1949年以後寫作不沾現實的邊兒，遇事少發言吧？

上世紀50年代，中國大陸的文藝界進入多事之秋：1951年，批判

小說《我們夫婦之間》、電影《關連長》、《武訓傳》；1954年，批判路翎的小說《窪地上的「戰役」》；1955年，批判胡風反革命集團和丁陳反黨集團；1957年，更多的作家因作品或言論被打成右派⋯⋯父親面對一波又一波的政治漩渦，他小心地回避。但是，1955年批判「丁陳反黨小集團」，他回避不了。丁玲是他的老師與領導。正是丁玲看過他的話劇劇本《游擊隊長》，把他介紹給當時的文化部電影局局長陳荒煤，才得以調他去寫電影劇本。可以說，電影《平原游擊隊》的誕生，與丁玲的發現與支持是分不開的。這時，無論是作為學員，還是文學研究所的中層幹部，邢野應該怎麼表態？記得我在寫作《丁玲與文學研究所的興衰》一書時，曾問過父親一些情況，他對我說，在批判「丁陳反黨小集團」期間，周揚曾點名讓他發言。我後來借閱到當時的會議簡報，看到了邢野的發言。感覺他揭發批判十分小心，對丁玲有批判言詞，但還是設法繞了個彎子，更直接地批判了「丁陳反黨小集團」成員李又然的資產階級作風。父親還告訴我，大概因他的發言沒有「擊中要害」，沒有多大分量，後來編的批判丁陳的集子，沒有收進他的發言。1959年「反右傾」，中國作家協會又批判郭小川的長篇抒情詩《望星空》和反思「肅反」運動的長篇敘事詩《一個和八個》。郭小川1958年2月把《一個和八個》交給周揚審閱，徵求意見。周揚當時沒有提出個人意見，一年零四個月後，卻出人意料地拿出這首詩作為罪狀組織批判。我問父親，這些批判您是否在場。他說：「對《望星空》和《一個和八個》，是內部批判，我在場，先發給每人一份油印的作品。但是，我沒有說話。」我問他：「您為什麼沒有發言？」他說：「他們把該說的都說了，我也沒有什麼好說的了。」我問：「您覺得郭小川的詩怎麼樣？」他說：「我覺得郭小川很有才華，詩也不錯。就是有些情調，當時看，有些不健康。」郭小川的〈檢討書〉介紹：「自1959年11月25日至12月2日，作協黨組連續召開十二級以上黨員幹部擴大會議，對郭小川進行了七次批判。」父親沒有和我說這七次批判的詳情，但我覺得只要他參加

了批判會，看那情勢，不可能不發言，只不過其發言沒有給人留下深刻印象罷了。從以後郭小川與父親的友好來往的關係看，他對郭還沒有傷害。

2001年，我讀到郭小川女兒郭小惠編輯的《檢討書——詩人郭小川在政治運動中的另類文字》，看到一個詩人因為想搞創作、並努力進行藝術探索，所受到的百般精神折磨。這種折磨不僅是對他詩作的無理批判，更重要的是，郭小川作為一個負有行政領導職務的幹部，因念念不忘創作，而被指責為「喪失立場」、「政治退步，個人主義膨脹」，「和黨鬧獨立性」。《檢討書》中記載了黨內對他的批判：

「郭小川同志在作協四年期間，共寫了一萬餘行詩，出了五本詩集和一本雜文集，但仍然叫嚷創作與工作的矛盾，叫嚷不能合法地創作。」他「輕政治，重業務」「花了很大精力去寫東西」「開自留地」，「究竟把主要精力放在哪裡去了？」「小川的一本書主義，是受了胡風思想的感染，要成名成家，寫呀寫呀，就發展成了個人野心。」而他所提出的「創作與工作的矛盾」實際就是「個人與黨的矛盾」。

面對前車之鑒，父親的內心會怎樣想？1960年代初，父親患了嚴重的胃病，1.78米的個頭，體重下降到85斤。所以他有兩三年時間基本上在家休息，練練書法。據父親講，那時，他總到北京醫院。給他看病的大夫，也給劉白羽看病。醫生對父親說，你的病挺屬害，怎麼劉白羽還說你玩物喪志？父親聽後，也只能忍著。父親在《年譜》中回憶：「1961年，作協某領導（劉白羽）叫我到《詩刊》工作，並任我為《詩刊》副主編，但未宣佈。作協讓我在《詩刊》調查《詩刊》的問題，因未查出問題，我要求調動工作，我又被調回外委會任副主任。」顯然，劉白羽對他很失望。

《平原游擊隊》修改記

父親不拒絕我的詢問。有一次，我問他重拍的彩色電影《平原游擊隊》您參與了嗎？他說沒有。為什麼沒有原作者參與？父親就和我

談起江青讓他修改《平原游擊隊》的經過。我覺得他談得很有內容，在不斷的追問中讓他談得詳細些，後來我幫他把談話整理出來，在《百年潮》雜誌發表了。從這篇談話記中，可以看到他在寫作方面的審慎與畏難。

父親提到文革中，江青曾讓劇作家阿甲修改電影《平原游擊隊》，準備重拍彩色電影《平原游擊隊》，並且提出要把電影劇本再改成京劇劇本。阿甲找到父親，請父親把「李向陽」的生活原型介紹給他，說想積累些素材然後再修改。父親就給阿甲寫了介紹信，找到了「李向陽」的生活原型甄鳳山。甄鳳山把自己一生的經歷和當時的鬥爭生活都和阿甲談了。阿甲抓住了一個情節，作為修改劇本的一個重要支柱。什麼情節呢？就是甄鳳山要跟日本鬼子中隊長換媳婦。這件事的詳細情況是：鬼子既打不垮甄鳳山，又不能使他投降，就想了個邪招兒：趁甄不在家之機，捉走了甄的妻子，並給甄寫信說：你要是投降就放了你老婆，否則就殺了她。甄鳳山決定以牙還牙，帶人進了城。他瞭解到城裏有一處朝鮮人開的「白麵」（大煙）館，恰與日軍中隊長的家是一牆之隔。一天，他趁日軍中隊長不在家，到了「白麵」館，從牆這邊鑿了個窟窿，進去把日軍中隊長的媳婦給掏了出來。回來之後，甄鳳山給日軍中隊長寫信說：「你要是放我媳婦，我就放你媳婦；你要是殺我媳婦，我就殺你媳婦；你要互換，咱就交換。」日本鬼子同意交換，商量了交換的地點與交換的條件，比如提出：雙方不能打槍，要讓甄的媳婦先過來，然後才能放對方媳婦過去等等，最後事情辦成功了。這件事又冒險又有趣。但事後，甄鳳山挨了分區政委王平的批評，晉察冀軍區司令員聶榮臻也說他做得不對，已成事實，也就算了。阿甲認為這個材料有意思，就寫進了修改本中。江青看到修改本中的這個情節，大怒，說：「這是污辱我們共產黨和八路軍！」就不讓阿甲繼續修改了。劇本沒改成，阿甲還挨了一頓批。江青這才又指派父親和賀敬之、崔嵬、馮志、李英儒五個人共同討論修改這個電影

劇本；父親說，他當時被借到北京，周巍峙是他們的組長，主要負責生活問題；林默涵領導他們修改劇本。

後來上邊問到父親對修改的具體意見，他說：「要按我的生活來說，還掌握很多豐富的故事，使劇本再豐滿一些不成問題，但很多事件要麼不能寫，要麼裝不進去。比如，我知道許多有關甄鳳山的傳奇，就不可能被寫進去。甄鳳山二十多歲時，給地主扛長活，每年交了租子後養活不了全家，弟妹幾個相繼餓死。母親去捋樹葉吃，地主說是捋了他家的樹葉，打了他母親，母親連氣帶餓不久病死，甄鳳山一氣之下，一把火燒了地主的房子，闖了關東。到了關東之後，淘過金、下過煤窯、最後參加了義勇軍。他在義勇軍中打了幾年仗，練出了一手好槍法。抗戰開始後，他回到家鄉。由於有了這樣的經歷，軍分區決定讓他組織游擊隊並當游擊隊長。上級提出人馬由他自行招集，槍支由他自己解決。這個任務在當時非常艱巨，但甄鳳山並不感到為難。他首先與正規部隊交涉，從正規部隊選了一些班排長以上的幹部，非常能打仗，所以他的游擊隊人員素質較高；他還招募了群眾和民兵中能打仗的人；甚至土匪，只要你能為我打仗，我就要你。當過特務的人他也要，他曾吸收過一個給日軍當過特務的人在他手下當小隊長。他就用這個方法組成了五個大隊。後來在一次和日軍的戰鬥中，那個當過特務的人又投降了敵人，投降之後，燒殺搶擄，做了很多壞事，群眾憤恨之極。有一天，在他又出來作惡之時，被捉到了，甄鳳山對他說：『這次是應該槍斃你了，我念你有兩下子，在給我當小隊長時還打過幾個勝仗，我再請你喝次酒罷。』喝完酒之後，甄鳳山就把這個人交給了群眾。群眾對這個特務恨之入骨，有的拿刀子，有的拿剪子，生生把這個人一刀一剪地凌遲了，最後剮得只剩下了骨頭。」提到甄鳳山的槍法，父親說：他雙手打槍，要打你左眼，就不打右眼；黑夜之中一槍能打掉點著的香火頭兒；還有一次他跟老婆開玩笑，一槍打下老婆的一撮頭髮沒傷到皮膚。這都是群眾中的傳說，但敵人對他確實是聞風喪膽。

聽父親說著，我在想，這才是真實的生活。如果從歷史的複雜性和人物個性的豐滿性著眼，可以將「李向陽」這個人物寫得更有光彩，像電影中的夏伯陽；小說《靜靜的頓河》中的葛里高利。可父親當時是絕對不敢去那麼寫的。

父親說，我不能改還有一個原因。為什麼？他說：我在作協外委會工作時，曾陪同一位德國作家去中南海接受陳毅的接見。在此之前，我就德國作家將要提出的問題事先向陳毅作過彙報。陳毅問我：「你就是《平原游擊隊》的作者呀？寫得還可以。但是我提點意見：你這個劇本最後把敵人都消滅了，還把松井打死了，這是把敵人估計得太孬了，敵人並不是那麼好消滅的，這是個弱點。」陳毅說得對。事實上，我們確實沒有消滅過日軍一個中隊，只消滅了一個小隊。我為什麼這樣寫？因為我的思想中追求的還是所謂的「革命浪漫主義與革命現實主義相結合」，認為打死松井，消滅日寇，一定是群眾喜聞樂見的。對這個問題，過去沒有人提出過意見，但是陳毅提出來了，可見他是有藝術見解的知識份子。陳毅還舉例說：「比如說托爾斯泰寫《戰爭與和平》，因為托爾斯泰沒有參加過戰爭，他的戰爭那一部分就寫得不夠好。」但是既使以前陳毅提出了這個問題，現在我也不能修改，如果江青問到你這個意見從何而來，我怎麼回答呀？1963年在廣州召開的《話劇、歌劇、兒童劇座談會》上陳毅的講話，文革中是被否定的。所以說有的應該改，也可以改，但是我不能改。

後來，江青又讓詩人張永枚把《平原游擊隊》改成京劇。

關於《平原游擊隊》的修改結果是這樣的：張永枚的京劇《平原作戰》沒有寫好，上演的京劇《平原作戰》劇本是崔巍改編的，也不算成功之作。而後來公演的彩色電影《平原游擊隊》用的卻是張永枚的修改劇本。這部彩色電影沒有得到廣大觀眾認同，粉碎「四人幫」後就不演了。在彩色電影《平原游擊隊》和京劇《平原作戰》完成以後，有人問張春橋：作者怎麼署名？張春橋說：「應該說是江青同志

領導下的第三創作組。」所以無論是新上演的電影《平原游擊隊》還
是京劇《平原作戰》，都與邢野沒關係了。

1949年以後成名的當代作家，大多出了一部成名作之後，便開始
走下坡路。父親的朋友李英儒是個十分執著、勤奮的作家，文革中關
在秦城監獄，他仍堅持在馬恩全集的邊角寫小說。他在《野火春風鬥
古城》之後，還有幾部長篇小說面世，如《還我河山》、《女游擊隊
長》等。但是發表後沒有什麼反響。到了晚年，他很苦惱，曾問他的
兒女，為什麼這些作品沒有讀者？兒女們說，現在的年青人，誰還看
得進去你們那些打仗的故事？他聽後，一個下午，一言不發，坐在籐
椅上思考了很久，最後決定，不再寫作。我在想，如果父親晚年像李
英儒一樣勤奮，其創作命運也不會有多大差別。

同事和朋友

父親認識的人很多，人緣也不見得不好，但朋友不多。僅聯大文
工團時與他合作過、交往過名氣很大的文化人就有多少！但後來都沒
有什麼聯繫。孫福田叔叔說，邢野交友能深不能廣。孫福田叔叔是父
親在戰爭年代的老戰友，老搭檔。他說，邢野不愛說話，對女同志更
不愛講話。但邢野有才華，能寫劇本，也能演戲。對人真誠，寬容，
幽默。賞識他的人能與他交往較深。孫叔叔還說，邢野在部隊時，
身為領導幹部，從來沒有見他聲色嚴厲地批評過誰。父親的通訊員張
鳳翔叔叔說起他，總是帶著極崇敬親切的神色，說父親待他如何視同
兄弟，不分彼此。看到張叔叔鞋破了，立刻把自己的鞋拿給他穿。
餓了，拿出錢，讓張叔叔買只燒雞來，兩人美吃一番。張叔叔說起
來，眉飛色舞的。後來，我從事文學教學與研究工作，見到很多在
作家協會與父親相識或相處過的老同事，大家對他印象都很好，說
他是老好人，很正派，能幫助人時儘量幫人。原詩刊編輯白婉清阿
姨對我說，文革後，她去看望我父親，交談中邢野瞭解到白想調工
作，主動提出幫她聯繫有關單位，並介紹朋友幫忙。我記得，無論

我們家是在山西還是在保定，他對被打成右派並發配到那裏的唐達成、徐光耀、侯敏澤都很同情，曾讓我多向唐達成請教；讓在文化局工作的母親給他們多提供些幫助。我發現，他對級別比他低的人，更友善、寬容；對級別相當或高於他的人，除了相知的好友，比較矜持。

除了性格原因外，與共和國成立後的文藝界一個鬥爭連著一個鬥爭是否有關？批胡風、批《文藝報》和馮雪峰、批丁玲、批郭小川、批趙樹理，批劉真和他們的作品，作為全國作協中層以上的幹部，這些鬥爭父親是脫不了身的。他在作協外委會副主任任上多年，黨組或作協主席團擴大會議，總把他擴大進去。在以後我和文藝批評家唐達成的交往中，發現他談到我父親總是有些敬意。反右前後，作協對唐達成等人的批判次數不少，以父親的職務，他必得參加。我曾經問唐達成，父親在中國作協期間、特別是在各種批判會議上左不左？唐很認真地對我說：「不左。他不怎麼發言。」後來在很多人的回憶文章中，談到當年的運動，幾乎沒有人提到父親的名字。可見在人們的印象中他沒有多少鬥爭的積極性，不左，也不敢右；起碼沒有積極鬥爭過誰，更沒有落井下石的事。在那些人鬥人的運動中，有的人要麼為自己過關，要麼為自己往上爬，都要表現得不一般些。父親的不多說話，不愛表現的性格，成就了他好人的名聲。以他的工作性質，他的一點名氣，他會認識很多在外界看來很重要的文藝界人物，我卻沒有感覺到他與什麼人有深入的交往。在一些場合，當有人介紹說，這是邢野同志的女兒，得到的反應多是：哦，邢野同志？我認識，代問他好！沒有進一步的關切，也沒有幾經多災多難、榮辱升沉之後人與人之間避免不了的尷尬、冷漠、抑或仇怨之類的神色。在路線鬥爭頻仍，總在選擇站隊的年代，他能做到這樣已經是很不錯了。作為邢野的女兒，我得到的也僅僅是這些點到為止的友好和客氣。這就是好人邢野留給我的。他沒有讓我在人前感到難堪，抱愧，我應該感激他。

父親書房

　　說到父親對我們的影響，那是一種客觀的存在。

　　首先，作為中國作家協會中層以上的領導幹部，家裏一直有當時各省市贈送的雜誌。北京的《人民文學》、《詩刊》、《解放軍文藝》、《譯文》（後改名為《世界文學》），上海的《上海文學》、《收穫》，天津的《新港》、《蜜蜂》，山西的《火花》，陝西的《延河》，四川的《紅岩》，湖南的《湘江》，廣東的《作品》等等；作家協會體制下各省的刊物，我們都能看到。中國當代作家的作品都是首先發在刊物上，我們也能早早地讀到。當代那些著名的長篇小說《青春之歌》、《野火春風斗古城》、《三家巷》、《紅旗譜》、《紅日》、《保衛延安》、《戰鬥的青春》、《紅岩》、《苦菜花》、《迎春花》、《小城春秋》、《六十年的變遷》、《前驅》，就連司馬文森的《風雨桐江》都是從家裏翻出來看的。後來我在大學學習，又教當代文學，比一般同學或同事優越的是，我對當代作家作品比較熟悉。記得，小學五年級暑假，我看了好多小說。拿起來一本書就要一口氣看完，有一次，在一天一夜間讀完了《創業史》。為此，眼睛突然近視，六年級時，只好帶上了三百度的眼鏡。1950年代初，父親還購買了很多前蘇聯和俄羅斯、法國的文學作品《卓婭和舒拉的故事》、《古麗婭的道路》、《鐵流》、《毀滅》、《青年近衛軍》、《鋼鐵是怎樣煉成的》、《被開墾的處女地》、《日日夜夜》、《靜靜的頓河》、《被開墾的處女地》、《教育詩》、《苦難的歷程》、《恰巴耶夫》、《士敏土》、《窮人》、《小酒店》，《歐也尼·葛朗台》、《高老頭》、馬雅可夫斯基、伊薩柯夫斯基的詩，波列伏依的特寫等。《莎士比亞全集》、《魯迅全集》、《泰戈爾選集》更是父親的所愛。其實父親是不讓我們從他的書架上拿書的，他根本沒有要陶冶

我們的意圖，幾乎所有的書，都是我們趁他不在家時從書架上拿出，再趁他不在家時放回去，「偷」看出來的。直到文革時，因他事先將1950年代發行不多的影印本《金瓶梅》藏在煤堆裏，沒有讓造反派抄家時抄走，後又帶到鄉下，我們才知道還有這類書可看，我們姐妹兄弟又一個一個偷著將這部書看完。我上大學時，曾向老師請教怎麼理解《金瓶梅》，老師說，這種書現在還不能提倡你們讀。我在心中竊笑，其實我早就讀了！我們在小學時幾乎讀遍了中國當代著名的作品，中學與文革中又讀了不少外國名著：《巴黎聖母院》、《悲慘世界》、《牛虻》、《簡愛》、《安娜·卡列尼娜》、《復活》、《安吉堡的磨工》……。其中有不少書是和同學朋友交換或借閱而來。我還記得，大姐看了陀斯妥耶夫斯基的《被污辱與被損害的》一書後，給我們大講其中的人物故事；二姐看傑克·倫敦的《白牙》時，緊張地尖叫，把全家人嚇了一跳。

我們姊妹在學校都以作文好出名，畢竟，我們有他的書房。我曾調侃像我們這批共和國同齡人，是共產主義與人道主義教育的混合物。今天想來，前者仍讓我們不知所措，而後者卻真實地鑄就了我們的人格品位。

現在我在大學教書，從學生作業中得知，他們的課外閱讀，初中是《故事會》，高中是金庸。有朋友說，如果中學時代沒有養成讀書的習慣，就完了。那麼我們應該感謝父親的書房，他的書房不能說很豐厚，卻讓我們養成了讀書的習慣，受益一生。

父親的書房讓我想到，父親這一代革命作家，從文化的積澱看，「古」的不深，「洋」的也不深，宗教文化更沒有。參加奪取政權後，階級鬥爭意識繼續強化輸入，接受最多的外來文化是前蘇聯的布爾什維克主義與社會主義現實主義文學。他的書房裏沒有當時的「內部小說」，如《葉爾紹夫兄弟》、《茹爾賓一家》、《州委書記》等。也沒有當時高幹書桌上可能有的內部「灰皮書」。

二、一個讓兒女們心寒的父親

很少露出笑容

邢野是一個不走運的作家。

他是一個好父親嗎？也不是！

從我記事起，父親很少在我們面前露出笑容，很少和我們說話。他晚上睡得晚，早上起得遲。因為他是作家，所以在家裏的時間很多。以至於小時候我一直以為作家就是坐在家裏。

印象中的父親除了打發我們為他做事外，很少正眼看我們。七八歲的孩子很敏感，總覺得在他眼裏，我們是那麼多餘、討嫌。有時，不得已，要問他點什麼，往往還沒等我們張嘴，聽到的總是：「去去去，一邊玩兒去！」如果有客人見到我們做兒女的，問到：這是老幾啊？上幾年級了？他甚至會一時發懵，叫錯了名字，或說錯了年齡，反過來問我們，你幾歲了？上幾年級？

從我們出生，請保姆，入托，生病、看病，上學，他什麼都不管。那時我們上幼稚園，兩個星期才回一次家，印象中，父親從來沒有接送過我們。家裏的電燈、馬桶之類的東西壞了，他一次次催促別人想辦法解決，自己是絕不動手的。有一次，家裏的水龍頭壞了，水溢四處，十來歲的二姐嚇壞了，母親不在家，趕快告訴父親，他二話不說先給了她一耳光：「還不快去找人修理！」他就是用這種方式告訴少不更事的孩子：修理這種事，跟我有什麼關係呢？

1950到1960年代，我們經常搬家，從北京到保定、從保定到石家莊、從石家莊到天津、從天津又回到北京。下戶口、上戶口、轉學、入托；捆行李，運行李都是母親的事，上小學、初中的女孩子當幫手。所以母親常說：「咱們家沒有男人！」1960年代初，母親下鄉「四清」，他剛給母親發走一封信，就開始寫另一封信。一封信斷斷續續寫幾天，寫什麼？無非是：1、今天小群要買鞋；2、小明參加

少先隊要買白襯衫；3、誰誰要交什麼費用----。待母親回了信，他再讓大的領著小的去買。記得上小學時，有一次，我穿塑膠涼鞋磨破了腳，趾頭腫得很厲害，腳踝部已經生出了紅線，很疼，我推開很少走進的他的書房的門，怯怯地對他說：「爸爸，我的腳破了，……」對我疼痛的腳，他看都沒看一眼，就說，「找你媽去！」說著給我了兩角錢，讓我坐無軌電車到十幾站以外的機關去找母親。當時我們家住在北京和平街的作協宿舍樓，離家一站路左右就有一所醫院。而他根本就沒有帶生病的孩子去醫院的意識。

父親只和我拉過兩次手。一次是在我六七歲時，跟在父母身邊走，要過馬路時，他拉起了我的手；一次是文革期間，他從接受審查的學習班回到久別的家，這個家已隨著母親的下放安置在了山西洪洞縣侯村。聽說他已經回到了家，我從插隊點上急匆匆趕回去看他。到家時，他正在灶前拉風箱，看到了我，立即站起來，很高興，像對久別的朋友一樣伸出手來和我相握。我有點受寵若驚。他大概是出於對外交往的伸手習慣，或是不知道用什麼方式表達父女幾年不見的心情。據我所知，在我們這類幹部家庭，無論為父母的還是為子女的，根本沒有相擁的體驗，因為它屬於要抵制的資產階級情調。

父親對我有了些許尊重，可能與文革中對他的保護有關。文革初，他怕被批鬥，就跑到北京，請在中央文革文藝組工作的李英儒幫忙保護他，李以修改電影劇本為名，把他借到文藝組領導下的創作組，住到了北京。後來，有人透露給我們：山西省文聯的造反派要到北京抓他，當晚母親和大姐把我從擁擠的火車車窗中塞進去，讓我連夜趕到北京，給他報信兒。他立即轉移到了鄉下，躲避了一時的皮肉之苦。當時我14歲。

文革中，不管往他身上潑了多少污水——如說他是國民黨中統特務，我們始終認為他是好人，我們姊妹兄弟中沒人申明與他脫離父子（女）關係。因為我們從沒有發現他有任何違反共產黨員黨性原則的行為。雖然他對我們少有那種唱高調一類的教育，但遇到我們姐妹入

團入黨一類的事，臉上也會出現難得的笑意與頷首。他不善表達與表現，文革中竟然也有那麼一段，天天主動帶著我們「早請示」。

暴躁得異常

對孩子們不理不問，倒是好事，我們自由的空間很大。除了到學校上學，我和妹妹到處瘋跑，今天割草養兔子，明天撈蝌蚪，後天撿碎玻璃、爛鐵賣錢看電影，他一概不知道。現在的小孩子出了家門似乎險象叢生，而我們童年的快樂，是在家庭外面的天地中獲得的。

在家裏，我們的心永遠在嗓子眼兒處吊著，很緊張。我敢說，我們見到父親的樣子就像羊見到狼，充滿恐懼。因為你不知道什麼時候說「錯」了什麼話，做「錯」了什麼事，讓他看著不順眼，一巴掌就會搧過來，搧得我們雙眼冒金星。我感覺，搧來搧去，我們都被搧傻了。上小學時，只有老師經常誇我聰明，因為我在班上的成績總是第一名或第二名；母親也常說我人小鬼大，比較機靈，見情況不好，能及時脫身。否則，我會在父親的巴掌下成為很自卑的女孩兒。我的二姐性格倔強，遭遇到的巴掌更多。我妹妹比較嬌氣，挨一次巴掌，能哭上兩三個鐘頭，直到哭不出聲兒為止。這一點，讓父親很頭疼，故妹妹挨的巴掌要少得多。他唯一寵愛的是我大姐，我從沒有見他打過大姐。也許是姐姐最先給他帶來為人父的歡愉？也許是大姐長得極像他離開人世的母親──我們的奶奶──他打大姐如同打了母親？是不是女孩子多了，煩了，父親才這樣了呢？也不是，在我妹妹之後，母親生了我的雙胞胎弟弟。開始，他是喜歡的，高興了也要抱一抱，待弟弟長大不大聽話、開始與街鄰的孩子打架，他的巴掌就上來了。等弟弟們更大，他伸手夠不著時，就抄棍子、拿鐵鍬，往他們身上掄。

只有一次，以他的脾氣，一定會打我，但沒有打。那是三年饑餓時期，我上小學三年級。一天，他讓我去買醬油，那時，買什麼都排隊，我個子小夠不著櫃檯，在大人的擁擠中，丟掉了剛剛換好放在兜裏的一個月的飯票兒（那時，我們吃食堂）。從沒有打罵過我的母

親，被饑餓的恐懼，氣昏了頭，一邊數落著我，一邊拿起笤帚疙瘩打我的屁股。而父親這時反而態度非常之好，沒有打也沒有罵，聲音並不高地勸我母親說：已經丟了，急也沒有用。後來我回過了神兒：敢情是因為他讓我買去醬油，禍是他引起的。那個月，只有20多斤定量的父親與母親各自拿出一半口糧貼補給了我。在饑餓的年代，別人寧送你100元錢，也不願送你一兩糧票。我內心還是很感激他們的恩情。就因為想起他們的恩情，中學時代，有一次我被父親拿著棍子趕出家門，身無分文地離家出走一個多月，又回了家。

也許有人會說，對父母這麼雞毛蒜皮的小事，都記在心，豈不是從小就學會了記恨？我不這麼想。我認為，在那麼幼稚、單純的年齡，一次一次地、深深地刻印在心頭的就是這些小事情。不平等的感受，首先是在自己的家裏，是童年時代。

母親也不善於兒女情長，她屬於工作型的人。母親在外面認真、亢奮的工作狀態，讓你覺得只有在外面工作才能實現她的生命價值。偏偏事與願違，1949年以後，她十年當中生了七個孩子（一個六歲時夭折），無情地消耗著她年輕的生命。她記恨在心的是，當年她想做流產，請單位出證明，黨組織批評了她，讓她做檢討，還組織女同志去參觀蘇聯的母親英雄展覽。讓她們看看蘇聯母親英雄如何將十一個子女培養為工程師、飛行員、教授一類的棟樑之才。這種脫離實際教條式的宣教，效果之差可以想見，煩於家務的母親並沒有因此增長多少對兒女的耐心。

以他為中心

父親在家裏，一切以他為中心。

從我記事起，他與我們的聯繫，就是支使我們做事：買東西，掃地，洗菜，倒垃圾，買煤球，打煤糕（用煤面和黃土做成的煤塊），給他洗衣服。他自己從來不上街採買。家庭日用購買除了母親就是我們，包括父親自己用的煙，茶，火柴，墨水，漿糊，郵票……。1961

年，我九歲，正是經濟最困難時期，他有胃病，要吃精細一點的蔬菜，經常讓我坐電車從北京和平里到東單菜市場給他買菜。他大概覺得我膽子大，潑辣一些。那是十幾站的路程。一個九歲的小姑娘，挎著大籃子，上車、下車，走幾步，歇一歇。在冬天的風雪中，我的雙手凍得通紅，裂開了那麼多的口子，疼死了！父親的眼睛，絕不會注意到我的手，他怎麼會知道我的痛？當我一步一步往家走的時候，總覺得自己的樣子就像傳說故事中的童養媳。1970年代末紙煙雖說不要票了，但也限制購買，比如一次只能買兩盒。有一次我二姐到天津出差，沿著大街，一個店鋪，一個店鋪地去給他買煙，不知道走了多少路，才買夠了父親要的幾條煙。回家後，他拿著女兒好不容易買到的煙，臉上並沒有什麼表情，二姐連口水都沒有喝，他就說，時候不早了，趕快做飯去吧。他根本不問買煙有什麼難處，也不會關心女兒在太陽底下走了多少路，是否已經饑腸轆轆，自己能為幫助了他的人做些什麼？二姐一說起這件事，就會流淚。父親有胃病，吃好一點的青菜並不過分；以我們那時的覺悟，對抽煙也不會指責，但是他對待我們如此冷漠，不問冷暖，讓人心裏非常不是滋味。

我們家在農村插隊的時候，有一次，他讓上小學的弟弟到五裏外的鎮上給他發一封信，弟弟說，我還要上學去呢。他立刻瞪起眼睛。母親悄悄告訴弟弟，先把信放在書包裏，放學後再去發。我們所有的孩子都經歷過，當他讓我們為他做事的時候，不管你是否要去上學、要做作業，在高考復習，或在拉琴，在看書；稍有怠慢，他就會瞪眼睛，稍有解釋，就被視為頂嘴，巴掌很快就會跟上來。

說件可笑的事，到了晚年他知道，他的文集沒有財政補貼，出版社是不給出的，便決定自費印製。我們幫助他排版印出清樣，請他自己校對最容易校的詩歌部分。他一邊校一邊煩，說：我寫了那麼多東西，從來自己沒有校對過。一氣之下，不校了。這種最應該自己做的事，也不願意做，自己還能做什麼呢？反過來卻不斷催家裏人給他校對書稿。

　　從我們姐妹到弟弟，從沒有過還手意識，要麼躲，要麼扛。有一次他讓弟弟做什麼事，弟弟沒有去，他拿起捅爐子的鐵捅條就往他身上掄。弟弟急了，說他是：秦始皇！暴君！他說，「我就是秦始皇！就是暴君！你們能怎麼樣？」當他從我們的眼睛中看到了對他的不滿時，總是憤憤地說，別以為你們是靠著牆根長大的，你們把我的稿費都花光了！似乎他養育了我們，他就有權力這樣對待我們。毛澤東小時候，威脅要對他施暴的父親：如果你再往前走一步，我就跳池塘。我們原以為，哪裡有壓迫哪裡就有反抗，反抗是有效的，可是在我們家行不通，下一輪的暴力仍會出現。

　　父親讓我們做事的時候，他在幹什麼呢？就算他在寫作，就算他在思考，這是一個人連起碼的父愛之心都沒有的理由嗎？過去曾看到詩人李季帶著孩子們去游泳；詩人聞捷帶著幾個女兒去公園，我們的爸爸從來沒有帶我們去哪兒玩過。小學唯一一次去動物園，是媽媽帶我們姐妹四個去的。

　　多年後我看到方方的小說《風景》，故事中的父親動不動就對孩子們拳打腳踢，像對野貓野狗似地，一點都不奇怪。這種家庭中的冷酷，我並不陌生。對於那些小市民家庭，你可以說是為貧困所逼，為愚昧所至，那麼邢野的暴躁來自哪裡？那時候沒有計劃生育，不能控制我們來到世上，也就成了無奈的養育。

　　是啊，靠著他的養育，我們畢竟可以衣食無憂地長大，上學。他曾表示，你們如果有本事考上大學，我都供。但他未必想到，為了早早擺脫他的專制，我們姐妹是多麼積極地上山下鄉？而插隊幾年，從沒有接到過他的信。二姐為了早些脫離家庭，養活自己，恢復高考時，放棄了考大學，她怕失去工作，失去收入，不想讓父親脾氣一上來，把供她上大學掛在嘴上。而以她的文化基礎，考上大學是沒有問題的。

　　後來我看《梁啟超和他的兒女們》一書，看得淚流滿面：如此大學問家，有如此深厚的父愛，實在不敢想像。梁啟超有那麼

多孩子，對哪一個都不怠慢，從孩子們的學習、做人到婚嫁，都關懷備至，孩子們在海外，他也要一一囑咐到，他對孩子們的尊重和理解，讓我看到一個真正的知識份子的人文修養達到了什麼樣的境界。

從父親身上，開始了我的懷疑。父親在共產黨隊伍中算是文化水平較高的，他學至高中，為了追求民主、自由，參加革命後與自己的家庭斷絕了關係。我不明白：就算他出身天津商埠，舊時代天津市井習氣對他有潛移默化的影響；就算中國傳統倫理文化太深，任何人都不可能自拔於其中。但你邢野同志畢竟看了不少五四新文學的書，畢竟參加了反封建、求民主的革命隊伍，為什麼最基本的人權、平等、個性精神在你這裏幾乎是空白？（不過，對我們的婚姻，他沒有過多干涉。）你曾經在〈翻身謠〉的歌詞中寫道：「數數千百年，天昏地又暗，苦的窮人，叫皇天，苦叫皇天天不語，低下頭來淚漣漣。……」反封建不正是共產黨號召人民跟自己走的口號嗎？我反覆地想過這樣的問題：這個社會如果連邢野的「封建專制殘餘」都改造不了，人們的信服將從哪裡開始呢？

現實生活，一方面是「君為臣綱、父為子綱」文化浸染，還有新的等級秩序的造就。那些級別更高的人，家裏有廚子、司機、警衛員、保姆，可以什麼都不管。他為人民「忘我」工作，「人民」也在為他全心全意地服務。他們也總有帶孩子們到北戴河、廬山度假的機會。而父親你是否想過，除了生養，你用什麼來教育我們？怎樣教育我們？青少年時，你生長的那個家庭，有錢供你讀書，不需要你對家庭負有什麼責任；到了部隊上，先是靠集體生活中同志們的幫忙，後來有了警衛員、通訊員；成了家，妻子兒女成為名正言順的役使。在生活上，你不需要對他人負責；在精神文化上，你不曾想自己有責。因為，你投身的這支革命隊伍，自由、平等、博愛，始終是受排斥的價值觀；人性、人道的家庭倫理，也從來沒有位置。郭小川看上去是

那麼文質彬彬的詩人，在他兒子的筆下，對兒子不也有拳打腳踢的時候？馬波（《血色黃昏》的作者老鬼）的父親是師範大學的黨委書記，從不與孩子談心、不與兒子溝通，發生問題就是搧耳光，加上用腳踢。馬波後來忍無可忍，給周恩來總理寫了一封告狀信，周總理批評了馬波的父親，馬波才結束了挨打。看，這就是大朝廷和小朝廷的關係；大家長和小家長的關係，只有大家長才能管住小家長。這使我想到母親說過的話，你爸爸只有他的老首長王平政委才能管得了他。所以，馬波的母親楊沫，在家庭專制中同我母親一樣，無奈又順從，在專制風暴中不能為兒女樹起一堵保護的牆。我問母親，你為什麼不從一開始就保護兒女，使他不至於把打孩子當成習慣？她說，他脾氣上來，六親不認，我怕他也打我。共和國成立後，沒有人對這支革命隊伍的人施以家庭的文明倫理規範，這個被人遺忘的角落也就只能因襲傳統的宗法秩序了。

我的這些感覺，永遠不敢對外人說，說出去，自己也覺得有失尊嚴。小時候只能和同氣相求的二姐小聲地聲討父親。後來，看到李南央寫的《我有這樣一個母親》，覺得寫得好。也許她對母親的被扭曲，欠缺客觀理解；也許有些人一方面認為她寫得真實，一方面又覺得她忤逆。我還是認為李南央寫出了這個隊伍中很有代表性的一類人。在偏執、不講理、唯我獨尊方面，我父親同她母親一樣。

有人會說，這是一個複雜的問題，原因是多方面的，有傳統倫理觀念問題，有社會文明導向問題，有對婚姻家庭認識的誤區，也有個人的原因，甚至還有過去我們不瞭解的心理疾病問題。封建家長社會，未嘗沒有父慈母愛的家庭和睦；民主國家中仍有人以身試法，家庭暴力照常。

但是，我想說的是，文明人和文明社會，起碼應該以這些為恥，而不是視之為理所當然。當社會風尚演化得沒有了親情，或者說不知道什麼是親情了，那真是社會的悲哀。

三、也不是一個好丈夫

組織安排的婚姻

以父親的脾氣，他和母親吵架，是家常便飯。記得我七歲那年，聽到他們吵架，母親大喊著：離婚！這些孩子想要誰，你帶走。我非常害怕，心想，千萬別把我分配給爸爸。後媽是怎麼回事先別說，單憑爸爸的巴掌就夠我吃喝的了。

我的母親出身在一個宗法觀念很強的鄉村家庭。她的爺爺、奶奶、父親極其重男輕女。她的兩個妹妹都是因為有病不給治，在不理不問中死去。母親小時候，得了傷寒病，是在她舅舅家治療養息好的。她說，若是躺在自己家裏，早就死了。抗戰時期，她不顧家庭反對，隨抗日小學東躲西藏地讀書。1944年又帶著強烈的反抗精神參加了革命。

母親參軍後在部隊文工團。她說是在極不情願的情況下被「組織」包辦了婚姻。當組織給她介紹物件時，她表示不願意早結婚。她心說，為了擺脫封建家庭，有更多的學習機會，我才參了軍。參軍可不是為了早結婚。沒有想到，「領導」只征得邢野的同意，根本沒有徵求她的意見，就為他們打了結婚報告。我對她說，當時你完全可以拒絕結婚。她說：「我哪有這種覺悟？那時的觀念，服從上級天經地義；再說，那時我還不懂事，從我們家鄉到部隊，我不知道自由的婚姻是什麼樣子。我更怕因為不同意結婚，就讓我離開部隊。」母親與父親結婚時，還不到18歲。

上世紀50年代初，母親隨父親進了北京。當時高中畢業生生源不足，國家決定保送一批幹部上大學。她想上大學，但父親不同意。孫福田叔叔的妻子蕭馳阿姨，曾是父親他們文工團演劇隊的女演員，當時上了中央戲劇學院，畢業後去了中央實驗話劇院，成為那裏的臺柱子。母親很要強，也愛學習。她不滿足當某某人的夫人，而是希望靠

自己的努力贏得一份社會位置。這時，他們已經有了兩個孩子，父親說：「你不把孩子的事安排好，就別去上學。我沒時間管孩子！」其實那時的調幹生中，有孩子的人很多，當時孫福田叔叔也已經有了兩個孩子，就是由孫叔叔來照管。況且，那時雇保姆也容易，級別較高的，公家還給出保姆費。父親也能享受這種待遇。母親說：「調幹生上大學，得寫保證書，保證不為孩子的事請假。我不敢寫保證，因為小孩子經常要鬧病，而你爸爸又不管。」父親不支持，使母親與大學失之交臂。

家庭裏的硝煙

1960年代中期，中國作協被毛澤東視為「跌到了修正主義的邊緣。」當時父親因病被安排在作協的創作組，編制是駐會作家。作協要求駐會作家一律到基層去。創作組的趙樹理，下放到了山西省文聯；周立波下放到湖南省文聯；華山下放到廣東省文聯；艾蕪下放到四川省文聯，父親想去天津，因為是直轄市，不能去，湖南有老同事康濯在那裏，他就決定去湖南省文聯。說湖南的民歌很發達，希望到那邊採集些民歌。60年代，他一度在創作詩歌。母親所在的單位是《世界文學》編輯部，歸中國科學院哲學社會科學部文學所。文學所不希望我母親調走，為了留住我母親，決定調我父親到文學所，文學所所長何其芳派人與作協商量，作協同意；但我父親不接受。文學所政治部主任三次到我家說服他調入文學所，都沒能改變他的主意。我母親在《世界文學》編輯部主要搞行政工作，人家為了留住一個行政幹部，調對方的親屬，實在是個破例，也說明我母親的能力與人緣有多好！其實父親對這次調動並不滿意，帶一定的賭氣性質。但他的自尊心斷然不肯為妻子改換門庭。事情還在商議之中時，他就趁我母親上班不在家時，把家裏的傢俱全賣了。包括他心愛的一整套硬木大理石傢俱，母親剛買的縫紉機等，根本沒有與母親商量。母親下班後大哭一場。這當是他們感情的最大裂痕。

　　文革結束後，一批在幹校的人要回北京工作，一批被打倒的人要恢復名譽和職務，一批以前被無理趕出北京的人要求重新安排……，因此，幾乎名存實亡的中國作協正在恢復建制。這時，需要一些有經驗、熟悉作協工作的老同志回到作協。作協秘書長張僖知道我母親願意回到作協，很高興，他問道：邢野同志什麼意見？我母親說他不表態。張僖覺得邢野不同意，也不能只把我母親調到北京。後來，有人想介紹父親調往中央歌劇舞劇院做編劇，他表示不考慮。待河北省文聯恢復，調他這個文聯副主席去石家莊時，他又稱身體不好，不願意挪動了。我們分析，文革後的父親不希望工作了。他害怕複雜的人際關係，他沒有能力在某個位置上，上下左右應付裕如。他只想逃避。他也希望回到北京或者天津，但是以養病的方式當寓公。這當然都難辦。過去，從來都是父親調到哪，母親跟著一起調動。從來沒有為調動，為住房、為戶口發過愁。他根本想像不到，情況已經發生重大變化，進京戶口已經成為幹部調動的極大制約。我記得，同學的父母從外交部幹校回北京後，就住了很長時間的招待所。母親一個老同事，也是先一個人回到北京，帶著上學的孩子在簡易房，住了好幾年。

　　我問母親，你們是不是一直感情不好？母親說，也不是。他能寫作、能工作的年月，心思不在家裏，我也理解他的工作，自然吵得少。那時他只是不多管事，脾氣沒有後來這麼暴躁。

　　我記得，文革時，他們也不怎麼吵架，可能要同心同德一致對外吧？

　　文革中期，父親到了保定以後，就處在賦閒狀態，母親還在文化局上班，後來做到市文化局副局長兼文聯主任。母親工作擔子重，父親只好擔負起了做飯的職責。父親愛吃，伙食質量不高，情緒就不高。沒有保姆的時候，他常常要親自下手。但總讓他做飯，他是不情願的。父親嫌母親工作太積極，在家呆的時間少，有一次他諷刺母親：「什麼加班，誰知道你幹什麼去了？你和吳桂賢一樣，當了官，就不要家了。」母親說他「胡說」，他抓起一個砂鍋就衝著母親砸

去。那時，我們也很不平，你不想工作了，可是人家想工作，你不能為了侍候你，讓母親提前退休吧？

父親過去是否自己領過工資，報銷過醫藥費，不得而知。在職的時候，辦公室的人可以替他做。但賦閒以後呢？都是母親的事。到領工資或報銷那一天，絕不容許母親有事耽擱，必須在規定的時間，把錢取回來，否則就是吼如炸雷。1970年代，母親到北京做子宮肌瘤手術，從保定到北京坐火車只有兩個多小時的路程，因為有女兒的照顧，他不去探望也就罷了；母親出院後，在老朋友家養息，他也無一個電話和問候的信件。不高興時竟能說出：你做手術花了我多少錢！為什麼走進暮年的他，依然不珍惜老來的相伴？說這話時，好像母親的病，並不重要；生與死也無所謂，錢才是他最關心的。從此，母親的工資不再與他放一起，他們開始按照比例交出不同的生活費。父親把自己的錢看得很緊。

母親離休後，想上老年大學，他總是以各種理由阻攔她去上課。母親喜歡出去旅遊，父親更不支持。作為老幹部，剛離休時每年還有旅遊經費，父親不想動，也不讓母親出門。我曾聽父親說過，年紀老了他要遊遍全國各地，吃遍全國各地。不知在他身體還可以的時候為什麼不踐行？母親有限的兩次旅遊，都是先與父親打上一場惡仗，擺出一副一氣之下揚長而去的姿態再走。母親在腿腳好的時候，為了照顧他，多次放棄了出遊，心裏感到很窩火，能不經常吵架嗎？

父親晚年，對我們子女反到好多了，希望我們經常回家。聽我們談談外面的事。尤其是過年過節，家裏人越多，他的笑容就越多。與父母同住保定市的妹妹一家，星期天也總是放下自己家裏的事，陪父母吃飯，打麻將。為了讓父親動手、動腦，不至於向老年癡呆發展。但父親和母親的關係一天比一天惡化，動不動就掄拐杖。有一次，把母親眼瞼打破了，流了很多血。母親有時會因和父親打架躲到某個子女家去住。這時，他就給各子女打電話，要求我們回家解決他們的問題。我們經常像救火一樣趕回家。樓裏的鄰居，也經常為他們調和。

父親去世後，我在遺物中看到一張「文明家庭協議書」，上面有他們兩人的簽字，和鄰居阿姨作為證人的簽字。母親說，不管用，翻臉就忘。母親對他早已絕望。她說：「我天天侍候他，買菜、做飯、拿藥、報銷。但我生病三天，他連到我屋裏看都不看一眼。他寧可餓著，也不去煮點稀飯一塊吃。

母親過去嘴上總說離婚，卻下不了決心，一來她覺得面子無處放，二來覺得已經有六個孩子，她放不下。到了晚年，有一次，她和我們商量，堅決要離婚。我們說，你們早幹什麼去了？現在他80多歲了，又有病，法院根本不會判你們離婚。我曾經問母親，總聽見您提出離婚，我爸是否提出過離婚？母親說，他從沒有提出過離婚。每次我一提出離婚，他就更加恨我。

他們三天一小仗，五天一大仗，身體也很不好的母親度日如年。因為我們經常站在母親一邊，他們關係的惡化，也殃及到我們。有一次，父親讓母親把別人借走他的一本書要回來，母親覺得這樣很尷尬，可以再等一等，他就變了臉。弟弟覺得母親有理，勸了他兩句，他竟然去拿菜刀，向弟弟撲去。弟弟舉起凳子，一邊擋，一邊說：你要敢動手，我就和你拼了！父親便去報警。員警來了，他指著弟弟說：「他思想反動！」

2000年5月，我做了甲狀腺切除手術，身體很虛弱，就趁病假回了一趟家，一方面想看看他們，一方面想在母親身邊調養調養。但是這次回去，恰好他們之間的一場風暴剛過。我佯作不知。只是隨便說到，我在北京有了新房，想讓媽媽去住幾天。父親的腿有毛病，已經多年不下樓了。他聽了以後，幾天不說話。我看他不高興，也就不準備再提了。有一天中午在飯桌前，他問我，你什麼時候走？我說，有事嗎？他說我要和你算賬。我說有什麼賬好算的？他什麼都不說，突然，拿起保姆剛剛盛好的米飯就往我的頭上擲來。我一躲，米飯摔在地上，碗碎了；又拿起一碗，我一躲，米飯摔在地上，碗又碎了；再拿起一碗，我也只能躲……，往我頭上連擲三碗。我知道，和他沒有

什麼道理可講，準備拿上背包回北京。但是他事前已經把門鎖上。並且看住門對我說，看你能跑掉？於是我又報警，申明有家庭暴力。員警來後，他又對人家大喊我母親是貪污犯！我是反革命！員警判斷他為老年性神經質，勸了他一陣，就把我帶了出來，使我得以逃回北京。想來真是滑稽，當時我近50歲了，還要挨80多歲的父親的打。這心裏，是什麼滋味？

有一回，我在中央電視臺《半邊天》節目與主持人討論電視劇《激情燃燒的歲月》，說過這樣的話：先不要說中國傳統的夫權意識如何根深蒂固，就當時的社會情況，僅軍人這個特殊的團體，就更具有普遍性和代表性。據說《激情燃燒的歲月》播出時，很多他們同時代的人、特別是身在部隊大院的人都說，怎麼劇裏說的和我們身邊的事一樣呢？不止一個朋友對我說，他們父母的關係就是石光榮與儲琴。我的一個學生是部隊子弟，告訴我：「在父母面前，我們只能說「是」，不許有任何解釋和反駁，否則，就把我們趕出家門。」我的父母也是老幹部，參加革命一個抗戰初，一個抗戰末。他們的結合，近乎組織的安排。他們的婚姻也有革命資歷的差別。母親是文工團員，父親是文工團長，從父親角度，多少有一種居高臨下的選擇。從這點看去，起點就不平等。後來，在家庭生活中，服從革命需要就被置換成服從丈夫，以丈夫為中心，以他的工作為中心，以他的喜怒哀樂為中心。在這個隊伍中，等級秩序不是縮小了這種不平等的差距，而往往是以革命需要為藉口加劇了這種不平等差距。像《激情燃燒的歲月》那樣的美好結局，在爭吵式婚姻中未必占多數。我的父親是革命隊伍出身的作家，不能說沒有文化；我的母親一直在文化部門工作，晚年她努力寫作，還想上老年大學學習古詩文，喜歡旅遊。但是「以我為中心」的父親，始終沒有支持過她。像父親這類的幹部很難培育起對對方精神追求的尊重。晚年他們完全是出於妥協將就在一起。主持人問我：那您覺得石光榮與儲琴是一種什麼樣的感情？他們這一輩子的感情能夠稱為愛情嗎？我說：從石光榮他們的一生看，不

能說沒有愛情。愛情的感受層面應該是複雜的、多樣化的、也分此一時彼一時的。但從他們吵吵鬧鬧,相互一輩子沒有多少理解看,他們晚年也就是老伴親情吧。從現代人對婚姻質量的要求看,難道這種以一生的痛苦為代價換來的老年情感,是幸福的嗎?在我看來過程比結局重要。他們的婚姻從根本上說就不是現代意義上的婚姻。

我母親在這種婚姻中,感覺不到幸福。她已經提前給自己買下墓地,決心死後不與父親埋在一起。我同情我的母親,將遵照她的願望去辦。

四、最後的日子

1973年,父親將工作關係從山西省文聯轉到保定市文聯。

我們家從1965年初搬出北京去湖南不到一年,父親因為身體不適應湖南的氣候,通過中宣部轉到了山西省文聯。那裏的作家趙樹理、馬烽、西戎、胡正都是他的熟人。到了文革後期,他仍有向自己的「根據地」靠攏的意思,河北省是他戰爭年代比較熟悉的地方,他決定把關係落在保定。

上世紀70年代末到80年代初,他的思想並不保守。我看到他一篇〈夜讀有感〉,熱情歌頌宗福先的話劇《於無聲處》。他說「我首先歌頌人民在天安門前如潮的史詩,敬佩《於無聲處》的作者。」「最好的銅鑼、最好的金鼓,也會有一點雜音。但是,人民在歡呼這種驚天動地的鑼鼓聲!」父親是劇作家,對戲劇新秀格外注意。他對新時期的小說也很關注。「傷痕文學」熱的時候,有個叫李劍的作家寫了一篇〈歌德與缺德〉,指責「傷痕文學」是「暴露文學」。父親在這篇雜感中說:「我看這些作品好就好在『傷痕』給人的積極力量。『暴露』四人幫,歌頌了人民有什麼錯?」「我正在楊樹底下聽風聲,在北瓜地裏聽雨聲,沖天蓋地的枝葉,能告訴我們真實風雨的聲音。」

上世紀80年代後期，文學批判的聲音弱了，很多青年作家「從寫什麼」轉向嘗試「怎麼寫」。那種寫作自我性的張揚，使父親的關注冷卻了。似乎從那時起他不再看什麼文學作品。父親也有過自己的努力，從他的遺物中，我看到他給少年兒童出版社這樣一封信：

　　編輯部同志們：
　　紀家秀同志：

　　　　前蒙推薦和重版拙著《王二小的故事》，謝謝。
　　　　最近我為了慶祝『六一』兒童節，寫了一個獨幕童話劇《老虎和小猴》。不知現在少兒出版社是否需要這類作品。如為需要，請複，我即寄去，如不需要，好請告知，我再寄給別處。
　　　　此致，
　　　　　敬禮

　　　　　　　　　　　　　　　　　　　　　　　　邢野
　　　　　　　　　　　　　　　　　　　一九八二年三月二十五日

　　這是父親的小楷底稿。紀家秀回了信，大意是：這劇本於他們出版社不大合適，因為他們的讀者對象是小學一二年級的孩子，所以建議邢野寄給《兒童時代》或《少年文藝》。至於下落怎樣，我就不知道了，反正沒有看到發表的童話劇，連手稿也沒有見過。

　　讀父親的小楷信時，我的鼻子一酸。為父親的不甘心而難過。那年他才64歲，怎麼會不想寫呢？從另一方面看，讓一個人永遠保持有旺盛的創作精力與較高水準的創作成果，也是不可能的。一個人，青年時代、中年時代、老年時代當有不同的人生。比如和他同一代的山西作家馬烽、西戎、胡正，湖南作家康濯，都因為做了很多發現、提攜新一代作家的工作，使晉軍、湘軍形成了陣勢。可是，不願意在崗位上工作的父親，又如何為年輕人開路呢？

他也關注思想文化界的反思。每當我們兄弟姐妹在一起議論一些社會上的問題時，他願意在旁邊聽，但很少發言。我覺得他真正的精神寂寞是從這時開始的。

其實，和他同代的一些老作家，還是可以在反思歷史中邁出新的步伐。比如徐光耀，他的長篇回憶錄《昨夜西風凋碧樹》，以切身的經歷和感受，再現和反思了當年的「丁陳事件」和文藝界的「反右鬥爭」，引起很大反響。作家胡正，也沒有停止思考。他的長篇小說《又見清明》，是對戰爭年代革命隊伍中的殘酷鬥爭，自相迫害的藝術寫照。父親跟不上這班車了。父親一直是沈默的。沈默中可見他的矛盾性。政治上他認同改革，但讓他否定體制性的東西，他不情願。他曾說過，就憑給我的離休待遇，給我報銷醫藥費，我也不說現在的體制不好。

他早就聲明，再不寫東西了。我一直以為，他已經絕然放棄。但是2002年，他再一次病倒，讓我明白了他停止寫作的不甘心。

2002年，一個文化公司與父親聯繫，想把電影《平原游擊隊》改編成電視連續劇，爭取在紀念抗日戰爭60周年時上演。這幾年，一些過去家喻戶曉的老電影《鐵道游擊隊》、《野火春風鬥古城》、《小兵張嘎》和長篇小說《苦菜花》、《敵後武工隊》、《呂梁英雄傳》等，幾乎都被拍成了電視連續劇。電視連續劇現在是流行文化的主菜，但生產電視劇最缺乏的是題材。在重重限制中，改編舊作，又保險，又容易吸引觀眾，所以形成一股熱潮。

父親聽說有人想把電影《平原游擊隊》改編成電視連續劇，自然很高興。他希望身為職業編劇的弟弟接下改編的工作，並讓弟弟代表他與那個文化公司簽了合同。他願意努力配合弟弟。弟弟同意了，並有意與父親合作一把。合同簽了以後，父親就坐不住了。天天都在思考劇本的綱目。他希望調動他在敵後游擊時期所有的生活積累，將原來的電影故事盡可能地豐富起來。弟弟思考的則是如何有所突破，與今天的觀眾接軌。很長時間不失眠的父親，夜裏睡不著了，想起一點

什麼就在小本子上記下來。多日來，大腦異常興奮。而84歲高齡、且有血壓高、腦血栓前科的他，忘記了自己身體的承受能力。一天中午，母親突然發現父親再度中風。嘴是歪的，手已拿不住筷子。通過急救，發現他的身體已經大面積血栓，腦血栓導致他不能說話了。在此之前的十幾年裏，他曾先後兩次中風、血栓，都因為母親發現及時，搶救過來，並能生活自理。父親第一次血栓，母親說搶救了整整11個小時，她一天一夜不吃不睡，滴水未進。我們在外地上學的上學、工作的工作，父親住院一個多月，只有上中學的兩個弟弟和母親輪流日夜護理。而這一次，他雙腿也不能走路，全癱在床了。當我們聞訊趕回家時，他見到哪一位子女，都要大哭一場。改編劇本的事只好告吹。他的痛苦與全家人的勞役開始了。

說到「全家人的勞役」，並不意味著我們對父親的侍候是厭煩的。而是他的人格、性格，最終成為對家人的最後摧殘。

這一次父親病倒，堅決不去醫院。他用還可以活動的手，緊緊抓住可以抓住的地方，就是不讓挪動他。他不能說話，但腦子清楚。我母親清楚他的心思——他怕回不來，就趕緊請大夫上門醫治、輸液、按摩、針灸。

危險期過後，就是怎樣照顧癱瘓在床的他了。

他躺在床仍然是君臨全家的「主人」，一切都得他說了算，絕不遷就，絕不妥協。他已不會說話，耳朵也全聾，但他腦子清楚，「意志」堅定。

首先，一天三頓，每頓吃什麼，必須經過他的同意。他不能說話，字也寫得無法辨認。我們就把他喜歡吃的東西寫在紙板上，每次指點，讓他點頭，再去採買烹飪。但是，即便這樣也不能建立一個好的秩序。他的主意不斷在變，一會兒想吃這個，一會想吃那個。遇到他改變主意時，如果你想說服他，下頓再改變，他會把碗摔到地上，讓你重做。有一天，保姆和二姐一連做了兩次，他都故意不吃。我母親決定不做第三次了。他就開始絕食。絕食一天多，大姐趕回家，

第一次絕食結束。以後,他覺得這是可以召見我們的法寶,經常鬧絕食。有一次找到的理由竟然是保姆吃了他的大蝦。弄得保姆對天發誓。母親說,其實他是想找理由讓保姆走。

我們子女一有人回家,他就堅決不讓保姆處理他床上的事情。他覺得保姆不如我們處理得舒服。比如,大小便後的清洗。但是我們都在上班,任何一個單位,都不會因為你要在家盡孝,而放你的假。除了在保定的妹妹、妹夫,工作之餘要幫他處理包括治療、拿藥更多的雜事外,我們在北京工作的幾個子女只能在週末輪流往家趕。他心裏記著誰應該回來,如果有事沒有回來。他就不高興。但不能把它理解為思念。有一次,他向母親狠狠地伸出表示六的手指。母親明白,他是說,我有六個子女,他們就得侍候我!也許是因為癱瘓在床,寂寞無助吧,讓值班守候他的人,得不到安寧。他希望屋裏不要離開人。一會兒無人他就要拿拐杖敲床棱,待進到他屋,並沒有什麼事情。有一次大姐求他:您讓我們睡一會兒覺好不好?已患血壓高的大姐頂不住了,我們當中的另一個人又來接班。他仍和從前一樣,不管你們有什麼事,也不管你們身體好不好,我是你們的老子,我讓你們來,你們就得來。這時,我們姐妹四個,都已經是五十歲以上的人了。

君臨習慣的人要求服從也成為習慣。他對母親依然如故。有一次,母親因為在外面遇到熟人,回家遲了一會,他見到母親,指著鐘錶,拿起拐杖就往母親身上掄。癱瘓在床,並不妨礙向靠近他的人動武。母親非常生氣,幾天不到他屋裏去。過了一兩天,他不見母親,問保姆,保姆告訴他,奶奶住醫院了。他不信,一定讓保姆用輪椅把他推到母親的房間,見到屋裏果然無人,脾氣上來,坐在輪椅上也要用手杖把母親桌上、床上的東西全部橫掃到地上。這時對又聾又啞他,還有什麼道理可講?

自從父親病倒以後,生活的壓力使母親因心臟病住進了醫院。這種局面怎麼辦呢?我回家後,就勸父親也去住院,說我可以在醫院同時招呼你們兩人。他同意了。到了醫院,新的波浪再次掀起。首先,

他不滿意為什麼母親不能和他住一個房間。我解釋，因為你們病情不同，不在一個科室病房。接著他對保姆不滿意，堅決要求辭掉她。他的決絕態度是，寧可泡在屎尿裏，也不讓她收拾。我和妹妹只好到保姆市場給他請來一個男護工。但到了第二天晚上，他就堅決要求讓男護工走人。男護工走了以後，妹妹因身體不好，讓妹夫來值夜，他不滿意。他的邏輯是，應該你（我妹妹）來，為什麼不來？第二天我去後，他就拒絕醫生治療。當時那種要與我們戰鬥一番的精神狀態，已使醫生懷疑他是否有精神病。深知他個性和脾氣的我們，當天晚上躲在別的房間，誰也沒有在他面前露面。他在做什麼呢？自己拔掉尿管（他肺部一直有痰症，輸液，導尿不暢），把被單撕成一條又一條。醫生為了讓他睡覺，先後打了兩針安定，他仍睡意全無。他一定要在精神上戰勝我們，絕不屈服。

於是，我們開始打老年公寓的主意。我和妹妹跑遍保定市所有的老年公寓或敬老院，最後挑中一家新辦的規模較大的老年看護公寓。還把弟弟叫來，再去考核了一番，他也認為條件不錯，就這樣定了。我們用那裏的最高費用，要求給他24小時全護，夜裏有護工在他房間值班。他想吃什麼，就給他做什麼吃，那裏的伙食真的不錯。人家全答應了。我們告訴父親，又給他找了一家看護院，治病、養病相結合，並答應他，母親出院後可以陪住，他同意了。

以後，每星期，我們最少有一人去看他，母親也不斷去看他，最長一次陪他住了一個月。他一直要求回家，有時連哭帶作揖。為此我們還給他換了一個離家很近的養老院，爭取每天都有人去看他。我們當子女的心情非常矛盾。以至於兄弟姊妹中出現了有人傾向讓他回家，有人反對他回家——父與母兩黨的局面。他希望在家裏終老，是人之常情。為了照顧好他，我們可以不去考慮經濟問題，願意集資雇兩個保姆在家侍候他。但是，我們也知道，只要他一天頭腦清楚，就必須要服從他。這種習慣，使他在家不會有安寧之日。若此，接下來，就是我們的災難。最最擔心的是，母親如果心理不堪重負走在他

的前面，那將是我們為子女的更大災難。以他的心理與性格，誰也不敢對他抱任何幻想。當然，最後點頭，還得是母親。母親說，如果父親回家，她就去老年公寓。知情的鄰居，都同情我母親。我們只能一次一次地拒絕他。直到他再次因急病住院，去世。

怎麼寫父親才算是公正的？我曾試著為他開脫，比如，內心有追求，卻與時代的不適應；不希望被人忘記，卻拿不出應合現實的作品；渴望與人溝通，又懼怕人際關係；有意地遠離社會，社會也在拋棄他；希望妻賢子從，不得如願；無數的鬱悶無法排解，只好轉嫁發洩。

父親雖然是寫過英雄的作家，但他是個常人，且因社會時代、因文化背景、因個人性格的多重原因，他身上有著突出的矛盾與人格分裂。

這樣寫父親，姐姐不舒服，說，人都過世了，一了百了吧；妹妹說，你寫下這些，說明你心裏有恨；妹夫說，棍棒出孝子，打罵對於那個年代的人來說太普遍了，有一次他父親打他，打斷了三根竹棍。弟弟則擔心低俗小報去炒作。也有朋友認為我父親的老年，是一種病態，希望我不要太想不開。我也懷疑這樣寫父親對他是否公平？因為他沒有反駁解釋的能力。然而，我始終不明白的是，他為什麼一輩子都那樣的固執，為什麼不給我們一個機會，讓我們坦誠談談對他的看法，也讓我們聽聽他的解釋？

我能體會到的仍是他內心的荒蕪。他一輩子沒有學會愛，沒有學會尊重、理解家人，珍視為他服務了一輩子，與他患難相扶的妻子。所以，他最終不能獲得更多的尊重與愛。他最終沒有明白，一個人的價值是怎樣有尊嚴地活著，這其中包括讓他人也有尊嚴地活著。

父親最終沒有覺悟。

2006年8月

【代跋】口述史與文革研究

今年是中國「文化大革命」發生40周年。由於官方以行政權力設阻──文革檔案不開放，文革出版物受限制，有關文革的學術研究在中國大陸步履維艱。出於歷史的使命感，民間的獨立學者對於文革，仍然堅持搶救性的學術研究。採用口述歷史的方法，就成為目前條件下，推動文革研究繼續深入的一條可行之路。本文僅對口述史與文革研究的幾個相關問題作一討論。

一、搶救歷史資料的迫切性

之所以採用口述歷史的方法開展文革研究，首先是出於時間的考慮。文革是一段特殊的歷史。參與者的年齡，是從十幾歲的學生，到七八十歲的老年人。四十年過去了。當年十幾歲的中學生，現在已經五十多歲。當時四五十歲的中年人，現在已經八、九十歲。而當時六十歲以上的老人，現在基本上都去世了。口述歷史選擇的採訪物件，首先應該是歷史活動的當事人，比如文革時期的中央和地方領導人，最高領導人身邊的工作人員，各類群眾組織的頭面人物，重要事件的關鍵人物和知情者。其次是經歷了文革又具有歷史記憶的普通人，他們在文革中也許不出名，但他們的講述可以從個人獨特的角度深化歷史的認識，或者彌補歷史宏大敘事留下的空白。有些人本身不是重要人物，但他們的口述中有重要的見聞，同樣有重要價值。如果歷史的某些環節被遺忘了，被遮蔽了，而普通人的記憶恰恰能彌補這個環節，就可能具有特殊的史料價值。總之，無論是歷史重要人物，還是與重要事件有關的普通人物，他們共同的記憶，才能復原歷史的整體風貌。

採訪文革的重要當事人，從時間上講，已經十分緊迫。如果現在抓緊進行，還可能採訪到一些當時的中年人。如果再拖二十年，只能採訪當時的年輕人了。

就我自己的體會而言，我在上世紀九十年代後期採訪過的吳祖

光、溫濟澤、蕭乾、李慎之、唐達成、鄭惠等人，文革時都是中年人，採訪時年齡在七十歲到八十多歲，最近幾年已經陸續去世了。有的採訪對象正在約定當中，就突然去世，比如項南。所以，今天做口述史工作，從某種意義上說是在和死神賽跑。

口述史的難度有兩個方面，一是歷史當事人有心理壓力，不願意接受採訪；二是他們不接受口述史的方式，要自己寫回憶錄。

李慎之，唐達成，鄭惠等人開始都不願意做口述史，一方面覺得自己就能寫，還有時間；一方面總覺得別人的記錄不如自己的寫出來的準確、完備。我有一個朋友趙誠約黃萬里做口述史，黃說要自己寫，還沒動筆，就去世了。

而文革中的重要當事人，比如陳伯達，他的兒子陳曉農和他做了口述回憶，出了書，就留下了許多重要的歷史線索和資料。王、張、江、姚已經全部去世，想做口述史也不可能了。

現在，口述歷史一方面可以著重搶救老年的當事人，一方面也要重視中年的當事人，當年的紅衛兵、造反派，或者重大事件的參與者者，目擊者，知情者，政治運動的受害者，乃至社會各階層有代表性的人物，都值得重視。

最近一些年，以口述歷史的方法研究文革，已經受到一些機構和個人的重視。據我瞭解，像中央文獻研究室、黨史研究室、當代中國研究所等官方機構，早已著手對文革中的高層人士，包括當時的中央領導人或秘書人員進行採訪。一些大學、民間機構和有志研究文革的學者，也開展了不同專題不同層次的文革口述史研究。作為個體的學者，由於政治經濟社會條件的限制，能做的事是很有限的。但這還不是主要的阻礙。更突出的問題是在目前的輿論環境下，研究和出版嚴重不對稱。一些口述史的成果，由於內容與官方的歷史口徑不一致，沒有機會公開發表出來，只能由機構或學者藏之名山。學術為天下之公器。官方對出版的嚴控，極大地限制了文革口述史已有成果的公器作用。

二、現象比文獻更豐富

任何歷史，現象層面都比文獻更豐富，文革也是如此。口述歷史，對現象層面的挖掘，具有特殊的優勢。

比如，我採訪鄭惠先生，請他談談他所瞭解的胡喬木。鄭惠說鄧小平1975年6月出來主持工作時，讓胡喬木出面成立了國務院政策研究室，其中一個組負責編選整理毛澤東著作，當時這個組經常和小平一起讀期毛澤東的文章，小平也常講些話，並把從毛澤東那裏聽到些什麼情況和意見傳達給這些人。每次談話吳冷西都一一記下來了。到1975年10月批鄧時，研究室不得不批鄧，也批胡喬木，別人其實是明批暗保。但吳冷西是一條一條揭發：幾月幾日鄧小平講的是什麼。本來，喬木可能還想一般性地揭揭，應付過去。吳冷西這麼一來，他繃不住了，因為鄧小平講話，喬木都在場。後來，喬木也一條一條地揭發起來。他還寫了一個詳細揭發鄧小平的材料，除了一些事實以外，還有他自己對鄧小平的一些評價。鄭惠記得有這樣的話：「這個人（鄧小平）頑固又虛偽。」這時，胡喬木精神就完全垮了。鄭惠說：「記得有一次，他挨批鬥完了，連走路都走不動了。我扶著他回辦公室，我怕他心情太壞。我一直在想，他在黨內生活這麼多年，他不應該是這個樣子。看來個人的得失，還是他的根本考慮。毛主席是他依靠的支柱，這時毛主席對他不信任了，他覺得身敗名裂，看不到前途了，認為他可能翻不過身來了。」[1] 這樣的細節，當時的任何文獻是不會記載的。但對於胡喬木性格的把握，對黨內高層政治生態的把握，又極為重要。個人的感受，是很主觀的東西。在史學研究中，如果排斥這樣的細節，歷史可能就失去了血肉。這正是口述歷史的長處之一。

---

[1]　邢小群，「我所瞭解的胡喬木——鄭惠訪談」，見本書。

三、個案研究比群體概括更接近歷史真實

在中國大陸的輿論中，關於紅衛兵、造反派，已經成為一種寬泛的符號，往往與批鬥走資派、打砸搶、破四舊、武鬥等負面行為相聯繫，從群體上已經妖魔化。其實，每一個參加過紅衛兵、造反派或其他群眾組織的人，都是具體的，都有具體的心理動機和行為邏輯。口述歷史，有助於恢復每個具體個人的真實情況，而不是把個人消化在模糊的群體之中。

例一：

我對《中國青年報》冰點週刊的前任主編李大同的文革經歷做過採訪。他是一個幹部子弟。他的經歷就不同於一般的老紅衛兵。

李大同的父親是1938到延安，整風中被「搶救過」的幹部，曾經是胡耀邦在川北工作時的助手，是胡在團中央時的宣傳部部長。文革初的一天晚上，李大同給他父親提了十個問題，寫在一張紙上，放在他桌上。對當時種種過火行為表示不能理解。這十個問題，立刻讓團中央如獲至寶。到處都在造反，竟然有這樣的一些保守看法！很快刊登在1966年下半年的《團的情況》（團中央的內參）上。引語說：一個14歲的學生李大同向其父親提出十個問題………。

李大同是1967屆初中生。1966年7月參加紅衛兵。他屬於老紅衛兵，但他又很保守。他反對血統論，反感對老師的暴力行為，沒有參加打砸搶一類事。沒有參加以高幹子弟為主的聯動。半年後，老紅衛兵失勢，李大同的父親讓紅衛兵把腿打斷了兩截。多數老紅衛兵已經沒有血統論支持下的士氣。紅衛兵出現分化，李大同屬於第一撥被分割出去的幹部子弟。1968年以後，中學紅衛兵從整體上看已經邊緣化、逍遙化。一部分人無事可做，在街上打架鬥毆，「拍

婆子」。李大同選擇的是強身和讀書。他們跟著學校的軍代表學習
擒拿、格鬥，和其他幹部子弟交換讀書。他說，要說我們幹部子弟
有什麼特權，那就是資訊特權。我想他的資訊特權，還不完全是上
層消息一類，更多的是他們家能拿到當時社會上公開與內部發行的
所有的書。讀書就會造成頭腦的一定的「混亂」。因為傳統宣傳教
育的力量仍很強大。正如李大同說：「因為我們同時還在接受偽歷
史、偽知識，它們也在消蝕著我們的想法。」但一定的閱讀特權生
成了這一批人的懷疑精神。今天反思的徹底性，與這種閱讀有關
係。對於李大同來說，他即是紅衛兵，又是思考者。他當年的思想
邏輯和今天的追求，是一脈相承的。

例二：

何方曾經長時間擔任張聞天的助手。1959年被外交部定為張聞天
反黨宗派重要成員。他是老幹部，但文革中支持過外交部造反派，對
抓「五一六」持否定態度。

他說，「文化大革命」剛一開始，外交部領導就指定了三十五個
批判重點。這些人大多是在過去的政治運動中挨過整、或有什麼歷史
問題的人。他的體會是：每次運動一來，從上到下的各單位領導常用
的手段是，趕快找幾個或者一批重點，先拋出去，一方面表示積極推
動了運動，一方面又保護了自己。他說：「『文革』初，以幹部子
弟和一些工人家庭出身的普通幹部組成的紅衛兵如毛澤東的親戚王
海容、李一氓的兒子李世濱等一批人，帶著紅箍，開到了我家。把
我所有的書，往幾個大木箱裏裝，加上封條。還把我的筆記本都收走
了。」他說：「『文化大革命』這個期間，我的傾向性很明顯：第
一，我支持『文化大革命』；第二，我支持打倒『陳、姬、喬』（陳
毅、姬鵬飛、喬冠華）。我為什麼有這樣的思想呢？因為我對革命隊
伍裏的一些現象不滿意，我真的以為毛主席要掃蕩特權和官僚主義。
例如，姬鵬飛、喬冠華憑什麼一年到頭抽「三五」煙？「三五」煙國

內根本就沒賣的，都是從國外搞來的，是大使們拿公款給部長們送的禮，我對這類現象極不以為然，認為他們確有錯誤。而且那時打倒是比較普遍和隨便的現象，並不意味著真的打倒，主要含義還是批鬥和拉下馬的意思。後來外交部造反派上來了，以幹部子弟為代表的紅衛兵成了保守派。造反派鬧騰了一兩年曾得到文革小組支持，他們反對當權派，打擊面太寬，犯了不少錯誤。但運動還比較文明，也一直沒有奪外交權。隨著支持外交部造反派的王力垮臺，造反派在批極左抓壞人的運動中被徹底整垮，一些頭目被抓了起來，很多人後來又被打成『五一六』反革命分子。得到周恩來支持的、同陳、姬、喬和各級原領導結合的無產階級革命派起來，成了外交部『文化革命』的主流派，一直再沒倒。外交部整『五一六』分子，是周恩來親自抓的。因『五一六』罪名被整人數有2000人，有些司幾乎二分之一（個別司甚至更多）的人被打成『五一六』。把一些很有水平的人打成『五一六分子』，同時又是找墊背的，把『文革』的罪過推到這些人的身上。鄧小平、陳雲在這些問題有派性，處理得不好。至今沒有給為時兩年多、上千萬人被整被抓的『五一六』運動——這一冤案平反，官史根本不提這件事。」[2]

何方口述中認為周恩來在外交部打「五一六」，有報復之嫌。外交部的「五一六」分子被逼死逼瘋打傷不計其數。造反派就這樣全被打下去了。這一點，從馬繼森的《外交部文革紀實》一書中也可以證實。

何方在外交部只是一個旁觀者，他早早被專政，連當造反派的資格都沒有。但他的口述，有助於我們對具體單位的造反派有更真切的理解。宋永毅提出對「造反派」和「三種人」亟待澄清歷史真相，確有必要。

---

[2]　邢小群與何方2006年2月25日交談，由何方核定。

四、口述歷史是不是信史？

口述歷史，是歷史學科的一個分支。近年來，史學界對口述歷史的價值，日益關注，但也有很大分歧。人的記憶力是有局限的。口述者的記憶偏差和有意回避，使口述史的真實性程度受到懷疑。對口述史，有些學者甚至不僅是懷疑，而且是鄙夷。這就提出了一個頗具爭議的問題：口述歷史是不是信史？口述整理的文本，在史學研究中能不能採信？

劉小萌認為：「口述中包含各種不真實成份，幾乎是難以避免的。因為時間久遠，受訪者記憶出現偏差，如記錯了時間，人物張冠李戴、事件因果關係錯亂等。而受訪者站在今天的立場回溯歷史，猶如戴著一副變色眼鏡去眺望遠處的山景。」[3]

然而，劉小萌本人就是口述歷史的實踐者，著有《中國知青口述史》。儘管他對口述史的真實性程度有保留，但他對口述歷史的價值是肯定的。

口述史是不是可信，其實不可一概而論。它的歷史真實性，既取決於口述者對歷史的態度，也取決於採訪者對歷史的態度。如果雙方都有一種求真務實的治史精神，口述歷史完全可以成為信史。如果口述者有誤記和避諱，採訪者通過追問和考辯，也可以在一定程度上彌補口述者的缺陷。如果雙方都沒有求真務實精神，主觀上對治史與傳奇就不加區別，或者出於商業目的炒作，或者為了發洩私怨，當然不可能產生信史。同樣，依靠文獻治史，如果無意求真，也會讓歷史走樣。

還可以將口述歷史和回憶錄做一比較。

---

[3]　劉小萌，《中國知青口述史》。北京：中國社會科學出版社2004年出版，第13頁。

對這個問題，我與深諳中共黨史學界內情的何方先生（《黨史筆記：從遵義會議到延安整風》的作者）有一番探討。何方對我說，他看過迄今為止不少高官要人的回憶錄，對得起歷史的資料不多。他們不但對自己不光彩的一面有所避諱；而且往往沒有超越個人恩怨的眼光和胸懷。

在中國大陸，一方面，民間學者獨立修史很困難，歷史當事人以獨立的立場寫作出版回憶錄很困難；另一方面，官方在不斷地推出官修史書和回憶錄。特別是已經退出領導崗位的前黨政軍要員，這些年紛紛出版回憶錄。他們有專人專款，組織寫作班子，比如彭真的回憶錄、傳記寫作班子就多達40多人。他們按中央定好的調子寫，有時調子變了，回憶錄的說法也隨著變。這些回憶錄，出版時雖然個人署名，但和官修史書並無二致。某些回憶錄甚至是有組織的欺騙，是有意識地造假。有些人的子女，為利益驅動，也直接干涉寫作班子：這些事可寫，那些事不能寫。不但可以按需要取捨，甚至可以偽造史實。他們這樣治史，即使依賴文獻記載，也不一定可靠。

從歷史的經驗看，正史未必是信史，野史未必不是信史。在當今大陸語境下，官方組織撰寫的高幹回憶錄，不論是否歸入正史，其價值往往低於口述史。曾經擔任中央文獻研究負責人的金沖及說，「我覺得口述歷史往往講得比較自由，假如讓他寫回憶錄，有些情況可能不會寫進去，比較謹慎。口述時，講話脫口而出，把真的情況包括他自己的感受、周圍的氣氛都說出來了。」[4] 高級幹部都養成了保密的習慣，也深知人際關係的利害。越是要害處越要保密，下筆時越要回避。脫口而出有時會口吐真言。因而，口述史與回憶錄相比，口述史更有接近真實的可能。

---

[4] 「專家學者談口述歷史」，上海：《文彙讀書週報》2005年10月7日第14版。

　　口述史不僅具有史料意義，也可以成為史學研究本身。當事人除了回憶自己的經歷，也可以提出問題，發表看法。可以追溯歷史事件的原因，提出自己的分析和判斷。史學的要素，不論是史述，還是史論，在口述歷史中都可以體現。

　　唐德剛在談自己的口述歷史工作時，講到胡適、顧維鈞和李宗仁的不同情況。胡適本身經過學術訓練，對於言出無據的事十分慎重。顧維鈞自己每天都有日記，他們的口述本身比較嚴謹。但李宗仁沒有經過學術訓練，講話有信口開河的成份。唐德剛就要靠自己掌握的歷史資料加以校正。這幾種不同的物件，都有採訪的價值。與胡適那樣的口述者合作，固然容易達到信史的要求。與李宗仁這樣口述者合作，經過認真努力的考證，也可以成為信史。退一步講，有些往事的真相一時難以鑒別，或有歧義，先以忠實於口述者原意的方式記錄下來，供別人比較鑒別，不論證偽也好，證實也好，總是推動史學研究的契機。中國社會科學出版社的《口述歷史》第一輯發表了傅光明關於老舍之死的一組口述。三個口述者都說自己給老舍收了屍，但他們又不承認別人給老舍收屍，這三個口述起碼有兩個是假的，甚至三個都不是真的。採訪者傅光明也沒其他資料來判斷誰真誰假。只好將他們同時展示給讀者。這本身也是歷史研究的一個方法，或者說一個環節。對這種一時不能定論的情況，我認為先發表出來也是可行的。研究是一個環節，采信和定論是另一個環節。這是歷史研究過程的不同階段。遇到口述史文本的不準確就求全責備，乃至否定口述史方法本身，是把兩個環節合而為一了。

　　關於這個問題，曾經讀到余汝信的文章《口述史的局限：以吳德《十年風雨紀事》為例》。他對此書的質疑頗見功力。但是，文革研究界仍然十分重視此書的價值。因為吳德是文革十年始終處在高層領導圈內的歷史當事人，書中披露的某些正史回避的重要細節具有填補史學空白的意義。余汝信認為：「口述史的整理，目前存在著兩種意見、兩種辦法。其一是口述者怎麼說，整理者就怎

麼記，對原始素材不作任何加工改動，以期保留口述的『原汁原味』；其二，是整理者對照文獻檔案，對口述的失真失實處、記憶的偏處『或徵求口述者意見後作出改動，或由整理者自行做出適當的校正性注釋。筆者贊同後一種辦法，因前一種辦法得到的往往並非是信史，而吳德《十年風雨紀事》所用的恰恰卻是前一種辦法。以本書的整理者所處的位置，其實有相當優越的條件可以將口述素材與歷史檔案相互印證，即使如吳德自己坦言『我的記憶不行』整理者也可用注釋加以補救，使其口述最大限度地接近歷史階段的真實，可惜，整理者沒有這樣做。而以前一種辦法所得到的口述紀錄，對科學的歷史研究所能起到的作用畢竟是非常有限的。」[5] 余先生希望口述史整理者用第二種方法，達到信史，固然是很好的。但在目前中國大陸的語境下，前一種方法整理的口述史，發表出來進入公共視野，未嘗不是好事。況且，據我瞭解，對吳德的口述採訪者，並不是沒有查閱文獻史料，他們用很多史料才啟動了吳德的記憶。吳德本人也不是沒有文字記錄。他在口述的過程中經常要獨自到裏屋核對自己當時的筆記本。如果不是當時做這項搶救性的工作，吳德去世後，他的筆記本就被中央有關部門收入檔案了。

　　當前文革研究的主要障礙是權力的遮蔽。在普遍遮蔽的環境中，我們首先需要的是呈現歷史的線索。那怕一時做不到精確和完美，也是有比無好。

　　這就是我對口述史在文革研究中的意義的基本理解。

2006年3月於北京

---

[5]　引自：www.linbiao.org網站上「余汝信文集」。

國家圖書館出版品預行編目

沒有告別的歷史 / 邢小群著. -- 一版. -- 臺
北市：秀威資訊科技, 2008.09
　　面；　公分. -- (史地傳記類 ; PC0052)
BOD版
ISBN 978-986-221-054-3(平裝)

1. 知識分子　2. 訪談　3. 口述歷史　4. 中國

782.2487　　　　　　　　　　97014427

史地傳記類　PC0052

沒有告別的歷史

作　　　者/邢小群
主　　　編/蔡登山
發　行　人/宋政坤
執 行 編 輯/賴敬暉
圖 文 排 版/林蔚靜
封 面 設 計/蔣緒慧
數 位 轉 譯/徐真玉　沈裕閔
圖 書 銷 售/林怡君
法 律 顧 問/毛國樑　律師
出 版 印 製/秀威資訊科技股份有限公司
　　　　　　台北市內湖區瑞光路583巷25號1樓
　　　　　　電話：02-2657-9211　　傳真：02-2657-9106
　　　　　　E-mail：service@showwe.com.tw
經　銷　商/紅螞蟻圖書有限公司
　　　　　　台北市內湖區舊宗路二段121巷28、32號4樓
　　　　　　電話：02-2795-3656　　傳真：02-2795-4100
　　　　　　http://www.e-redant.com

2008 年 9 月　BOD 一版
定價：370元

讀　者　回　函　卡

感謝您購買本書，為提升服務品質，煩請填寫以下問卷，收到您的寶貴意見後，我們會仔細收藏記錄並回贈紀念品，謝謝！

1. 您購買的書名：_____

2. 您從何得知本書的消息？

　□網路書店　□部落格　□資料庫搜尋　□書訊　□電子報　□書店

　□平面媒體　□ 朋友推薦　□網站推薦　□其他_____

3. 您對本書的評價：(請填代號　1.非常滿意 2.滿意 3.尚可 4.再改進)

　封面設計____　版面編排____　內容____　文/譯筆____　價格____

4. 讀完書後您覺得：

　□很有收獲　□有收獲　□收獲不多　□沒收獲

5. 您會推薦本書給朋友嗎？

　□會　□不會，為什麼？_____

6. 其他寶貴的意見：_____

_____

_____

_____

讀者基本資料

姓名：_____　年齡：_____　性別：□女 □男

聯絡電話：_____　E-mail：_____

地址：_____

學歷：□高中(含)以下　　□高中　　□專科學校　　□大學

　　　□研究所(含)以上 □其他_____

職業：□製造業 □金融業 □資訊業 □軍警 □傳播業 □自由業

　　　□服務業 □公務員 □教職　□學生 □其他_____

To：114

台北市內湖區瑞光路 583 巷 25 號 1 樓

秀威資訊科技股份有限公司　　　收

寄件人姓名：

寄件人地址：□□□

(請沿線對摺寄回,謝謝!)

秀威與 BOD

BOD（Books On Demand）是數位出版的大趨勢,秀威資訊率先運用 POD 數位印刷設備來生產書籍,並提供作者全程數位出版服務,致使書籍產銷零庫存,知識傳承不絕版,目前已開闢以下書系:

一、BOD 學術著作—專業論述的閱讀延伸
二、BOD 個人著作—分享生命的心路歷程
三、BOD 旅遊著作—個人深度旅遊文學創作
四、BOD 大陸學者—大陸專業學者學術出版
五、POD 獨家經銷—數位產製的代發行書籍

BOD 秀威網路書店：www.showwe.com.tw
政府出版品網路書店：www.govbooks.com.tw

永不絕版的故事・自己寫・永不休止的音符・自己唱